Advertising & Society

Constructing Public Discourses: National Narratives in Digital Advertising

公共话语建构：

数字公益广告中的"国家叙事"

张殿元 主编

汤筠冰 王佳玫 副主编

上海交通大学出版社
SHANGHAI JIAO TONG UNIVERSITY PRESS

内容提要

　　本书为复旦大学举办的"建党百年视阈下的'国家叙事':品牌中国·复旦(2021)暨上海第三届数字公益广告论坛"论文的精选。全书分为三篇,上篇——国家叙事:在公益广告演进中探寻国家理想,收录了关于我国公益广告历史的相关研究五篇;中篇——创意传播:在公益广告实践中讲好中国故事,收录了当前公益广告实践中的案例研究论文五篇;下篇——公共表达:在技术赋能下展现主体社会责任,收录了当前媒介技术革命下未来公益广告的发展探讨相关论文五篇。主要读者对象为高校广告学师生、广告从业人员。

图书在版编目(CIP)数据

　　数字公益广告中的"国家叙事"/ 张殿元主编. ——
上海:上海交通大学出版社,2022.4
　　ISBN 978-7-313-26634-7

　　Ⅰ.①数… Ⅱ.①张… Ⅲ.①公益广告-关系-国家
-形象-研究-中国 Ⅳ.①F713.842②D6

　　中国版本图书馆 CIP 数据核字(2022)第 038685 号

数字公益广告中的"国家叙事"
SHUZI GONGYI GUANGGAO ZHONG DE "GUOJIA XUSHI"

主　　编:张殿元
出版发行:上海交通大学出版社　　　　地　　址:上海市番禺路 951 号
邮政编码:200030　　　　　　　　　　电　　话:021-64071208
印　　制:常熟市文化印刷有限公司　　经　　销:全国新华书店
开　　本:710mm×1000mm　1/16　　印　　张:16
字　　数:253 千字
版　　次:2022 年 4 月第 1 版　　　　　印　　次:2022 年 4 月第 1 次印刷
书　　号:ISBN 978-7-313-26634-7
定　　价:68.00 元

序

Preface

公益广告与社会主义
核心价值体系构建

陈培爱　厦门大学特聘教授

中国的广告业在与国家发展同频共振中要找到高端对话平台，特别是要对公益广告与社会主义核心价值体系的关系进行深入研究，把广告业的发展建立在国家战略的重要平台上。

一、我国公益广告与社会主义
核心价值体系同频共振

公益广告，曾经还是一个令人陌生的词，如今已大步流星闯进我们的视线，走入社会生活中，给繁荣的广告业增添了新的色彩和生气。并以倡导社会文明风尚，尽心尽力为社会大众无私服务的奉献基调在流光溢彩的广告百花园中脱颖而出，独树一帜，赢得了社会的认可和公众的青睐，为现代城市文明和社会进步增添了一道绚丽多彩的风景线。随着物质文明的高速发展，精神文明的提高也迫在眉睫。公益广告在大众中倡导新精神、新观念，给人们提供审美引导及教育，对精神文明的构建起到推动作用。公益广告与商业广告不同，具有社会责任性、教育引导性、情感号召性和艺术性等特点，它担负着促进社会文明进程和树立社会新风气的责任。

公益广告是社会主义核心价值观的重要传播途径。自 2012 年党的十八大报告凝练出"富强、民主、文明、和谐；自由、平等、公正、法治；爱国、敬业、诚信、友善"24 字"社会主义核心价值观"，传播及践行这一核心价值观便成为我国公益广告创作与传播的重要使命。

以公益广告培育和践行社会主义核心价值观，亦是推进中国特色社会主义伟大事业，实现中华民族伟大复兴，实现中国梦的战略任务。

为此，必须从公益广告发布主体角度，探讨公益广告如何系统、有序、创意地呈现与传播"24 字"核心价值观。尤其是在媒介技术发展，传播环境变化的当代，可否通过建构受众需求驱动的"核心价值观"公益广告传播模型，打造适应传播环境变化的"核心价值观"公益广告传播系统工程，实现"核心价值观"公益广告服务党中央"治国理政"方针的战略目标。

党的十八大以来，习近平总书记提出了"实现中华民族伟大复兴，就是中华民族近代以来最伟大梦想"的重要指导思想和执政理念。实现中国梦就必须坚持弘扬民族精神，凝聚中国力量。公益广告肩负着规范道德行为、引导价值观念、凝聚民族精神、塑造国家认同的使命与任务，不仅是社会发展进步与国家精神境界的标志，还是国家治理体系与治理能力现代化的重要抓手，也是传承中华文化，树立文化自信，实现中国梦的有力手段。因此，对中国公益广告进行研究兼具重要的历史和现实意义。

基于我国公益广告发展的历史与现实情况，以及本体系围绕的总体目标是在新时期让公益广告为社会主义精神文明服务，为中国共产党治国理政服务，我们对于公益广告的界定标准为：① 主体可包括所有组织与个人；② 不以营利为直接目的；③ 维护公共利益的广告形式。凡符合以上标准的广告均属于本研究的对象。在习近平新时代中国特色社会主义思想的指引下，我们要总结归纳公益广告价值观在社会传播中的理想模式、路径、策略等，在此基础上，构建理念、视觉、传统和渠道四位一体的中国公益广告传播整体行动方案，为确立社会主义核心价值观为主导的公益广告的良性发展提供理论框架。

公益广告是社会主义核心价值体系最直接、最有效、最精准的传播载体。只有建立起公益广告的良性产出机制，才能繁荣我国公益广告事业，推动社会主义核心价值体系建设。

二、目前我国公益广告研究现状

公益广告的历史发展，有其必然的社会土壤条件、经济环境支撑和文化环境制约，不同国家和地区的公益广告发展呈现出相异的发展轨迹与特点。公益广告的现代形态被认为是诞生于 20 世纪 40 年代的美国，当时正处于第二次世界大战的特殊历史背景中。基于美国广告委员会特有的价值观念、运作机制，美国的公益广告事业自出生起就背负特定历史使命。当前学界所讨论的公益广告，主要指的是大众传播媒介时代以来，在西方新闻传播和广告学理论思想主导下，带有西方社会实践特点的一种公益传播活动，具体表现为将改革开放以后的公益广告活动，尤其是 80 年代出现的电视公益广告实践作为认识原点，而忽略了中国公益传播活动的历史积淀和社会语境，未能从更宏大的历史维度上考查中国公益广告的发展。

作为社会主义精神文明建设的重要传播形式，中国公益广告历史与现实发展并未受到学者们的充分关注。并且当前国内对公益广告发展史的认识，基本是以改革开放以后的公益广告活动为全部认识范畴，以 1980 年代出现的电视公益广告实践为原点展开的。但事实上，在更宏大的历史维度上，中国民间社会或官方所主导公益宣传行为，一直都以不同表现形式、不同媒介载体长期存在着，它们与现代中国公益广告存在着不可割裂的联系。尤其是中华人民共和国成立至改革开放这段时期的公益广告已初具现代公益广告的雏形，具有重要的研究意义。因此对中国公益广告发展历史进行系统与详细的梳理是一项十分必要的基础性工作，在梳理过程中应将自身的历史积淀、截然不同于西方的社会语境纳入考量，只有从更宏大的历史维度上思考和定位公益广告，正确认识其历史性，才能正确地指导当代公益广告事业，适应中国的具体国情。

总体上，国内对于公益广告的研究热度在不断升高，研究的主题范围也持续扩大，但是截至目前尚未有论著对该领域进行深入且系统的研究。具体而言，中国公益广告研究尚存在以下四个方面的不足：

（1）研究对象相对局限。在以往的研究中，鉴于公益广告投放媒体的单一性，电视公益广告成为主要研究对象，大量公益广告研究均选取电视公益广告作为研究文本。随着互联网与数字技术的快速发展，可以预见数字媒体将逐渐成为公益广告未来发展的主战场，学界关于新媒体公益广告的研究也在逐渐升温，但目前相关研究的深入性和前瞻性有所欠缺。同时，其他形态如平面类、广播类的公益广告受到的关注较少。

（2）研究历史区间的局限。我国商业广告于改革开放后恢复至今仅四十余年，受此影响，当前大多数研究也将改革开放作为公益广告研究的重要节点，而忽视了中华人民共和国成立至改革开放前这一重要历史时期，甚至更长的历史时期里公益广告的研究。

（3）研究方法相对单一。国内学界对公益广告的研究，大多采用定性研究或思辨的方法，鲜有研究者通过内容分析法、实验法、问卷调查等方法进行研究，实证研究相对欠缺。

（4）研究视角中对意识形态话语分析的缺失。以往研究弱化了公益广告中的意识形态属性，既没有正视公益广告承载主流意识形态的功能，也导致对其中功能主义、行为主义主导话语进行批判性思考的缺失。

中国的公益传播活动，不但有自己的历史积淀，更有截然不同的社会语境，早期研究十分缺乏对这些要素的考量。只有从更长的历史维度上思考和定位公益广告，正确认识其历史性，才能正确地指导公益广告事业，适应中国具体的国情发展。我们就是应当大方地承认，公益广告之所以在中国社会中存在，就是为构建中国国家话语体系服务，为实现社会主义文化现代化建设服务，为治国理政服务。因此，更要从历史性的总结和反思中，寻找什么才是符合中国社会需求、符合历史定位的公益广告角色。

三、公益广告围绕"核心价值观"研究的主要内容

中西方在公益广告实践上的差异根植于不同的文化背景与公众接受习惯，这也深刻影响了中西方对公益广告的学术研究。因此，在公益广告研

究的主要范式与主导思想上，不能完全照搬西方国家，应根据中国公益广告发展的实际情况与国家发展需求来确定其研究的主要内容与目标。

当前必须重构国家意识形态变迁视角下公益广告研究的理论框架。研究中将围绕国家意识形态变迁视角下公益广告的发展，综合运用传播学、广告学、设计艺术学、历史学、马克思主义理论等学科理论和知识，以两个现实（我国公益广告发展的客观现实与受众对我国公益广告认知与记忆的现实）、三条主线（历史经验总结、创作实践总结与文化内涵总结）和两大创新（理论创新与推广实践创新）作为主要支柱，以深入严谨的定性研究和多样分层的定量研究为手段，紧紧围绕"核心价值观"，建立一个结构合理、逻辑严密、方法完善的研究框架，在系统性和创新性方面有所突破，可以极大地增强研究的学术底蕴与理论色彩。

广告学是典型的应用性学科，所有的研究如果只是理论上单方面的梳理，将会失去重要的实践依托。因此，我们认为构建本研究体系应有较大的容量，尽量科学、严谨、明晰、有可操作性。要以这个思路来架构主题与子项目之间的关系。所有的子项目不能离开主旋律，并以此组建足以胜任的强大研究队伍。

1."核心价值观"——公益广告的不可或缺地位与影响指标体系

在我国社会主义核心价值观传播历程中，公益广告具有不可或缺的地位，但其影响度如何，至今尚没有相关研究报告。为此，我们可以对中华人民共和国成立以来各历史时期的公益广告文本，考证其基于主题、诉求、表现及媒介发布等方面的指标权重，梳理并总结新中国公益广告在培育及践行社会主义核心价值观过程中的作用及影响指数，形成新中国"核心价值观"公益广告运行框架图，对未来"核心价值观"公益广告的传播影响度做出效果预期。

2."核心价值观"——叙事生成与践行养成

如何演绎核心价值观，如何结合公益广告这一传播载体展开形象叙事，实现核心价值观的潜移默化影响，是"核心价值观"公益广告面临的恒久性话题。

从静态角度，梳理新中国公益广告在传输"核心价值观"的过程中，24字核心价值观的主题分布及叙事呈现，对其主题选择与叙事逻辑的生成与发展脉络做归因探讨，探寻公益广告促成核心价值观认同与内化的创意表现规律；

从动态角度，考察并梳理在不同历史发展阶段，面对国内外不同传播环境的变化，"核心价值观"公益广告在主题选择及叙事逻辑方面的变与不变，寻求叙事及表现的创新与突破，发挥公益广告践行社会主义核心价值观，促成核心价值观对大众践行作用功效的实现。

3. "核心价值观"——"治国理政"的内在逻辑与路径选择

以"关系框架理论"（RFT）为基础，从"核心价值观"与"治国理政"的相互推演关系、联合推演关系及刺激功能转化三个维度，探讨受众对"核心价值观"公益广告的叙事理解及接受、以及由接受到践行的心理机制、行为机制，从而勾勒出"核心价值观"公益广告传播与"治国理政"的关系图谱，并依此提出以"核心价值观"公益广告推进"治国理政"的路径建议。

4. "核心价值观"——公益广告受众需求驱动的传播模块建构

第一步，将依循系统论研究方法，将"核心价值观"公益广告视为一个有内在结构层次，相互关联、相互作用的整体。将24字"核心价值观"作为系统要素，研究并明晰其相互关系和内在关联。在此基础上，实现各传播要素间的互动与渐进，形成相辅相成的传播效果。

第二步，将采用大数据云计算及词频分析等技术，对公益广告受众进行分类研究，获取不同类别受众对"核心价值观"公益广告的需求及媒介偏好倾向。依据数据，开展选题规划与内容创意，讲好"核心价值观"故事，建构精准创意传播方案。

第三步，研究传播环境中的能量流、事件流和信息流对"核心价值观"公益广告传播框架系统的交互，及各变量影响受众"核心价值观"需求权重，并依之提出"核心价值观"公益广告投放建议。

5. 形成"四腿一中心"稳定的科学架构

公益广告研究体系可以由"四腿一中心"构成，形成稳定的科学架构。所谓"四腿"，一是发展变迁史理论构架研究，二是视觉传达艺术表现研究，三是传统文化的传承与创新研究，四是新形势下的推广应用研究。"一中心"即中心主题思路要为弘扬社会主义核心价值观服务，为中国共产党治国理政服务。

"四腿一中心"即构成横竖两条线，纵向有历史文字梳理与经验总结，以及视觉创意表现发展史；横向有文化传承及未来推广应用和延伸亮点。

构建模块由五个研究课题组成，每个课题有独立的研究架构，在总体上搭建科学、实用、可以推广、富有价值的研究框架。

总体研究框架分为以下五大板块如图1所示：

一为"公益广告的社会记忆与民族心理变迁研究"。

二为"公益广告视觉艺术发展研究"。

三为"公益广告与传统文化的传承和创新研究"。

四是"公益广告实践交流创新平台"。

五是"公益广告与社会主义核心价值观研究"。

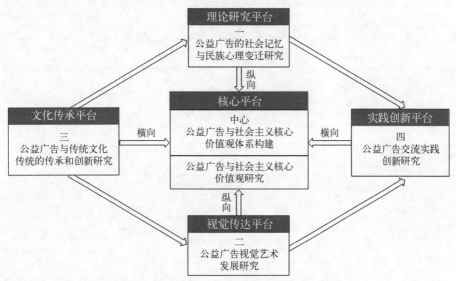

图1　公益广告与"核心价值观"研究体系构建

面对公益广告面临的新变化和新机遇，我们要明确提出新阶段公益广告发展的新使命和新目标，构建公益广告传播的新机制和新模式；通过梳理历史经验和现实背景，在习近平新时代中国特色社会主义思想的指引下，总结归纳公益广告价值观在社会传播中的理想模式、路径、策略等。在此基础上，构建理念、视觉、传统和渠道四位一体的中国公益广告传播整体行动方案，为确立社会主义核心价值观为主导的公益广告的良性发展提供理论框架。

面对新媒体的冲击，社会主义核心价值观的传播面临新的挑战。"碎片化""拼图化""感性化"的新媒介环境,导致核心价值观的主导性被弱化,准确性被降低,厚重性被消解。因此,我们要充分运用"核心价值观"公益广告的独特优势,发出主导性强音,需要依据受众的核心价值观"匮乏""紧张"状态,加强"核心价值观"公益广告的选题规划和内容创意。并整合多种传播渠道,适时、有针对性地进行精准投放,吸引人们的注意,让人们理解和接受。从而潜移默化地影响人们的意识和行为,促成公益广告践行社会主义核心价值观,以及核心价值观对大众践行作用功效的实现。

前言

Foreword

数字公益广告中的"国家叙事"和"公共表达"

张殿元　复旦大学国家文化创新研究中心秘书长

2021 年在全球新冠疫情的严峻考验下，我国对疫情的有效防控再次让世界看到中国共产党超凡卓越的领导力。2021 年也是中国建党 100 周年，一百年来中国共产党人所有的努力皆与国家和人民血肉相连，所涌现的故事皆为国家叙事。习近平总书记强调不忘初心、砥砺前行，在数字化发展新时期，我国广告行业正站在百年的历史节点上，面对技术驱动下媒体传播方式的转变，公益广告如何继续弘扬中华精神、传播中华文化、讲好中国故事，需要中国广告学界和业界共同汇聚智慧，为之提供良策。

值此建党百年之际，由复旦大学新闻学院、复旦大学国家文化创新研究中心、上海市广告协会主办的"建党百年视阈下的'国家叙事'——品牌中国·复旦（2021）暨上海第三届数字公益广告论坛"，于 2021 年 6 月 20 日在复旦大学隆重举办。来自国内百余名专家、学者与会，就当下中国数字公益广告运作模式、资金保障、法治建设、促进机制等基础性课题展开研讨，针对数字公益广告的创作规律、创作态度、品牌传播等问题进行交流。共同探讨了新时代、新媒体背景下数字公益广告作品中蕴含的国家理想、数字公益广告运行模式与长效机制、推动数字公益广告发展的理论创新等核心议题。在建党百年之际，本次复旦大学论坛为中国广告人搭建了一个思维碰撞与交流的平台，对促进数字公益广告理论研究成果的转化、创新数字公益广告的实践有着非常重要的意义，为中国数字公益广告的新发展提供了新的灵感。

聚焦建党百年视域下的公益广告与国家叙事

广告是新时代国家叙事的见证者、记录者和传播者，公益广告在弘扬社会文明、传播社会价值观和丰富精神世界方面发挥着重要作用，是社会文明的象征，是城市公民思想道德水平的重要标识。习近平总书记强调要加快构建中国话语体系和中国叙事体系，广告要在新时代的伟大实践中将其理论与视野同国家命运与时代使命紧密结合起来，以充分鲜明的方式展现中国故事及其背后的精神力量。

陈培爱教授在序言《公益广告与社会主义核心价值体系构建》中回顾了中国公益广告研究发展现状，认为存在"研究对象单一、研究历史区间局限、研究方法单一、研究视角意识形态话语分析缺失"四点不足，并针对这些不足提出了"构建公益广告社会传播影响度的指标体系、公益广告叙事生成与践行养成、公益广告治国理政的逻辑和路径、公益广告受众需求驱动的传播模块建构"这四点研究内容的建议。针对公益广告未来发展研究提出了"四腿一中心"的基本研究框架，即"公益广告发展变迁史的理论架构，公益广告视觉传达的艺术表现，公益广告对传统文化的传承与创新，公益广告在新技术支持下的应用与推广"，及以"公益广告建设与社会主义核心价值观"为中心的研究框架，为中国公益广告的发展提出了建设性意见。

当社会不断进步，社会主义不断显现其客观发展规律，人们的活动也从盲目的自发运动向有意识的自觉行动逐步迈进，广告的价值还体现在公共性上。中国公益广告经过长期的发展和努力，也逐渐从个体利益向公众利益转变。张殿元教授和张良悦博士的论文《改变社会的传播力量：日本公共广告对中国的启示》结合哈贝马斯公共领域理论在当今语境下的应用，对比分析中日公共广告在内涵和运作机制等方面的差异，指出中国公共广告的发展从最初的功能宣传到后期的观念营销，再到如今的公共传播，正在逐步实现功能转型和角色转型，逐渐从个体现象向公共现象转变，阐明了公共广告的最终目的是还原一般大众的社会利益。提出公共广告要注重构建以阅读为中介，以交流为核心的公共交往领域，才能发挥公共广告应有的作用。同样，刘传红教授、阳晴博士的论文《新中国公益广告发展史研究的几点思考》也从公益广告的社会价值视角出发，以新冠疫情爆发为社会背景，对抗疫公益广告的社会动员机制进行研究，阐述了我国共同抗疫期间的动员方式和产生的作用效果，彰显了公益广告在抗疫社会动员中的中国模式、中国优势和中国经验，充分体现了中国在世界各国政治制度和治理模式同台竞争考验下的强大社会动员能力。

广告史研究是广告研究中的一个重要维度，历史研究既是面向未来的一面镜子，也是重新书写过去的重要途径。祝帅教授的论文《20世纪50—70年代〈人民日报〉广告报道的文本分析》从历史角度探讨了中华人民共和国成立以来中国公益广告的发展历程，指出这不仅是公益事业与传播史的缩影，也是考察中国经济、政治、文化和社会大众生活变迁的独特视角，经此构建具有中国特色公益广告理论的研究框架和模型，是未来发展的必由之路。不同国家的广告史往往呈现出不同国家的社会面貌，王丹博士、林升栋教授的论文《美国公益广告溯源》选取了1945年和1948年发表在《舆论季刊》上的两篇文章对美国公益广告（public service advertising）进行溯源。文章指出美国公益广告诞生的契机是第二次世界大战前夕美国广告界与政府的斡旋与博弈。导致这一新生事物在战后延续的是其中蕴含的巨大商机，因此美国的公益广告可以说是以公益之名行商业之实。美国公益广告在生产流程上与商业广告是同构的，这就从形式上凸显了其"广告"的本质。吴来安教授的论文《从"国家理想"到"价值引导"：中国现代公益广告的源起》探讨了中国公益广告从国家理想到价值引导的现实转变，指出中国公益广告的发展史记录了中国不同时期社会变迁的过程，展示了当时的时代特征以及人们的精神面貌，对公众产生了积极的影响。如今中国的公益广告与早期相比有着巨大的变化和发展，均是以公众的利益为出发点，并逐渐趋近成熟。

由此可见，中国广告产业的发展不仅要立足当下，还要考虑广告行业在未来的发展路径和发展方向。广告要顺应时代变化，紧跟时代主题，更好地服务于社会和人民，在满足人们的物质生活需要后，逐渐将重心转移至精神文明建设中。要进一步明确媒体有发布公益广告的义务和责任，要充分利用媒体资源发布价值观导向正确、符合国家法规和社会主义道德规范要求、体现国家文明的公益广告。对于未来一百年中国广告业发展而言，要将广告的文化价值显现出来，让广告成为连接经济逻辑和文化逻辑的桥梁，让文化成为重要的战略资源并作用于现代社会的发展，不断丰富人们的精神世界。

公益广告的创意传播实践和讲好中国故事

讲好中国故事是中国社会主义核心价值观和创新文化的创造性表达，通过传播中国智慧和现代化经验让更多人了解中国在世界发展中的价值。习近平总书记在 2016 年新闻舆论工作会议上指出广告宣传要讲导向，党的十九届五中全会提出广告要进行文明引领，未来中国的广告，尤其是中国公益广告必将成为一种独特的文化，成为文化强国的重要组成部分。在技术驱动的数字化时代，公益广告借助数字媒体平台可以更全面地展示和传达中国的核心价值理念，让中国故事的传播更加丰富多彩。

在公益广告作品中表达国家理想，构建国家政治认同的同时，公益广告也在以自身独特的叙事方式和创意传播承载现实社会的主流价值观，创造性地服务国家和社会治理。李娜讲师、姚曦教授的论文《情绪引导与情感再造：突发公共事件中公益广告情感动员机制研究》以突发公共事件为背景，探究了社会大众情感动员的公共广告机制，重点关注公共广告对社会大众的情绪引导与情感再造的功能。指出公益广告作为一种情感介质，既是反映社会环境的情感表达方式，也是引导社会情绪、塑造群体行为的情感动员工具和手段。在突发公共事件中，公益广告主要通过聚焦、脱域、共鸣和公众参与四种机制进行情感动员，从而实现对社会公众的情绪引导和情感再造，推动突发公共事件中诸多社会问题的解决。但公益广告情感动员仅仅是突发公共事件中多种社会动员的方式和手段之一,其功能的发挥还需要与电视新闻报道、社交媒体话题引导等其他方式相配合。

广告不仅可以作为文化产品进行公益传播,还可以作为话语实践对社会活动进行独特解读,从单纯的功能性状态进入形式逻辑的思考。杨效宏教授的论文《公益广告抑或广告公益:公益传播的性质与逻辑解困》指出,公益广告性质规定性存在着与广告逻辑相左的困境。提出要破解这一逻辑困境的根本,在于打破公益广告排他性的刻板规定,与广告逻辑相融合,在共同的目的下发挥各自为公共利益服务的功能。星亮教授和栾竹、段慧航两位研究生的论文《2018 年全国公益广告事业发展综述》以 2018 年中国公益广告的发展历程为切入点,对公益广告的中国话语和中国实践进行解读,从不同层次、不同侧面展现出我国公益广告事业的全新气象,表明我国的公益广告事业步入了快速发展的通道。并展望中国未来公益广告事业,必将在公益广告运行机制创新、公益广告的中国话语建构、精神文明建设、社会主义核心价值观传播等方面,发挥积极而独特的作用。

研究生洪艰勤和陈辉兴老师的论文《集体记忆视域下的公益广告传播研究——以公益广告〈不朽的丰碑〉为例》把关注点投向公益广告社交媒体传播的社会实践,探究了社交媒体短视频公益广告的传播策略,对国家集体记忆视域下的公益广告传播进行解读。文章指出在数字文明的现代社会中,社交媒体已经发展成为重要的集体记忆机构,依托社交媒体平台和 LBS 技术支持传播数字公益广告,有效地扩大了公益广告传播共同的意义空间,增强社会认同的同时也激发了社会大众的情感共鸣,为公益广告传播构建集体记忆的传承方式树立典范。公益广告在不同地区的社会实践也存在一定差异,黄玉波教授和研究生李梦瑶的论文《城市公益广告管理的运行模式、长效机制与评价体系——以深圳市为例》指出,社会创新实践是推动深圳公益广告管理运行模式、长效机制与评价体系不断发生变化的主导因素。政府的积极引领和系统的第三方监督与评审模式均促进了深圳公益广告的管理走向市场化运营。

无论是商业广告还是公益广告都要占用公共资源,都需要承担社会责任,因此广告作品不仅要参与到公共文本的叙事当中,而且要为整个社会价值观的传播服务。公益广告需要将社会责任与一般大众的利益结合,通过创意让受众接受广告所传达的理念与主张，同时也要借助品牌影响力来影响受众。

技术赋能公益广告展现主体
社会责任和公共表达

数字传播时代的到来，改变了广告的原有形态，广告运作方式也不断更新换代。随着大众传播模式向数字传播模式转变，消费者的时间和注意力更多地转为线上，中国广告业也以此为风向标，急需适应数字化营销传播新趋势，加速广告理论的创新实践，不断促进理论与实践的有机结合，实现广告产业转型升级。

网络数字化时代，广告传播模式从单一媒体向多媒体、多渠道逐步演变，公益广告需要借助最新技术，从人群属性、社会价值观和受众生活方式中发掘高效率的传播模式，实现公益广告核心价值传播效果的最大化。段淳林教授和研究生吴曦的论文《数字化时代下公益广告传播创新》对公益广告的数字传播创新机制进行深入探讨，指出数字化技术的影响下，公益广告应突破时空限制，加强与广告创意的融合。数字技术的出现也给用户的参与提供了新的可能。但同时也需要警惕在当今泛娱乐化的社会中，社交公益广告被商业利益所裹挟。中国广告行业应坚守公信力，发展具有活力的长期性公益文化事业，并将其理念逐步渗入广告从业者乃至整个社会。

徐屹丰博士和姜智彬教授的论文《基于主体—对象—过程模型的国家广告传播体系构建研究》聚焦国家广告的传播体系，对其话语结构和外交叙事进行了解读。认为我国广告发展正在实现战略转向，国家对外传播的力度在持续加大，全媒体时代社交网络媒体的崛起使话语垄断逐渐被打破，同时人工智能技术的发展给广告传播的媒介渠道拓展提供了更多的可能性。因此要从国家广告主体互动系统、国家广告信息分析系统以及国家广告传播流程系统三方面进行国家广告传播体系的构建。杨先顺教授和研究生路珍珍的论文《公益组织微博影响力实证研究》通过研究微博社交媒体平台构建公益组织微博影响力的评价指标体系，指出公益组织微博在整合社会资源、发布正能量信息、公益组织透明度建设等方面发挥着重要作用。应铭博士和初广志教授的论文《突发公共卫生事件中基于社交媒体的政府风险沟通》以新西兰应对疫情防控为个案对象，进行政府社交媒体的风险沟通研究，指出政府作为重要信息的权威发布者，依托社交媒体平台对公共信息进行传播，应在不同情境中以不同的话语方式与公众沟通，逐步在公众心中建立信任感，进而动员公众共同防控疫情。

中国公益广告传播不仅要承担起国内的社会责任，在国际传播中也要肩负重大使命。郑欢教授和研究生李欣怡的论文《基于公共传播的中外疫情海报图像叙事分析》指出，疫情公益海报在内容上包含抗疫政策宣传和防疫知识，在图像叙事上融汇了不同的视像风格，在传播载体上采用了数字媒体技术和数字化排版设计手法，彰显了传统的海报媒介形式在数字化环境中的宣传教育功能和公众感染力，突出了公益海报在突发重大事件中的公共传播功能。从这个意义上讲，国家对外传播的广告就是最大的公益广告，广告行业积极参与国际传播在某种意义上就是准战时状态，公益广告在国际传播中应发出一些正面的声音，在创新的同时也需要本土化的理论和方法来支持国家公益广告的对外传播。

数字化时代的公益广告可以基于互联网社交媒体和移动终端的新形式，满足人民群众定制化、体验化、分众化、垂直化和网络化的个性需求。公益广告的传播不应该只有单一性，也要兼具互动性，传播的内容要使受众参与并有真实的反馈，才能实现数字公益广告传播的社会价值。在数字化时代，中国广告业迎来了最好的发展前景——技术革新带来广告传播模式的更迭，国家大力支持广告行业的发展，公益广告传播将承担更大的社会历史责任。

问题与展望

本次论坛对于建党百年视域下中国数字公益广告传播与发展的讨论交流达到了一定深度与高度，无论是对数字化时代下公益广告理论的创新发展，还是技术驱动下公益广告创新实践都具有重要意义。当然，我们也应该看到，当前对公益广告的相关研究还存在不足，正像中国广告协会赵践副秘书长所说，公益广告主体的广泛性不断增强，产业链条和专业链条的形成、社会共推机制的不断建立，都表明了我国公益广告正在从自发阶段向自觉阶段迈进。但是公益广告社会价值的传播还需要打通公益广告供给侧与需求侧之间的堵点，这个堵点的打通需要包括广告从业者、广告研究者在内的全社会持之以恒的努力，不断地建立和完善公益广告发展的导向机制、激励机制和市场机制，使公益广告的社会价值得到广泛认可，充分发挥公益广告服务社会经济发展和精神文明建设的功能。总之，与会专家学者们普遍认为在建党百年之际，将数字公益广告融入国家叙事和公共表达中，是广告学界和业界共同努力的方向。数字时代的到来，为公益广告传播的理论创新和社会实践带来了新的机遇和挑战，并亟待中国广告人为之探求光明之路，期待下一次的论坛同样精彩。

目录
Contents

下篇　公共表达：在技术赋能下
展现主体社会责任

上　篇

国家叙事：在公益广告
演进中探寻国家理想

改变社会的传播力量：日本公共广告对中国的启示[*]

张殿元　张良悦^{**}

随着环境、能源、腐败、教育、犯罪等问题的日益突出以及自然灾害频繁出现，人们对自己的生活感到越来越迷茫和无所适从。如何在复杂多变的环境中给人们以抚慰和激励，帮助人们重建生活信心，越来越成为社会各界关注的课题。作为近邻的日本，利用公共广告的传播力量来增强人们的公共意识，改变公众的观念和行动，有效化解各种社会问题，并取得了令人瞩目的成就。日本公共广告成长中的主导力量以及成立的初衷决定了日本公共广告的运行机制和社会影响，而政府主导和服务于思想宣传和道德教化也让中国的公共广告展现出不同的面貌。

本文考察日本政府在公共广告活动中的地位和作用，特别是在组织实施、社会保障和鼓励政策等方面与中国公共广告之间的区别。同时关注日本公共广告的社会需要及社会资源，分析日本公共广告产生的社会文化背景和公共广告的运作机制。并将日本公共广告的考察置于国际化的背景下，寻求日本公共广告存在的空间意义。日本公共广告生成、演变的过程除了与日本国内的社会发展有关外，与当时的国际化，特别是美国的影响密不可分，通过对这一背景的挖掘，为中国公共广告的发展构建一个国际化的坐标，研究如何在全球化的格局中构筑中国自己的公共广告的发展之

　＊　本文部分内容刊于《新闻大学》2013 年第 3 期。本文系国家社科基金重点项目"新媒体文化对新时代中国创新型发展的理论支援和实践路径"（项目编号：21AXW010）。
　＊＊　张殿元，复旦大学新闻学院教授。张良悦，复旦大学新闻学院博士研究生。

路。同时,本论文也将系统研究日本的公共广告,呈现公共广告的完整意义,在学理上区分公益广告、公共广告概念的内涵和外延,厘清中国广告学界在这一领域存在的误区,促进有中国特色的公共广告的研究。

一、日本公共广告的历史演进

对日本公共广告做历时性的梳理,特别是考察 1970 年代日本经济迅速发展的背景下公共广告机构的设立以及运行模式,对于同样结束奥运会和世博会的中国来说,如何完善我们的公共广告事业具有一定的启示意义。

(一)日本公共广告产生的背景

日本公共广告机构的成立及公共广告活动的开展与日本国内企业及其广告宣传模式的转型及国内市民社会的逐渐形成有关。此外,在国际上,企业广告的呈现方式的改变也在一定程度上影响了日本公共广告的产生。其中,国内企业生存形势的转变是重要原因。

1. 日本公共广告形成的国内动因

到了 1970 年代,日本经济迅速发展,企业只考虑如何满足消费者对新生活的个人需要,而忽视社会需要。随着通货膨胀、环境污染、道德沦丧等各种社会问题的出现,企业在广告中大肆宣扬企业的规模、历史、技术及产品,招致了越来越多的社会批评,逼迫着企业界和广告界思考可持续发展的问题。转变是从企业新的价值观念的形成开始的,企业发现不应该只考虑股东、员工、顾客等这些与企业直接相关的人,还应该考虑社会全体的利益,承担起社会责任。当然,一味地限制广告无法使企业承担应负的社会责任,积极的解决办法是利用广告强大的宣传功能来服务于公共利益。为了将企业追求利润和满足社会的需要协调起来,企业的广告宣传开始从单纯的传播物质信息向公共价值观的创造转变。在日本,这种"脱企业"和"脱产品"的广告现象被解释为从"晴れの広告"向"けの広告"的过渡,"晴れ"在日语中有"表面的、郑重的、盛装的、华丽的"等意思,"褻(け)"则常常用来表达"平常的、日常的"等涵义,"晴れの広告"是用来装饰和美化企业的,"けの広告"则是把企业的理念和活动以淳朴的方式表现出来，这样的广告很少使用一线的演员和华丽的技术，但这种把消费者当成生活者，并传达生活观念转变的广告却具有非常强的说服力。

其实，推动日本企业广告宣传转型的是当时背后强大的市民社会运动，1960 年代至 70 年代前期，日本社会曾出现过探讨市民社会与公众关系的热潮，各种有关公共性问题的研究层出不穷。当时，除了学界积极引进西方市民社会理论之外，借鉴欧美市民公共性构想的市民运动也十分高涨。这些运动与国家推行的行政管理型公共性截然不同，主要是以与之相抗衡的形式出现的。另一方面，尽管大众化社会致使政治冷漠的情况日益加剧，但当时对于有关社会改革的探讨依然十分活跃。日本公共广告机构之所以在大阪出现，"正是因为大阪不是与政治权力勾结的都市，从很久以前就成立了市民社会，互相帮助的志愿者精神非常强烈，正是在这样的政治背景下诞生了公共广告机构"。①

2. 日本公共广告形成的国际动因

当然，广告界带动的这场大转变也受到当时国际广告环境的影响。1960 年代伯恩巴克倡导的美国"麦迪逊大街"（美国广告业的中心）的创意革命、1970 年代艾·里斯和特劳特提出的定位理论，推动了世界广告的创意模式从先前的聚焦产品向聚焦消费者的转变，广告的内容呈现从"物"过渡到"人"，而且，这不是一个只知道消费产品的"小写的人"，而是一个有着丰富的人类情感和多样性生活方式的"大写的人"，人的情怀和各种社会关照成为广告表现的重要内容。曾任电通宣传会议长的内藤俊夫是 1970 年戛纳广告节的评委，他发现当年参选的广告作品很多都是在把握商品特征的同时，描绘人类原本的情感，世界广告表现开始向呼吁精神世界的和谐的方向转变，这种国际眼光也一定程度地推动了日本国内广告传播的转型。

（二）日本公共广告机构的设立

借助于朝鲜战争和美国的扶持，二战后日本的经济获得了飞速发展，

---

① ［日］植条则夫：《公共広告は社会を変える——日美 AC の步みと全貌》，株式会社電通 2001 年版。

在国家财富迅速累积的同时，国民内心却日益焦虑，自私自利、商业欺诈、环境污染、人和人之间关系冷漠等各种问题随之产生，一些有识之士开始思考人类自身发展和人性的问题。1959 年，电通广告公司的第四任社长吉田秀雄（1903～1963）提倡在日本设立作为公共福利机关的日本广告协会，经过三年的筹备，赢得了社会各界的赞同，并开始设立总会，但是由于当时的社会和经济环境还不具备接受公共广告的条件，并且随着吉田秀雄的去世，该机构中途夭折了。

1970 年以日本大阪世博会的召开为契机，三得利株式会社的社长佐治敬三（1919～1999）倡议设立大阪广告协会，作为公共广告的实施机构。成立的初衷是为了增强来自全国和全世界的访问者的公共意识，推动公共事业的发展，要求排除一切营利性质的行为，参加人员都要保证是自发的，具有无私奉献的精神。1971 年日本公共广告机构开始发挥作用，以关西为中心，主要通过报纸、电视、杂志，开始了关于"公共心"的宣传，获得了社会的好评，组织随之扩大，1974 年正式登记为社团法人"日本公共广告机构"，英文全名为 Japan Advertising Council，简称日本 AC，佐治敬三担任董事会主席。

日本的公共广告机构是日本广告界最大的团体，其会员包括正式会员和赞助会员，都需缴纳会费，正式会员为企业、团体等法人，由广告主、广告媒介和广告公司三部分构成。赞助会员为一般的个人，作为对赞助会员缴纳会费的回报，AC 向赞助会员赠送当年的每期活动报告"AC 报告"，并就新作品向其做问卷调查。日本公共广告机构的活动经费完全来自会员单位的会费和个人的赞助，广告创意和制作的费用由广告公司和制作公司承担，广告作品由媒介会员单位免费提供版面和时段进行刊播和张贴。AC 的活动完全是公益性质的，其会员团体不会从中得到一点好处，但能成为 AC 会员会提高会员自身的社会威望，因此，AC 成立以来会员数量逐年攀升，到 2001 年正式的会员公司就已经达到 1 357 家。AC 的日常机构由这些会员推选代表组成，AC 的最高决策机构是总会，各议项由总会做出决定，理事会是执行机关，理事会选出理事，并从会员中选出委员，设置委员会，委员会由政策委员会和财务委员会组成。AC 在全日本有八个事务所，各地区设有委员会，负责开展工作，支援 AC 的各项活动，各地的营运委员会及制作部门选择公共广告宣传主题和宣传内容，经理事会批准，交总会最终决定。日本公共广告机构组织结构如图 1 所示：

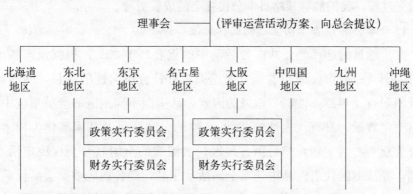

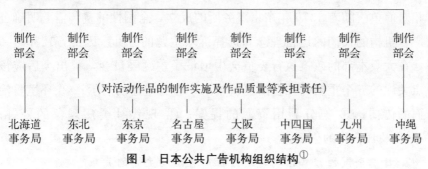

图 1　日本公共广告机构组织结构

（三）日本公共广告诉求主题的演变

日本公共广告机构（AC）成立于 1971 年。作为日本公共广告的运行主体，AC 紧扣时代脉搏，针对日本社会乃至国际社会不断出现的各种问

---

① 倪宁等：《广告新天地：中日公益广告比较》，中国轻工业出版社 2003 年版。

题，创作并刊播了无数影响巨大的公共广告，几十年如一日地努力付出，日本的公共广告成功地改变了日本人的思想观念和举止言行，营造了世界上少有的秩序井然而又自由开放的社会环境。追溯日本公共广告活动主题的演变过程，我们能够领略日本公民社会的成长历程。

1. 日本公共广告活动主题的选择标准

宣传题目的选择是公共广告活动中的重要环节之一，根据面向各个会员公司及一般市民的问卷调查来挖掘具有社会倾向性的题目，问卷调查兼顾职业、年龄、性别和地域的因素，从全国不同地区的会员单位中，选出一定数量、具有代表性的 20~60 岁的公司职员及其家属作为样本，调查大众关心的主题，然后由各地区代表组成的全国联合会议决定活动主题，并从地区代表作品中选出全国活动作品，经各地区委员会商议后，由总会最终决定制作投放的作品。公共广告主题选择的标准是：① 尊重人类的精神；② 与所有市民密切相关；③ 能够把握实际情况，明细问题点；④ 非营利、非党派、非宗教，没有企图直接涉及立法；⑤ 广告是达到目的的有效手段；⑥ 促进市民自发的运动；⑦ 表现具体，明示解决方针。[①]

日本公共广告机构最初的活动范围仅限于关西地区，诉求主题的选择相对简单。随着 1976 年东京事务所的成立，全国性的宣传需要明确公共广告机构的长期的运营理念和选择诉求主题的方针。因此，1976 年 9 月，在大阪本部的政策执行委员会中增设了主题委员会，提出今后应该重点关注的五个重要的社会问题领域：① 教育重建的启示；② 环境整治方面的传播；③ 充分利用资源的提案；④ 现代社会病现象的警钟；⑤ 福利及其合作的创新。[②]

2. 日本全国性广告活动与地方性广告活动主题的关系

日本每年的公共广告活动包括全国集中性的公共广告活动和地区性公共广告活动，地区性公共广告活动的主题是根据全国性公共广告活动主题并结合地区性问题综合考虑加以选择，既与全国性主题相关联又体现地方特色，这使得日本公共广告活动的主题非常鲜明，同时又兼顾地

---

① ［日］植条则夫：《公共广告研究》，日经广告研究所 2005 年版。
② ［日］植条则夫：《公共广告研究》，日经广告研究所 2005 年版。

方特点，求同存异，能够很好地强化传播效果。如对于环境问题，全国性的公共广告活动可以在广告中呼吁 21 世纪我们应该活用垃圾资源；北海道地区性公共广告，则通过介绍北海道濒临灭绝的动植物的名称，提出"保护自然，人人有责"的口号。再如公共道德的主题，在全国性公共广告活动中，列举了大众写信介绍的"新品种的自私虫"；在名古屋的地方性公共广告活动，则以名古屋的地方特产"弹子机的屏幕"为广告主角，用纯正的名古屋方言，呼吁大家不要随意停车。诸如此类，许多地方性的公共广告活动，以地方性的运营委员会为中心，在全国性活动主题的指导下，选出与地方性结合最紧密的问题进行广告创意，并有效利用各种地方性的大众传播媒介，开展地方性的公共广告活动。

3. 日本公共广告活动主题的变与不变

回顾四十年来日本公共广告活动的主题，我们发现，一方面，很多主题四十年来始终一贯地在进行宣传，如环境问题、公共道德、福利、老龄化、教育、爱心的唤起、等等，这些问题对于日本社会而言是个永恒的主题，日本的公共广告对此进行了长时间的持续关注。比如资源问题，日本是个能源匮乏的国家，因此，节约资源是日本长期关注的主题，几乎每年的公共广告中都有这样的主题，其中影响最大是 1981 年刊播的《杳无人烟》的公共广告，它以长崎县端岛的"军舰岛"为素材创作，介绍了该岛的煤炭被采光以后，由原来的樱花岛变成了一座荒岛，以前在岛上快乐生活的人们也随着资源的枯竭而消失了，广告的最后告诫人们，"我们也正生活在没有资源的岛国——日本岛上"，这则公共广告在当时的日本引起了非常大的反响，进一步强化了日本人的节约能源的意识。正是因为这样持续不断的关注，才使得日本社会在对这些问题的处理上要比很多存在同样问题的国家好得多，这既让我们看到了日本公共广告在改变社会观念、唤醒社会良知和解决社会管理方面的强大功能，也让我们看到了用宣传的力量改变这些深层次的社会问题需要坚持和耐心，而这需要稳定的制度保障。

另一方面，日本公共广告的诉求主题也在随着时代的发展变化而变化，这和宣传主题的遴选过程有关——每年日本公共广告的主题都是从社会公众的态度调查问卷中总结提炼出来的，是时代风貌的直接反映。比如，日本公共广告机构刚成立的时候，正值日本国民环境保护意识高涨的时期，当时的主题就选择了环境问题。1973 年，受世界石油危机的影响，公共广告的主题又转向了资源问题，有关节约资源的作品被更多地创作出来。1970 年代后期，日本青少年自杀现象严重，公共广告抓住这样的主题制作了一系列类似《不许放弃你的人生》等非常优秀的广告片。1980 年代后，日本的国际化程度越来越高，如何与外国人交往成了社会关注的主题，如《初次见面》《亚洲留学生系列》《与外国人交往的礼仪》《向中国赠送日本的书》等作品，从国际交流和国际支援等各个角度展现了国际化之后的日本应有的作为。1990 年代开始，全球性的环境污染日益严重，日本的公共广告机构制作了一系列有关环境保护的广告作品，如 1993 年的公共广告《为了地球开始行动吧》，它以日本的宇航员毛利卫在宇宙中的亲身经历，告诫人们破坏自然的严重后果，[①] 引起了日本诸多媒体的热议，极大地增强了日本人的地球环境意识。2011 年，日本公共广告机构原定的主题是公共意识、防止道德素质下滑和生命之重，当 3.11 大地震发生后，马上将主题改为相互扶持、爱心和互助。在很长的时间里，日本公共广告的主题都围绕着国内的问题展开，随着国际化程度的不断提高，对外国问题的关注也开始出现。1996 年在《让全世界的孩子们都能接种疫苗》的公共广告，就是为了支援"日本委员会"提出的"在 2000 年根绝亚洲小儿麻痹"的口号而专门制作的，对世界儿童的健康问题给予关注，也标志着日本公共广告的主题开始从国内走向了世界。

二、日本公共广告运行主体的角色定位

日本的公共广告和中国的公益广告的区别并不在于诉求主题，而在于谁是运作主体、如何运作。日本公共广告注重保持和个体、组织以及政府之间的距离，由处于公共空间中的独立机构主导、由专业机构操作，不带任何私利地服务于公共利益是关键，正因如此，尽管同样是由企业、广告公司、媒体、社会团体以及政府参与的中日公共广告才表现出很大的不同。

---

① 毛利卫（1948 年 1 月 29 日—　），日本首位进入太空的太空人。现任日本科学未来馆馆长。

（一）日本公共广告中媒介的角色

在日本的公共广告中，媒介是重要的参与者之一，除了传统的四大媒体以外，户外、地铁、网络都积极加入日本公共广告机构，为公共广告运作提供载体支持，这种参与有清晰的角色定位，即为经由专业设计制作公司创作的公共广告免费提供版面空间和播出时段，自身并不制作公共广告，这既保证媒介机构能够进行合理的播出规划，又避免了要制作广告而对行业规则的僭越导致作品质量下降。现代公共广告的一个标志就是按照成熟的商业广告的运作规律来操作，日本的公共广告从主题的选择、广告费用的负担、广告的设计制作一直到广告作品的刊播都与商业广告别无二致，企业和广告公司及媒介各司其职、各负其责，因为有日本公共广告机构从中协调，这种专业化的运作顺理成章。另外，日本的媒介作为日本公共广告机构的会员，参与公共广告活动还隐含着这样的逻辑，即媒介是社会公器，如无线电信号是公共资源，广播电视就应该为公众利益服务，企业或者个人可以取得对这种资源的商业使用权，但必须证明自己可以用这种资源服务于公众的利益，而公共广告就是最好的证明。

（二）日本公共广告中企业的角色

在商业广告中作为传播者的企业是中流砥柱，广告传播可以没有广告公司，也可以没有大众媒体，但如果没有广告主也就没有所谓的广告。在公共广告中企业同样发挥着重要作用。日本的公共广告机构就是由三得利株式会社社长佐治敬三发起成立的，在之后的很长时间里，日本公共广告机构的会长都是由三得利株式会社委派。一开始是日本的企业家和广告公司的负责人面对社会对自身经营中各种各样问题的诘难，自觉发起并参与到公共广告活动中来的，后来因为日本的公共广告机构具有非常好的社会声望，不排除企业个体参加公共广告机构以提升企业自身社会美誉度的目的，但作为一个整体，日本的企业回报社会、强调社会责任是值得肯定的，许多公司设立的"社会贡献室"也许是个门面，但不管是缴纳会费的会员还是提供赞助的企业在公共广告中不求任何回报却是实实在在的，日本公共广告机构制作发布的公共广告最后都统一署名"公共广告机构"，这种隐去企业名称、淡化名利色彩的纯粹公共广告以其整体效应和规模效应在日本产生了良好的社会反响。

（三）日本公共广告中广告公司的角色

公共广告要想达到预期的目的，除了找准诉求的主题外，还要有正确的策略和在策略指导下恰当的广告表现，而这些都有赖于专业的广告策划和制作公司的业务帮助。中日两国的广告公司都是公共广告的参与者，但两者在各自的环境中所处的地位和发挥的作用却不尽相同。在日本，作为AC的会员单位，广告公司自觉履行制作公共广告的义务，用自己的专业技能为公共宣传服务。日本公共广告的前身日本广告协会就是由电通的第四任社长吉田秀雄倡导建立的，之后的广告公司也是出于对公共责任的认知自愿参加日本AC的。如果一定要说有什么外部压力的话，那这种压力则是大众对人类环境遭受破坏和商业运营越来越远离人性需要的不满，从而导致对广告行业的失望带来的。广告公司积极主动地回应这种压力，在公共广告主题的选定和完成总会布置的广告设计制作的任务时，都能选派精干力量尽最大努力将高质量的公共广告作品奉献给社会。

（四）日本公共广告中政府的角色

日本公共广告机构是模仿美国广告评议会（美国AC）成立的，但两者成立的目的以及和政府之间的关系却完全不同，成立美国AC是为了回应大众对经济界和广告界的批评和不当认识而采取的一种对策，更重要的目的是1941年日本偷袭珍珠港后为了让厌战的美国国民集结成为统一的反法西斯力量，配合政府的战争宣传。直到现在，美国的AC仍和政府有着密切的关系，如美国AC在开展防止山火及经济教育等方面的宣传时，白宫都会有相应的部门来负责。而日本AC则强调公共义务服务，依靠无偿的共同努力，和政府、机关、地方自治机构没有直接的联系，认为最理想的公共广告的基本精神，必须排除被政治目的利用的风险。

日本公共广告过于强调运作主体的独立性、纯洁性，这一方面确保公共广告活动的社会性和公共性，不受利益集团的干扰和影响，但警惕和限制也让政府和公共广告机构之间的关系难以理顺。如一段时间里，日本AC中赞助会员捐赠的钱原则上要征收课税的，而在美国则是免税的。中国的公共广告活动要取长补短，在加大独立的公共广告机构建设的同时，也要处理好和政府的关系，利用好政府资源。

三、日本公共广告的社会影响

作为世界上很有影响的公共广告模式之一，日本的公共广告的确有许多地方值得我们借鉴，但就像当年日本借鉴美国的公共广告一样，这种借鉴不是照抄，而是结合本国国情思考如何将他者经验本土化，最终实现在公共广告领域中的某种超越。

（一）善心带来善举，善举唤醒善心

公共广告在日本乃至整个世界范围内，对于有效应对各种社会问题产生了越来越大的影响力，这很容易让人过分夸大公共广告的社会效应，其实，社会问题的有效解决，不能仅仅依靠公共广告。况且，公共广告自身作用的发挥也要靠整个社会的善心和善行。我们看到的几乎所有的公共广告如果离开企业、广告公司、媒介的无私支持都难以实现。善心带来善举，善举唤醒善心，更难能可贵的是，在这样的良性互动中，我们看到了普通民众的奉献。在1997年的戛纳广告节上获得金奖的是一则为救助流浪者进行募捐的公共广告，广告中出演的就是普普通通的街上流浪汉；1996年，纽约市开展了"联合国成立50周年"的公共广告宣传活动，广告使用了联合国官员和一般市民的合影，这些工作都是由具有公共善行精神的市民志愿者完成的。日本的公共广告界对此有深刻的认识，正像1995年日本的阪神淡路大地震时的公共广告所展示的，"能够救人的只有人"，致力于解决社会的公共问题，全社会的善心奉献和善行义举是十分必要的。在日本，公众原本的善心和善行为公共广告的迅速传播提供了良好的民众基础，而公共广告的传播又不断强化着公众的善心和善行，两者相互促进，为日本营造了一个为世界所羡慕的良好的社会环境和生存环境。

（二）公共广告精神拓展，社会责任意识增强

公共广告是应时代的需要而产生的，面对充满矛盾的社会和复杂的人际关系，要使人们的信念不被动摇，公共广告被赋予了特殊的责任，即达成社会团体的愿景以及加深社会的认同感，当大众被公共广告的宣传所震撼的时候，公共广告精神便也在这个世界上蔓延开来。商业广告很快就捕

捉到了社会对公益的关注，公共精神被迅速地化为商业广告的元素在品牌推广中扎下根来。其实，抛开商业广告的经济目的，这种传播也反映了人类社会文化成熟化的历史，也就是说，商业广告已经一定程度地暗含了公共广告精神。后者对前者的影响包括两个方面：一是商业广告的主题开始摆脱惟商品论，公共的话题已经进入诉求的内容中，例如强调运动价值的耐克和一直关注种族、战争、宗教等社会问题的贝纳通等品牌的商业广告无不反映了"公共广告精神"的延续；另一方面，商业广告的表现一改以往追求完美和愉悦的传统，将现实生活中的残缺和悲伤纳入广告中，例如1998年戛纳广告节上获得金奖的阿根廷的奥利奥饼干的电视广告，表现的是哥哥保护患有唐氏综合征的弟弟，并一起成长的充满人情味的故事。尽管我们知道，这种广告表现有出于经济目的而对公共题材进行商业收编的意味，但不管怎么说，在普遍关注社会问题的当今世界，要想和公众进行深度交流，商业广告必须具备"公共广告的精神"。在日本，影响不断扩大的公共广告首先改变了商业广告的诉求主题。更为重要的是，它改变了企业的经营管理的思想。如今，日本的很多大型企业集团从经营理念上就有着非常明显的社会责任营销意识，如三菱商事就将社会责任理念融入企业经营中，提出公司的使命必须立足于企业和社会、环境的最大价值，最终实现可持续发展。在此基础上，三菱商事制定了行动指南、公司董事及员工行动准则、环保宪章等规章，以顺应人类文明和社会发展的潮流。

（三）日本公共广告存在的问题

公共广告是为解决问题而生的。正是二战后日本经济、社会、文化的迅速发展带来的各种各样的问题让置身其中的企业、媒体和广告公司开始进行社会性的反思，成立了日本公共广告机构，并开展了有声有色的各种公共广告活动。从一开始的不太接受到现今日本社会对公共广告的广泛认同，日本公共广告走过了40年的风雨历程。在信息技术高度发达、大众生活花样翻新、全球化浪潮不断席卷的今天，日本的公共广告面临着新的挑战，在烦恼中成长起来的日本公共广告要面对成长中新的烦恼。

1. 缺少敢于发布暴露问题的市民团体

在"烦恼中"成长起来的日本公共广告，在重塑日本民族精神、构筑民众的"公共心"等方面发挥了巨大作用，但在有着"忧患意识"的日本人眼里，日本的公共广告还存在着不少的缺点。当前日本的公共广告界反思比较多的问题是，日本缺少具有强烈公共意识的市民团体以及日本公共广告的表现空间太过局限。从世界范围看，由市民和宗教团体制作的揭发企业或社会问题的意见广告越来越成为公共广告的重要力量，这种广告因为可能会碰触企业等组织的利益而招致官司，往往需要律师的介入。于是，这种告发型的公共广告越是牵扯官司就越能把自己的见解传达给社会，也就越能接近想要达到的目标。而因为日本缺少具有强烈公共意识和不屈不挠战斗精神的市民团体，很少能够看到这样的公共广告。

2. 缺少能够吸引人的公共广告表达方式

日本民族对洁净的崇尚达到了极端的程度，在日本最具侮辱性的侮骂是说这个人脏。尽管日本的私影像中有很多虐待、色情和血腥的东西，但在公共传播中绝对不允许这些东西存在，所以日本的公共广告中多半都是由演员出场。如微笑着请系好安全带之类，像事故中的伤者、凄惨的场面等是绝对看不到的。但是，没有比用畸形儿的照片来说明发电厂的污染更有力的表现了，四平八稳的广告创意难以唤起人们的同情心。

3. 缺少强化公共意识的市民运动

此外，如果把增强人们的公共意识，从而改变人们的态度和行为作为一个整体来考虑，那么，这种公共传播要用整合营销的方法才能有效果。也就是说，除了公共广告的传播之外，还要有一些为达成这一目的而开展的市民运动，比如欧美等国家的市民团体就出版这样的杂志——公布企业对自然的贡献，面向市民发行，用这样的方式将环保的意识植入市民的头脑中，通过消费者对企业产品的倾向性选择，在向企业施压的同时，也强化了人们的公共意识。在日本，这样的市民运动还太少，人们能够做到洁身自好，但公共意识却不够强，最终还是会影响到自身的利益，就像"不管自己住多么好的房子，如果周围的环境不好也是没有办法的"。[①]

四、日本公共广告对中国的启示

日本的公共广告机构和公共广告活动的出现有其独特的历史背景，这

---

① 公共広告機構20周年事業実行委員会 20 年史编集部会：《公共広告机构 20 年史》1999 年版，第 32 页。

种背景和国情及国外的影响是分不开的，其中广告行业（包括企业、广告公司和媒体）的自觉是日本公共广告出现的原动力。中国的公共广告可以追溯到早就存在的政府、机构和民间组织的意见广告，但真正制度化的公共广告还是在政府的直接指导下开始的。^① 尽管如此，在经济全球化的趋势越来越明显的今天，许多国家内部的问题及对问题的应对都变得国际化了。加之文化的近缘，让我们对日本公共广告的借鉴有其可能性。同时，日本利用公共广告对社会秩序和内心秩序重建的有效性，使得这种借鉴有了必要性。

（一）中国公共广告运行机制的障碍

对任何经验的借鉴都要从两个方面入手：一是要充分了解所借鉴的对象，二是要认清自身。因此，在探讨我们对日本公共广告经验的借鉴时，要从了解自己特别是了解自身的问题开始。我们和日本公共广告的区别不在于单纯的某个环节，而是整体的、结构性的，特别是在公共广告的运行机制上。

1. 媒介缺少清晰的角色定位

中国的公共广告中媒介的角色定位并不清晰，历史形成的中国媒介的特殊属性决定了媒介在公共广告运作中的特殊地位。

媒介不仅是公共广告的刊播者，而且还是公共广告活动的组织者和公共广告作品的创作者。这种运行模式有其历史必然性，在中国广告业恢复发展的 1980 年代，广告公司还不成熟，具备综合服务能力的广告公司和高水平的广告设计和创意人才还非常缺乏。相比之下，媒介在这些方面倒是有比较明显的优势，广告作品的设计和制作主要由媒体人员来完成，比如 1986 年被称为中国第一个真正现代意义的公共广告——"节约用水"广告就是由贵阳市节水办和贵州电视台联合制作发布的。此外，官方媒体的属性又使其操作的公共广告产生了巨大影响，1987 年 10 月 26 日，中央电视台在黄金时间开播的《广而告之》栏目，开播后引起了强烈的社会反

---

① 1989 年，在中国电视艺术委员会和中国广告协会电视委员会共同主办的第四届全国电视广告"印象奖"的评选中，首次将公益广告列入评选范围，增设"公共广告奖"，这是中国有据可查的第一次有"公共广告"的叫法。

响，其收视率曾经位居中央电视台所有电视节目的第三位①。随着受众广告接受习惯的改变和媒介的经济属性的增强，媒介自己创作播出的公共广告既不能继续受到大众的广泛关注，也因媒介的商业化改革难以承受巨大的经济成本，最终我们看到的就是由广告公司创作、由企业出资并在作品最后署有企业名称的公共广告，这种带有明显商业诉求的广告是否算得上公共广告就是一个值得讨论的问题了。

2. 企业缺少俯瞰民生的境界

中国的公共广告有些是由媒体免费刊播的，有些则是企业赞助的，这种赞助并非不求回报，通常会在公共广告的最后署上企业的名称。2000年，中央精神文明建设指导委员会办公室与国家工商行政管理局下发的《关于开展 2000 年"树立新风尚，迈向新世纪"主题公益广告宣传活动的通知》规定，对于企业出资设计、制作、发布的公益广告，可以标注企业名称，但不得标注企业产品名称和商标标识，不得涉及与该企业商品或提供的服务有关的内容。电视公益广告标注企业名称显示时间不应该超过 5 秒钟，标注面积不超过电视广告画面的 1/5，报刊、户外公益广告标注企业名称面积不超过报刊、户外广告版面的 1/10。还有些赞助是采用活动冠名的方式求得回报的，如 2006 年由国家工商局、贵州省工商局主办的"国酒茅台杯"中华好风尚电视公益广告大赛，2008 年第十五届中国国际广告节"国酒茅台杯"中国公益广告黄河奖颁奖典礼等。从中国企业在公共广告中的角色扮演可以看出"企业的意识还多停留在为企业增光添彩，获得个体利益之上，并没有延伸到真正回馈社会、俯瞰民生的博大层面"。② 当然，这也无可厚非，如果阶段性地看待公共广告活动的话，企业在自己的商业宣传策略上考虑社会责任和公益主题应该算是公共广告活动的开始，问题是如何让企业能从公共广告活动的初级阶段跨上更高的台阶。对日本公共广告模式的考察也许能给我们以启发：个体会自利，团体才公益。中国的公共广告都是由实施主体自发开展的，因此署名的也是各个实施主体，而日本的企业是以会员的身份集体参与到公共广告活动中的，最后统一署名也就顺理成章了。其实，前者只是眼前利益，考虑的是迅速扩大个

---

① 陈洪波：《扫描中国公益广告发展三十年》，《新闻爱好者》2008 年第 10 期。
② 倪宁等：《广告新天地：中日公益广告比较》，中国轻工业出版社 2003 年版。

体影响的二次营销，而后者则着眼于长远利益，从改善经营环境来考虑的一次营销。一次营销是基础，只有做好了一次营销，才能最终让企业个体真正受益。因此，具有远见卓识的中国企业应该联合起来倡导有利于社会发展的行为方式和思想观念，形成中国公共广告的核心力量，推动中国的公共广告事业蓬勃发展。

3. 广告公司缺少公共意识

中国的广告公司参与公共广告很多时候并非出于自愿，而是政府强迫的结果，1996 年 6 月 18 日，原国家工商局发布《关于开展"中华好风尚"主题公益广告月活动的通知》，通知要求专业广告公司应至少制作一件公益广告，有影视广告制作业务的广告公司，应制作一部电视公益广告。这种带有强迫性的参与公共广告活动，让广告公司创作公共广告的积极性大受挫伤，公共广告的作品质量也就可想而知了。虽然近年来，广告公司参与设计制作公共广告的自觉性有了很大提高，但其中，因业务能力不足而拿公共广告练手，以及靠公共广告获奖争得个人荣誉的想法更多，尽管不排除这样创作出来的公共广告也有上佳作品出现的可能，但这种充满功利色彩的参与已经违背了公共广告的初衷，私欲与公心的区别让中日两国的广告公司分明处在两种完全不同的职业境界中。另外，中国的广告公司在制作公共广告时一般是免费的或者只收取一些低廉的费用，但这些收入也要和制作商业广告一样缴纳税赋，这也限制了广告公司参与制作公共广告的积极性。

4. 政府缺少边界明确的职能归位

中国的公共广告中政府的角色远比日本政府的角色重要得多，原国家工商行政管理局局长王众孚在 1998 年度公益广告活动总结颁奖大会上就政府在公益广告活动中的地位评价说："各级党委、政府的高度重视和有关部门的支持配合是公益广告活动取得成效的关键。"[①] 政府对公共广告活动的指导和协调主要通过两种方式展开，即根据党和国家在当时的宣传重点进行最初的主题规划和最终的评奖活动。此外，政府的有关部门自身还就各种各样的主题进行了公共广告宣传，如优生优育、防止交通事故、植树造林，预防火灾、保护环境、治理污染、爱国卫生运动、等等，这些公益

---

① 倪宁等：《广告新天地：中日公益广告比较》，中国轻工业出版社 2003 年版。

宣传成了中国公共广告的重要组成部分。在目前的条件下，还没有一种力量可以取代政府的作用，特别是在调动广泛的社会资源投入公共广告方面，公共广告的内部以及相关社会组织间的关系日益复杂，在专业性的社会协调组织出现之前，政府部门还将继续发挥重要作用。

（二）日本公共广告对中国的启示

与日本公共广告相比，中国公共广告的不足表现在：公共广告的主体单一，我国公共广告的制作、发布大都靠政府推动，没有形成企业、广告经营单位、媒介的自觉行为；公共广告的资金不足，主要靠政府投入公共广告经费的局面没有改变；公共广告产品质量差，内容单调，政治性主题较多，关系民生，贴近民意的主题少，社会关注度不够；广告公司、媒体和企业面对政府分派的公共广告任务，积极性不高，制作设计的质量低。针对这些问题，我们可以考虑从如下三个方面借鉴日本公共广告的经验。

1. 应明确公共广告的内涵

到目前为止，世界上有关公共广告（public service advertising）也没有一个统一的定义，日本公共广告强调"为社会公共事业义务服务""植根广泛的公共的立场""不是与特定的利益集团相联合，也不是对行政、立法进行直接的意见阐述"[①]；在中国经常将公共广告和公益广告等同，认为"公益广告是为公众利益服务的非商业性广告，旨在以倡导或警示等方式传播某种公益观念，促进社会精神文明建设"，[②] 主张"公益广告维护社会道德和正常秩序，促进社会健康、和谐、有序运转"。[③] 其实，中国的公益广告是公共广告的一部分，与日本强调独立性不同，中国更接近于把公益广告理解成一种宣传教育方式。系统研究日本的公共广告，呈现公共广告的完整意义，在学理上区分公益广告、公共广告概念的内涵和外延，厘清中国广告学界在这一领域存在的误区，能够推进有中国特色的公共广告的研究。

在日本，学者们在讨论公共广告的概念时，会将哈贝马斯的公共领域的理论引进来，用"与私的东西相对的公的性质和价值"的标准来理解公

---

① ［日］植条则夫：《公共广告研究》，日经广告研究所 2005 年版。
② 高萍：《公益广告初探》，中国商业出版社 1999 年版。
③ 潘泽宏：《公益广告导论》，中国广播电视出版社 2001 年版。

共广告中的"公共"概念，非常强调公共广告的客观性和独立性。植条则夫认为公共广告机构是"通过广告这一手段为社会公共事业义务服务的非营利性组织，根植于广泛的公共立场，通过广告所具有的交流功能，在广泛呼吁每个人心中的社会共同责任并达成国民共识的基础上，以建立健全的日本社会为目标，不是与特定的利益集团相联合，也不是对行政、立法进行直接的意见阐述。由会员出钱，媒体出版面和时间，广告公司进行制作，各负其责，由此开展为了公共事业而进行的宣传活动"，① 植条则夫并没有用这样的概念笼统概括，而是在区分广义和狭义的公共广告的定义之后，重点强调了后者，认为狭义的公共广告的广告效果不是归于广告主，必须要还原为以一般大众的、社会的利益为主体。尽管今天的企业也在履行各种各样的社会使命，但纯粹的公共广告的概念必须和提升企业、政党、政府、团体等形象为目的的公共关系广告划清界限。接着他进一步论述日本公共广告机构的公共广告是"企业提供资金，报纸和媒体等提供版面和时间，广告公司设计制作广告。也就是说，所有的企业以志愿者的方式奉献自己所具有的知识、能力，为公共事业服务"，② 宣传活动的成果，不是归于一个企业或一个政党，而是要复归一般大众的利益，这才是公共广告的最大特色。

公共广告和意见广告的区别是，"意见广告是政党、团体、个人、企业等明示自己的名字，以政治、经济、社会、文化等一系列问题为题目，表明某种主义、主张或意见，通过支援这些社会议题以能够得到操控舆论、确立政策、使自己的活动顺利进行等一些利益为目的的有偿的宣传"。植条则夫认为意见广告不能说是以国民的一般利益为目的，首先广告主自身的存在和其正当性这一点，不应该和公共广告同等对待。③

在一般意义的理解上，日本与公权相关的事情被规定为公共领域，政府等的很多公权活动作为"合理化的理论"被用作公共领域。松本圭一认为，在日本，"公"的概念并非为了将日本发展为"横向的市民共和国"，而是要将其变为纵向支配市民的领域。因此，公益就不断地成为了"官

---

① ［日］植条则夫：《公共広告は社会を変える——日美 AC の歩みと全貌》，株式会社電通 2001 年版。

② ［日］植条则夫：《公共広告は社会を変える——日美 AC の歩みと全貌》，株式会社電通 2001 年版。

③ ［日］植条则夫：《公共广告研究》，日经广告研究所 2005 年版。

益"，直到市民间调解规则成熟之后，真正的公共概念才产生。

沿着这样的思路，我们看到日本学者在梳理日本公共广告成长史的时候，都是从 1970 年代的关西公共广告机构开始的，这和中国的相关研究完全不同，也许是因为中国的历史远比日本悠久得多的缘故，在几乎所有论及中国公益广告历史的著述——从"大禹筑九鼎以告天下，教民识猛兽毒虫"（《左传·宣公三年》）、孔子的《论语》、古代社会的"进善之旌"和"诽谤之木"，到近现代革命人士的政论文章、抵制洋货拯救国货的宣传运动，再到当代的"抗美援朝，保家卫国""除四害、讲卫生"的标语，悉数被列为公益广告。这种不加区分笼而统之地将政治宣传、道德教化与公共广告混为一谈的研究没有明确公共广告的边界。

"公共"概念的缺失意味着中国公共广告并不追求运作目的的完全公共性，这也决定了中日之间完全不同的公共广告面貌。就整体而言，中国的公共广告旨在强化全体公民的公德心和唤醒社会良知，在经济快速发展导致的企业私欲膨胀、唯利是图、道德失范的当下社会，如何摆脱小团体利益，站在公共的立场上关注公共问题，成为时下公共广告亟待解决的问题。在中国的公共广告界都在思考这些问题的时候，却很少有人考虑中国目前的公共广告本身就是这些问题的一部分。这让我们想起日本的案例——被誉为日本公共广告第一人的美术指导青叶益辉，在谈到自己与公共广告结缘的时候说，1960 年代日本学生运动游行的时候，看到贴在布告牌上的"让街道干净起来吧"的宣传画，觉得很不舒服，因为把整个街道弄脏的就是宣传画本身，正是出于让这些宣传画变得干净的想法，青叶益辉开始了公共广告的创作。[①] 看着中国的公共广告作品最后的企业署名，想想公共广告作品背后的商业存在，中国的公共广告难道不也是公共问题的一部分吗？

2. 重新认识公共广告的价值

"公共"一词不管是在学术范畴内还是在实践范畴里，都是一个必须认真对待的概念。我们并不迷信"公共领域"理论，但必须承认这一理论的意义和价值。如果说包括日本在内的西方发达国家的公共广告有什么是

---

① ［日］青叶益辉：《如果不渗透公共意识广告就不能改变》，《公共広告機構 20 年史》公共广告机构 1992 年版。

需要我们必须借鉴的话，那这种"必须"则源于公共广告的"公共"价值，而要理解这一概念就避不开哈贝马斯。

哈贝马斯的"公共领域"是个历史概念，作为一种学术思想，今天的学者在谈及公共领域这一概念时，它早已经不是哈贝马斯当年所指称的狭义的资产阶级公共领域了，而是在更宽泛的意义上使用这一概念，它是指一种现代社会日益扩张的公共生活领域，它在以不同的形式呈现国家与社会之间各种不同的权力关系。问题是，把当年资产阶级公共领域中的主体由资产阶级扩展到社会上的所有群众，由媒介通过传播信息影响公共利益，促进一种自由公开而理性的公共对话来引导一个社会的公共方向，就可以称为现代的公共领域了吗？事实并非如此，传播的过程从生产、流通、消费到再生产，不管哪一个环节都与政治、经济、文化和社会等不同权力场之间形成盘根错节的复杂结构，大众传媒只有在这样的社会结构中才有可能通过信息传播实现社会性的沟通和交流，也才有可能建构社会的公共领域。

哈贝马斯看到了这种简单改造他所描述的 18 世纪的公共领域概念的不足：缺少了现代民主政体的各种中间结构。他在之后修订了对公共领域的认识——不再把公共领域看成是私人个体作为单个的公众走到一起，而是"作为一种用来交流信息和观点的网络"，各种公共利益团体以及各类激进的专业人士，是公共领域内主要的积极分子，他们代表弱势群体的利益，关注那些被忽视的社会问题，并在现代媒体的帮助下，使批判性的辩论形成各种"有关特定话题的公共意见"。更为重要的是，哈贝马斯将这种认识放到了民主政体运行的大环境中，在他看来，民主政体的核心是政府、内政部门、司法系统、议会、政党、选举和党派竞争，外层是国家授权的各种机构，再外层是作为"主顾"的各种商业协会、工会以及私人组织和作为"供应者"的各种志愿者协会、教堂、新社会运动以及公共利益集团，作为公共领域的最外层如果能被有效激活的话，影响力就会从民主政体的边缘传递到位于核心的行政权力和社会权力。[①] 按照这样的说法，日本独立的公共广告机构就是日本民主政体的外围，各种公共广告活动的开

---

① ［英］詹姆斯·库兰、［美］米切尔·古尔维奇：《大众媒介与社会》，杨击译，华夏出版社 2006 年版。

展和广泛影响，一定会触动民主政体的核心——虽然日本的公共广告机构资金来源于会员的会费和赞助，不受政府的控制，但公共广告机构在会员单位和社会民众中的巨大声望，却可以对政府及其组织机构和组织体系产生重大影响。

公共领域寻求权力平衡，追求自由平等。不管是哈贝马斯致力于"社会和政治系统之间的权力平衡"，[①] 还是传播政治经济学者莫斯可奉劝"我们应该把'公共'的内涵界定为实行民主的一系列社会过程"，[②] 公共领域概念产生至今最核心的理念就是通过开放的、多样的和可接近的空间，推动平等参与和自由讨论，促进整个社会的政治、经济和文化决策过程中最大程度的公开、公正和公平。

哈贝马斯主张"以阅读为中介，以交流为核心的公共交往"来构建公共领域，其实，当今世界并不缺少交流，但缺少真正的"阅读"，这导致缺少以"阅读"为中介的高质量的交往，也就缺少有力量的公共空间来影响环境。当然，这里的阅读对象并不限于印刷媒介，还包括影响更大的各类电子媒介，我们说缺少真正的阅读，也并非指缺少阅读对象，而是指缺少对于建构公共领域而言有意义的阅读对象。难以想象一个被低俗的、娱乐的内容充斥的，只是满足人们感官刺激的传播体系可以让人们充分地认识他们的责任，人们只会对名人隐私和网络红人感兴趣，这种阐释争论和表达异议不可能达到约束和抑制各种政治经济利益集团对公共利益进行侵犯的目的。传媒的娱乐化使得公共领域变成了一个浮华的、轻飘飘的摆设，根本无力将影响指向行社会的各种权力体，这样的传媒和素来有着浓厚世俗情结、放弃自我超越的市民阶层一起形成的共振，无疑将极大延缓社会主义民主化进程。

如果说公共广告是最好的读物之一，那是因为其中所表现出来的悲天悯人的情怀、直面现实的勇气和拯救苍生的担当，这些话题有时候严肃得让人觉得沉重，有时候小得有些零碎。但不管怎样，比起那些令人赏心悦目的轻松内容来，这样的"阅读"总能调动人们的批判神经，培养人们的反思品格，并最终指向社会中的各种权力体。但如果在公共广告的最后看

---

① ［英］詹姆斯·库兰、［美］米切尔·古尔维奇：《大众媒介与社会》，杨击译，华夏出版社 2006 年版。

② 刘晓红：《西方传播政治经济学研究》，世纪出版集团 2007 年版。

到了企业的名字，你会情感失重，就好像你正在看非洲的饥民、被拐的儿童或战争中的杀戮时，突然中间插进来一段娱乐节目的片花或推销电子产品的时髦广告，会有种高尚的情感被亵渎、伟大的情操被戏弄的感觉。

3. 确保公共广告的制度化

日本公共广告机构从1971年成立开始就一直主导着日本公共广告活动的开展。50年来，作为公共广告的运行主体，日本AC秉承社会性和公共性的原则，组织旗下会员单位进行了许许多多的产生过巨大反响的公共广告活动，在重塑日本国民的精神面貌、改变日本社会方面发挥了重要作用，也使日本的公共广告成为世界公共广告的重要模式之一。虽然中国的公共广告活动自始至终都没有一个像日本AC那样专门的独立组织机构，但在政府的主导下，企业、媒介和广告公司也开展了一些非常有影响的公共广告活动。单从参与公共广告的组织机构和表现形态来看，中日两国的公共广告并没有什么大的区别，但如果细究这些形式之下两国公共广告的内涵和主题呈现就会发现两者之间的不同。

考察一个国家或地区的公共广告离不开三个方面，即谁来做，为什么做，怎么做，其中"谁来做"是关键，是它决定了"为什么做"和"怎么做"。日本的公共广告机构是一个"通过广告这一手段，来为社会提供服务的非营利团体，它立足于公共的立场，通过广告所具有的交流机能，用社会联合体来感召每个人的心灵，在各阶层国民一致同意的基础上，努力建设一个健全的日本社会。它不是参加一个特定的利益团体，或准备向行政、立法直接表明意见的组织，它是由会员出资，媒体提供版面、时间，广告代理业进行制作来开展公共的宣传活动的组织"。[①] 正是因为该机构没有营利的目的，没有党派和宗教的偏见，才使得它所开展的公共广告活动都是与一般大众利益直接相关的、关乎国计民生的事，这一点从日本公共广告活动的主题选定方式就看得出来，其主题的制定以企业会员和个人会员的想法为主，同时委托专业公司借助问卷调查检验其可行性，经综合评估后确定最终主题。另外，日本的公共广告机构是一个独立的运营组织，有专门的经费来源，公共广告活动是一项专门的事业，有很强的计划性和延续性。

---

① 倪宁等：《广告新天地：中日公益广告比较》，中国轻工业出版社2003年版。

　　中国的公共广告则是由政府和官方媒介来主导的，政府的组织机构和组织体系操办的公共广告大多也是为了向广大人民群众传播各种有利于社会进步的思想观念、行为方式和道德准则，以改造人们的世界观和价值观，达到培养良好的社会风气，促进文明和社会进步的目的。但毕竟和中立的民间团体和组织机构不同，公共广告宣传并不能保证完全站在大众的立场上，如在做第六次人口普查的公共广告宣传时，我们的宣传广告语是"人口普查进万家，点清你我他"，而国外的人口普查的公共广告则是"如果我们不了解有多少人口，就无法知道这个地区要建多大的医院"。在宣传的主题设定上也能看出立场的不同，"回顾历年公共广告的宣传主题，主要围绕政治、爱国情操及传统美德，与民生有关的主题较少，只有下岗再就业及环保两项，对于一些与市民健康及生活有关的事情（如防止滥用药物、消费权益、防火等），对公益广告活动未给予足够的重视"。①此外，政府的权威力量虽然保障了中国公共广告活动顺利开展，但政府的这种组织工作并非专职，公共广告存在着非常强的随机性和分散性。

　　在中国，要组建一个像日本 AC 那样的完全独立于政府的公共广告机构难度很大。首先是由谁来发起成立这样的组织，该组织要经过多久的和怎样的努力才能形成影响力，对企业、广告公司和媒介机构形成感召和吸引。在中国，由政府主导的机构办不好，由民间主导的机构不好办，最后形成了公共机构在中国不好办的局面；其次，如果将来大部分的广告主体都加入到这样的机构中，在公共广告活动中，该如何处理和政府的关系，特别是当政府和该机构对公共广告主题选择的判断不同的时候，该如何取舍；最后，机构的经费如何筹措和管理，在公共、公益的声望尽失，财务监管漏洞百出的今天，这些都将成为问题。眼下比较现实的途径是，利用已有的资源进行中国的公共广告建设。可以考虑将现在已经包括了广告主、广告公司和广告媒体组织的中国广告协会进行整体的功能转型，成为独立的公共广告的运行主体。考虑到中国的现实基础，特别是政府的特殊角色，脱胎于中国广告协会的中国公共广告机构应该由现在的"官办民助"转向"民办官助"，该机构可以尝试以既互不干涉，又相互扶持的方式来处理和政府的关系。政府可以用资助和税赋减免的办法进行经济帮

---

① 倪宁等：《广告新天地：中日公益广告比较》，中国轻工业出版社 2003 年版。

扶，做好广告活动法律监管即可。公共广告机构的内部运作不受政府控制，可以参照日本 AC 的做法进行机构设置、资金募集、主题选定、作品审议、媒介发布，但要按照约定完成政府指派的公共宣传任务。考虑到中国各地区的差异比较大，可以先选定某一个或几个公共文化建设比较好的城市做试点，逐渐累积经验后，再向全国推行。

五、结论

本论文研究了日本公共广告历史发展进程、公共广告的运行主体、公共广告的社会影响，从中挖掘出日本公共广告的成功经验：① 公共广告的主题，除了政府给定之外，还可以通过面向一般市民的问卷调查来挖掘具有社会倾向性的选题；② 民间团体和非营利性机构在公共广告中的参与力度很大；③ 强调社会性和公共性，明确了企业、团体和政府机构的意见广告和公共广告之间的界限；④ 在全球经济一体化的今天，加强公共广告的国际合作，致力于环境保护、能源危机、毒品犯罪等共同问题的解决；⑤ 建立公共广告机构，有序地策划、组织和实施公共广告活动；⑥ 成立公共广告基金，面向社会进行融资，并以招标形式委托广告公司和媒体制作、发布公共广告；⑦ 政府健全对公共广告管理的制度与法规；⑧ 对代理公司、媒介和企业给予制度激励，为公共广告活动提供良好的制度环境。

借鉴以上成功经验，对比中国公共广告存在的不足，提出与现有公共广告研究不同的公共广告机构的建设模式，建立以政府扶持为保障，以企业和社会机构为主体的长效运作机制，即"官助民办"的具有中国特色的公共广告模式，重新理顺公共广告机构和政府之间的关系，让公共广告活动各方参与者各司其职，希望对提升中国公共广告的品质有一定的启示。

通过公共广告可以看到一个国家所面临的社会问题，兴起于 20 世纪 70 年代经济迅速发展阶段的日本公共广告所反映的社会问题很多都是今天的中国同样面临的。日本是如何有效利用公共广告这种传播力量来提升公众对公共问题的认识，并改变公众的观念和行动，从而推动有序的公民社会的建立，值得中国借鉴。中国的公益广告至今已有三十多年的历史了，但除了在重大事件如抗洪、抗非典、抗震或政府主抓的重点工程，如下岗再就业、希望工程等方面有所表现外，基本感受不到公益广告的影响力，这主要与中国公益广告的运行机制落后有关。借鉴日本先进的公共广告的运作模式，提高公共广告的创意水平，扩大公共广告的社会影响，走出一条有中国特色的公共广告之路，对于推进中国物质文明、政治文明和精神文明建设具有重要意义。

新中国公益广告发展史
研究的几点思考[*]

刘传红　阳　晴^{**}

中华人民共和国成立 70 多年来，公益广告以其独有的传播力、公信力和引导力在社会主义建设和改革开放过程中发挥了重要作用。从 1979 年广告业恢复到如今，我国公益广告事业迎来了长时段的高速发展期。党的十八大以来，以习近平总书记为核心的党中央高度重视公益广告工作。2016年 1 月 15 日，国家六部门联合发布《公益广告促进和管理暂行办法》，成为公益广告发展史上新的里程碑。2016 年 2 月 19 日，习近平总书记在党的新闻舆论工作座谈会上专门强调"广告宣传也要讲导向"。2020 年 7月 27 日，全国哲学社会科学规划办公室公布了国家社科基金年度重大项目选题指南，编号为 333 号的"新中国公益广告发展史"赫然在列。这是广告选题第一次被列入国家社科重大项目的指南，使全国的广告学者深受鼓舞。这一选题围绕并延续了中华人民共和国成立 70 周年诸多研究热点，旨在研究中华人民共和国成立以来我国公益广告的传承、发展与创新，阐释其变化过程及演进规律，从而为发挥公益广告在新时代中国特色社会主义建设中的巨大作用，推动公益广告事业的高质量发展，提供历史镜鉴和理论资源。目前这一国家社科重大项目已经"花落"中国传媒大学初广志教授团队，但是对于这一选题的有关探讨，还仅仅是开始，尤其需要更多学

---

　* 本文系国家社科基金一般项目"广告导向的理论阐释与典型案例库建设"（项目编号：19BXW085）研究成果。

　** 刘传红，江西师范大学新闻与传播学院教授。阳晴，江西师范大学文学院博士研究生。

者加入谈论的队伍中来。

一、新中国公益广告发展史的研究价值何在

中华人民共和国成立 70 多年来，在中国共产党的坚强领导下，国家实现了从"站起来""富起来"到"强起来"的伟大转变。特别是 1978 年改革开放以来，伴随经济的飞速发展和社会的日新月异，我国广告产业呈现空前繁荣景象，多年稳居世界第二广告大国，新中国公益广告是其中的一道亮丽风景。

回首新中国公益广告发展的历程，我们认为并不平坦，甚至充满曲折，其发展也是多方面的。"改革开放以来所讲的发展远不同于中华人民共和国成立后的发展，今天所讲的发展也不同于改革开放初期的发展。尤其是全面建设小康社会目标的提出，发展已经有了更为全面的新的内涵""自觉地把握发展观上的这些变化，对于形成新发展理念并用以引导发展，无疑是重要的一环"。[①] 北京大学教授丰之义的这番精辟论述，对于理解我国不同时期、不同阶段的公益广告"发展"之意涵，极具启发意义。

我们认为，把握公益广告的发展，主要有三方面：一是从公益广告性质来看，中华人民共和国公益广告从 1949 年前的社会广告跃迁而来，"所有的广告都是社会的文本，是对所处时期显现的重要发展作出的回应"。[②] 我国的公益广告是社会主义公益广告，生发在中国的土壤上，具有鲜明的中国特色。尽管与西方公益广告有诸多共性，但区别显著，我国公益广告之"公益"代表了最广大人民群众的根本利益。二是从公益广告发展状况来看，从中华人民共和国成立前后到如今，公益广告不仅实现了制播数量、传播形态、主题演进等方面的根本变化和巨大进步，而且其社会影响也越来越大，日渐成为传播社会主义核心价值观、推进社会主义文化繁荣发展的重要途径。三是从公益广告管理来看，新中国不同历史阶段的社会经济状况，对于公益广告提出的任务和要求存在较大差异，也对公益广告发展产生了决定性影响。所以，公益广告的发展还体现在管理体制和运行

---

① 丰子义：《发展的呼唤与回应：哲学视野中的社会发展》，北京师范大学出版社 2009 年版。
② ［美］道格拉斯·凯尔纳：《媒体文化——介于现代与后现代之间的文化研究、认同与政治》，丁宁译，商务印书馆 2004 年版。

机制的逐步完善、发展理念和发展规则的推陈出新，以及发展过程中政府、社会、企事业单位之间关系的重组和优化。

对新中国公益广告发展史进行系统研究，在国内还是首次，有助于我们系统地、详细地认识新中国公益广告发展史这一尚未被开垦的学术领域。其理论价值体现在：

（1）对公益广告研究的推动作用。这一课题的阶段性成果包括资料汇编、研究报告、系列论文、专著等，未来几年将是我国公益广告研究领域的成果最集中展现时期。

（2）对于广告学本身的学科建设意义。公益广告史是一种学科基础研究，旨在总结经验和理论思考，找到公益广告发展的内在逻辑。在我国广告学界，公益广告和商业广告畸轻畸重的情形由来已久。新中国公益广告发展史研究课题的启动，不仅能带动公益广告自身的理论建设，也是广告学科体系不断走向完善的重要学术工程。

（3）对于中国特色社会主义文化建设、新闻舆论工作、社会主义核心价值观教育等领域的拓展意义。公益广告发展史是考察新中国成立以来中国特色社会主义文化建设的一个侧面。公益广告传播实践是完善新闻舆论引导机制的重要内容，也是传播社会主义核心价值观，促进公民文明素质的重要途径。开展公益广告发展史研究，为上述领域学术研究开辟了一条新的研究路径。

开展对公益广告发展史的研究，能够为新时代中国公益广告实践提供规律性的历史参照，有助于让公益广告释放更多的"时代红利"。其现实价值表现在：

（1）新中国公益广告发展史记录着我国从"站起来""富起来"到"强起来"的发展历程。公益广告作为重要的历史性标记，见证了新中国成立以来，特别是改革开放以来中国社会令人瞩目的巨大变化。新时代的中国公益广告事业，应遵循公益广告的传播规律，适应新的媒介技术环境，不断创新公益广告的传播理念、传播形态和体制机制，为我国经济社会发展争取良好的舆论环境，嘉惠国计民生。

（2）重视公益广告对重大突发事件的有效介入，有利于各方的沟通与互信，维护人民群众的长远利益，从而有助于问题的解决与社会稳定，也是创新国家治理体系和推动治理能力现代化的应有之意。

（3）有效的公益广告传播，能够推动社会主义核心价值观传播，更好地保障和推动社会主义先进文化繁荣发展，不断巩固全体人民团结奋斗的共同思想基础，推进实现"五位一体"总体布局，建设更为强大的社会主义中国。而这些又构成了我国公益广告事业高质量发展的显著标志。

二、新中国公益广告发展史研究的若干重点问题

围绕新中国公益广告事业发展轨迹、基本形态和社会影响等重大问题进行研究，分析影响公益广告发展的多重因素，力图兼及全局又突出重点地呈现新中国公益广告事业的图景，这是本课题研究的根本任务。本文认为，以下五个方面的问题尤为重要。

一是新中国公益广告"是什么"的问题。关于公益广告的概念界定，涉及两个方面，一是从理论上确定公益广告的标准，换句话说，区分公益广告和商业广告最为根本的差异是什么；二是公益广告何时出现、在什么条件下出现。对此目前学界看法很不一致，对其进行梳理和界定显得尤为重要。戈公振在《中国报学史》中提出了当时广告的分类，其中包括社会广告，他以当时分布在京、沪等五个城市的重要报纸上刊登的广告为例，剖析了不同类别广告在报刊上的分布情况，其中社会广告有相当的占比。厦门大学陈培爱认为，清末及民国时期的报刊上发布的社会政治类广告，是"公益广告"的历史形态，在当初起到了拯救国家和民族等作用。[1] 安徽师范大学吴来安认为，中国现代公益广告在20世纪初期已经初具雏形，并在中华人民共和国成立之后至改革开放之前大量存在且日渐成熟，经历了从"家国理想"到"价值引导"的过程。[2] 华中师范大学朱英在其文中提及的一条重要史料线索——"据戈公振对1925年4月10日至30日上海《申报》、北京《晨报》、天津《益世报》《汉口中西报》、广州《七十二行商报》的统计，从各类广告所占比例看，有的报纸刊载的社会广告占了相当大的份额。例如《申报》刊载的广告中，商务广告为176次，而社会广

---

[1] 陈培爱：《中国广告史——站在当代视角的全面回顾（第2版）》，中国物价出版社2001年版。

[2] 吴来安：《从家国理想到价值引导：中国现代公益广告的源起》，《现代传播（中国传媒大学学报）》2019年第7期。

告却多达 214 次"。① 朱英认为，社会广告在清末即已出现，"它显然为社会各阶层从事有关活动提供了一种过去所没有的新式动员方式"。也有广告史学者认为，"近代报纸广告无所不包，除了商务广告，还有不少非商业性的社会广告""为人们提供了一个信息共享和交流的空间"。② 近代中国的社会广告与商业广告有着明显区别，社会广告致力于社会公益，呼吁公序良俗，为社会重大问题发声，以提醒和保护公众利益为目的，理所当然具有公益广告的某些特征，可以说是未正式定名的公益广告。

但也有不少学者把 1986 年的贵阳电视台播放的节水广告或者 1987 年中央电视台"广而告之"栏目的设立，作为我国公益广告的开端。③ 我们认为，盲目套用国外所谓的公益广告的权威定义，看不到公益广告的中国特色，难免裹足不前，对公益广告的内涵和外延进行不适当的收缩或扩充，又必然会导致概念窄化或泛化。这其中，公益广告的公益性与商业性之间的关系是讨论的焦点。把公益广告概念辨析清楚，那么新中国公益广告的发端、历史分期及其依据也就迎刃而解。此外，还要明晰新中国公益广告发展史的研究对象、研究范畴、学科特点和研究价值等，这样才能回答新中国公益广告发展史"是什么"的问题。

二是新中国不同时期的公益广告"说什么"及其演变的问题。也就是新中国公益广告的表现形态和主题演进问题。我们认为，既要把握中华人民共和国成立以来，不同时期党的路线方针政策的不断演变过程，又要考虑媒介形态变化和广告业的自身发展及演进规律。不同时期的公益广告表现形态多种多样，在互联网时代更是复杂多元。公益广告具有鲜明的时代性，其主题和表现形态都带有深刻的时代印记，总是围绕社会热点问题或话题提出，并进行价值观引导。考察新中国公益广告在表现形态和主题演进方面，应重点研究"四个演变"：

（1）公益广告媒介形态的演变。中华人民共和国成立以来，在相当一段时期内，公益广告的传播以户外媒介、报纸和广播为主，1979 年以后电

---

① 朱英：《近代中国的产生发展及其影响》，《近代史研究》2000 年第 4 期。
② 孙会、宋维山：《近代报纸广告的社会价值——以〈申报〉〈大公报〉为例》，《河北学刊》2008 年第 7 期。
③ 如张明新、余明阳：《我国公益广告探究》，《当代传播》2004 年第 1 期；初广志：《公共视角的公益广告概念：溯源、反思与重构》，《山西大学学报（哲学社会科学版）》2020 年第 5 期。

视媒介一马当先。特别是进入 21 世纪以来，网络广告更是万般形态。总体而言，经历了文字-图片-影像-视频的演进过程。

（2）公益广告传播模式的演变，伴随着新媒介出现，公益广告的传受模式也在改变，表现在从单向传播到互动传播，突出受众体验和柔性引导。

（3）公益广告选题规划的演变。中华人民共和国成立之初，公益广告选题由政府规划，服务意识形态工作。改革开放后，公益广告服务于经济建设和社会主义市场经济背景下的价值观传播，这个阶段的公益广告选题依然由政府进行总体规划，比如从 1996 年起，原国家工商管理总局在全国范围开展主题公益广告月活动。从 1998 年开始，原国家工商管理总局不再组织全国性的公益广告主题月活动，开始动员社会力量征集选题，公益广告主题日益多元。

（4）公益广告主题类型的演变。公益广告主题内容与经济社会发展不同历史时期的特点有着密切关系。从"爱国卫生运动""抗美援朝保家卫国""知青下乡"，到"节约用水""保护耕地""打击盗版"，再到"一个太少，两个正好"的计划生育公益广告，体现了我国公益广告主题与时俱进的鲜明特征。

三是新中国不同时期的公益广告"怎么说"及其演变问题。公益广告不以营利为目的，立足于社会公众利益，或者呼吁公众对某一社会问题进行关注，或者对公众进行教育，从而促进社会问题的解决。如果采用说教式口吻给出建议和指导，难以给受众带来审美体验，甚至招来反感。因此，公益广告作品不能忽略创意和审美，否则将难以实现吸引受众注意、促进社会问题解决的初衷。梳理公益广告创意演变历程、理解公益广告独特的审美价值显得尤为重要。新中国公益广告的创意演变大致经历了教育宣讲式（1949～1995 年）、情感诉求式（1996～2000 年）、创意表现式（2001～2009 年）和交互设计式（2010 年～至今）。而公益广告的美学价值则经历了创意作品之美、创意生产之美、创意鉴赏之美和创新交互之美等四个阶段。

四是新中国不同时期的公益广告"效果如何"及其演变问题。在我国，社会公益理念日益深入人心，公益事业蓬勃发展。中国公益广告 70 多年的发展就是一个缩影。而长期以来，对公益广告的研究更多地停留在实践操作层面，缺乏宏观视野。中华人民共和国成立 70 多年以来，公益广告在舆论引导、社会教化、公共传播实践的社会效应以及更深层次的意识形态涵化等方面的效果如何？公益广告承载的文化观念和价值诉求发生了怎样的变化？公益广告承载的一系列文化观念的传播效果如何？产生了什么影响？在哪些方面发生了影响？公益广告与社会文化环境和社会变迁之间，存在怎样的互动关系？这都是新中国公益广告发展史研究不可回避的问题。

五是新中国不同时期的公益广告"怎么管"及其演变问题。管理体制和运行机制涉及公益广告事业事权的纵向配置与横向配置，也涉及不同主体之间关系的互动与优化。新中国公益广告的管理体制与运行机制是公益广告史书写的有机组成部分。新中国公益广告管理的政策体系是如何被建构的，在不同时期产生了什么作用，未来的政策走向是怎样的，等等，对公益广告发展史研究是至关重要的。不同国家的管理体制机制不同，同一国家在不同时期也存在差异。由于各个时期党和政府在政治、经济、文化等方面的任务存在差异，国家对公益广告的政策也在变化和改进中。在筚路蓝缕的建国初期，党和政府把公益广告作为医治战争创伤，恢复国民经济，进行社会主义改造和建设的宣传工具。"文化大革命"期间，公益广告被政治口号所淹没，公益广告管理成为空白。伴随广告业恢复，以党政管理为核心和主导的广告管理体制日渐形成，广告管理政策、法规相继出台，但主要针对商业广告，公益广告管理处于边缘。20 世纪 90 年代后，公益广告的管理体制建设进入快速发展期，运行机制也日趋稳定。需要说明的是，在我国，下发红头文件和建章立制，是公益广告管理的重要手段。这些文件和法律法规作为史料，可以帮助我们完成对公益广告管理体制和运行机制的历史认识。阐释这些文件和法律法规的内容及其对公益广告事业发展的影响，探讨这些文件和法律法规（比如 1982 年的《广告管理暂行条例》、1994 年颁布并于 2015 年修订的《广告法》以及 2016 年施行的《公益广告促进和管理办法》等）所反映出的体制建设的制度化与法治化进程，以及存在的不足，应是研究的重点。我国公益广告管理具有鲜明的中国特色，加上社会公益组织不发达，决定了我国公益广告事业必定是党委领导、政府主导、社会参与的体制机制。体制决定机制，制度影响运行，在实际研究中需要科学评价"中国式管理"的制度优势和治理效能。

三、新中国公益广告发展史应力求在方法和观点上创新

书写新中国公益广告史没有先例，但有一点是确切的，即公益广告史的建构并不仅仅是一种时间顺序的选择与安排，它同时是一种空间结构形态的呈现。本课题既要全景式地扫描新中国公益广告的面貌，又要以问题的形式凸显公益广告的时代风貌，力求在方式和观点上进行创新。

第一，中国公益广告发展史的研究一定要建立在文本基础上。要尽可能搜集各类文献资料，对新中国成立前后及后来，各类主题及媒介形态的公益广告作品、重要事件和人物、相关法律法规和政策文件、相关行业数据等进行梳理、考辨和类型化处理。扎根史料，史论结合，探悉史实之间的因果联系，透过零碎的史料，揭示出重大的历史问题，从相关表述的变化，洞悉历史演变的脉络。

第二，注重对公益广告研究成果从学术贡献、变化发展以及存在的不足等方面，进行整理和分析，从而获得对已有成果的新认识。这种新认识可能表现为新观点、新结论，或揭示了某种事实，或对一系列研究成果进行归纳或演绎后形成新的结构。

第三，引入专题史研究范式。把新中国公益广告史中一些极具价值的核心问题提取出来并开展专题研究，既横向拓宽，又历时考察，可以凸显新中国公益广告在几个专题涵盖领域所留下的发展印迹。与此同时，各专题、各章节之间要做到相互连贯，逻辑上融为一体。在研究过程中，以"变化"和"发展"的宏阔视野观察问题，审视不同历史时期的公益广告活动及取得的成果，对丰富多彩的公益广告作品给予全面理解，对不同特征进行多角度展示。需要指出的是，既有的中国广告史惯用的是长时段、粗线条的书写通例。一些广告史著作"基本上是就事论事，缺乏背后的理论支持，无法从理论体系出发，分析中国广告产业整体发展的路径和内在逻辑"。[1] 而专题研究范式显然具有这方面的优势。如此安排，与其说是为了确立研究范式，不如说是提供改写中国广告史既有传统的可能性，为进一步检讨新中国公益广告的知识谱系，思索一些关键性问题提供参照。

---

[1]　陈刚：《当代中国广告史：1979—1991》，北京大学出版社 2010 年版。

第四，坚持实证研究和理论探讨、微观研究与宏观考察相结合，历史与逻辑相统一，进而获得对新中国公益广告发展史阶段性发展、地域性差异及其演变趋势的新见解，从而把对公益广告史乃至广告学科的研究引向新高度。

第五，综合运用各种研究方法。公益广告主题与国家的政治、经济、社会、文化等有着紧密的联系，其媒体形态随着媒介技术发展更显复杂多样。公益广告的发展变化，既受到国家宏观政策的影响，也受审美习惯、接受心理的影响，还受到国外公益广告发展动态的影响。因此，本课题的研究要综合考虑这些因素，组合运用多种研究方法，主要有文本分析法、调研法、访谈法、比较研究法、口述史方法等。

四、结语

新中国公益广告经历了其蹒跚学步的前奏、曲折中的探索以及快速发展并逐步走向成熟的过程。开展对这一课题的研究应该以马克思主义唯物史观和习近平新时代中国特色社会主义理论为指导，系统研究在新中国从"站起来""富起来"到"强起来"的伟大飞跃中，公益广告的形成、发展和创新的历史轨迹和演进规律。其总体研究框架并非机械地套用新中国史的历史分期，而是以新中国公益广告发展史的理论体系构建为基点，以认识公益广告发展的历史过程及其规律为主线。上述实际上涉及了新中国公益发展广告史的五个最重要方面，也因此构成了课题的主要研究框架。下一步有待继续完成的子课题还有不少，比如："新中国公益广告的海外传播接受史研究""新中国报纸公益广告发展史研究""新中国广播公益广告发展史研究""新中国电视公益广告发展史研究""中国网络公益广告发展史研究"，等等。这几种"发展史"也很重要，早完成早受益。

本课题属于"史"的研究，将文献分门别类进行收集、整理，既是课题研究的基础，也是未来同行知识共享、展开学术对话的共有资源。在五个子课题开展过程中，相应资料汇编逐渐成形，我们预计以如下形式呈现出来，分别是：《新中国公益广告发展史大事记》《新中国公益广告的典型案例库》《新中国公益广告政策法规汇编》《新中国公益广告研究文献汇编》等。

　　现代生活中，公益广告业已成为聚合、交流和探讨公共问题不可或缺的社会途径。比如抗击新冠疫情等重大突发事件中，我国公益广告积极介入并彰显了传播的力量。回溯新中国公益广告发展史的目的，一方面是总结经验，发现主要问题；另一方面是为我国公益广告未来发展描绘前景和蓝图，凸显当代性与前瞻性。这也是当代广告学人的社会责任感和学术使命感的体现。新中国公益广告发展史以国家社科重大项目的形式面世，在广告学界引发的震动甚至有些"石破天惊"的味道。我们有理由相信，这个高调开启的研究领域一定会涌现更多优秀成果。

20世纪50～70年代《人民日报》广告报道的文本分析

祝　帅[*]

关于20世纪中国广告史研究，围绕民国时期（1911～1949年）和改革开放后（1979年～至今）形成突出的热点。但是，对于民国时期广告如何发展为当代中国广告的过程往往语焉未详。一些研究者认为，1979年是中国广告的"元年"，中国当代广告是在一个全新的起点上起步的。这个说法显然不能令人满意：一方面它忽视了20世纪中国广告史的统一性和连续性；另一方面，对一些老字号品牌的转型发展之路也缺乏解释力。事实上，1949～1978年间的广告，并非像人们所想象的一片空白，而是经历了一个改造和转型的过程。[①] 同时，这一时期的广告也并非只有目前相对来说已经有一定研究的外贸广告，在历史上扮演了重要的承上启下的角色。[②]

那么，民国时期的广告经过了中华人民共和国成立后的社会主义改造，却为什么并没有马上消失，甚至还能分化出社会主义广告、外贸广告、政治宣传等其他多种类型？为什么在改革开放后中国广告事业能够随着改革开放号角马上得以复苏，成为改革开放的风向标？对此，本文以50～70年代《人民日报》上的广告，窥视新中国前三十年的广告发展。需要说明的是，本文使用的是文本分析的方法，所分析的样本并不一定具

　＊　祝帅，北京大学新闻与传播学院研究员，北京大学现代广告研究所所长。
　①　卿婧：《未曾空白的历史——〈中国对外贸易〉杂志广告研究（1956—1964）》，《广告大观（理论版）》2008年第4期。
　②　卿婧：《未曾空白的历史——〈中国对外贸易〉杂志广告研究（1956—1964）》，《广告大观（理论版）》2008年第4期。

有统计学意义上的代表性，不一定能够真实地描述发展规律和趋势，然而却是一些相对容易被人忽视的闪光点。换言之，本文研究的对象（史料）是经过选择的，但这种选择具有主观性，和研究者对于历史的理论认识（史观、文章论点等）息息相关。

一、50～70 年代《人民日报》广告报道概况

本文不研究《人民日报》上的广告作品，而是研究《人民日报》上的广告报道，以及从中所反映出的 50～70 年代中国社会上对于广告问题的一般看法。之所以选择《人民日报》作为样本，既是因为《人民日报》全文数据库建设比较完善之故，也是因为《人民日报》的广告文本在某种程度上可以看作是整个北京地区乃至全国特定时期内报纸媒体广告活动的一个缩影。有鉴于此，本文通过检索《人民日报》从 1948 年创刊至 1979 年末的全文数据库，浏览了所有题名中包含"广告"的新闻、报道等非广告内容，同时，对广告的相关领域的关键词（如美术设计、工商业、市场等）进行了检索，并对这段时间内全文中包含"广告"的内容进行了有选择性的浏览，首先对这一以往广告史研究中很少涉及的领域形成了初步的印象。

人们容易想当然地猜测，这段时间内《人民日报》上是不会有什么广告的信息。即便有，应该也是以批判为主，或者如果有广告也是指外贸广告。但是资料检索的情况可以说完全推翻了我们的印象。

首先，这段时期，特别是社会主义改造和社会主义建设时期（至"文化大革命"前），《人民日报》上的广告资料和信息虽然不能说是汗牛充栋，但至少比我们想象的丰富得多，也现代得多。并非人们想象的那样，都是很左的论断，反而有很多为广告唱赞歌的文章。甚至国家还通过广告工作会议来解决广告发展中的问题。能够初步印证我的判断：这一时期是民国广告经过改造向社会主义广告转型，最终过渡为改革开放初期广告的关键时期。

其次，广告生态非常活跃。国家有多方位的广告审查-监管-惩罚机制和实践，人民也往往以"读者来信"的形式对生活中的广告现象提出批评和建议，构成一种自发的广告批评。可以看出，广告（包括商业广告和文

化广告）在当时人们的生活中扮演了比较重要的角色。

再次，对"广告"的"双标"是随着"大跃进""文化大革命"等政治活动的开展，在 1960 年代以后开始的。此前虽然有批评广告铺张浪费之类的文章，但单纯"广告"一词并不含有贬义，1960 年代以后，随着对西方资本主义制度的批判与广告联系在一起，妖魔化、污名化广告的现象开始出现，广告出现在《人民日报》的报道中的内容越来越少，仅有的内容也是批判西方资本主义广告术的相关内容。

最后，这段时期国家没有形成统一的广告发展规划。不同部门、不同人士的心目中对于广告的标准不一，有的主张发展，有的主张放弃，最终也没有明确广告发展的主管部门，政策和财政上不断收紧，放弃了社会主义制度下发展创新广告的时机。

总的说来，一方面，这一时期《人民日报》上的广告相关报道和实践在基础理论认识方面提出了社会主义广告的特点，在我国社会主义改造和建设特定时期的生产和生活中发挥了积极的作用；另一方面，也由于时代认识和物质条件的局限而没有完成现代化转型的广告产业，只是在功能性方面肯定了广告的信息传播作用。

二、围绕社会主义广告事业的价值讨论

此前笔者曾撰文叙述这段时间内广告研究的学术史，而本文处理的则是广告观念的历史。① 那篇文章主要依据期刊，特别是外贸类期刊的资料，而本文则是基于报纸文章，相比较期刊文章，它们更短平快，也更容易形成社会的镜像。其中首先值得注意的是，这一时期的《人民日报》有大量关于认识广告的积极作用的文本。应该说，至少在 40 年代末至 50 年代初，广告并没有被妖魔化，相反，广告被认为是社会主义建设事业的一个组成部分。需要说明的是，从文本的情况来看，开始这一时期流行的广告类型，主要包括商业广告、文化广告两大类，B2B、B2C 的广告都有，文化广告主要是指书籍、电影、文娱演出类广告，这也是《人民日报》广告的

---

① 祝帅：《新中国前 30 年广告研究的格局及其基本面向——1949—1979 年间中国的广告学术论著的历史与分析》，《广告大观（理论版）》2009 年第 4 期。

一大宗。

众所周知，社会主义报纸从一开始就不反对商业化，马克思和恩格斯创办的《新莱茵报》就有广告，他们也写作过一些出版广告。在 1948 年 9 月 15 日《人民日报》第一版也登有《广告刊例》：

> 广告刊例：本报刊登各种广告、启事等，凡欲刊登者请依照以下办法：
>
> 一、报头，每天每个冀钞八千元（每个可容新五号字四百个字），二分之一四千元，两个一万六千元。
>
> 二、正版地位，每方英寸（可容新五号字五十个字）每天冀钞一千元。
>
> 三、凡各机关、团体、工厂、商店等如欲刊登广告者，必先将底稿及广告费一并寄来，否则恕不刊载。
>
> 四、刊登广告，除报头可任登者自己选择外，正版地位，概由本报自行处理。
>
> 五、欢迎长期刊登，登十天以上者按九折计算广告费；二十天以上者按八折计算。
>
> 本报广告科

可以看出，这个《广告刊例》是纯粹商业化的，其中没有对广告的内容进行规定，反而只有广告收费的信息。值得注意的是，这种刊例是直接面向广告主的，而没有代理制的色彩。无独有偶，1949 年 12 月 5 日第三版刊登了《北京市人民电台设立经济台并播送广告节目》：

> 北京市人民广播电台为加强对京津工商界和听众服务起见，决定设立经济台，并播送广告节目。今日正式播音。每天七点十分和二十一点三十分两次报告本市行情，二十点二十分播送重要经济新闻、法令和新书、新戏剧、新电影介绍，十九点三十分播送新音乐、新歌曲等。

创立一个新的频道或许无可厚非，但播送广告节目作为一则新闻被刊登，而且发表在《人民日报》上，足以证明这一时期社会主义的媒体并不排斥广告。另外，由于《人民日报》社址在北京，所以报纸版面上关于北京的内容比较多也实属正常。人们通过了解首都北京的变化，可以感受到整个国家的社会主义建设风气。1951 年 2 月 3 日第二版刊载的《北京市面上繁荣了》一文是一篇专门报道工商业发展的文章，其中提到工商业改造之后的老字号瑞蚨祥，"该店过去一向不宣传、不扎彩，就凭'瑞蚨祥'三个字做买卖，现在登广告，放广播，向各大工厂、机关印发传单，到四乡去推销，这样一来业务越见开展了"。在历史长河中，作为中性意义上的广告可以为社会主义改造和建设所使用，几乎也是一个不言自明的事实。

1956 年 7 月 16 日第七版刊登了郭敏的署名文章《谈广告》，这是一篇非常重要的文献。它的价值应该不在 1979 年 1 月 14 日丁允朋在《文汇报》发表的《为广告正名》之下。只是很可惜它的价值没有被当时的广告界充分发现。在这篇文章中作者提到三方面的内容：首先，广告不是资本主义特有的，而是具有信息传播的功能，能够为消费者带来很多的方便。其次，文化广告的重要性。这里所说的文化广告，相当于今天的"文宣"，即书籍、影视、文娱活动的广告等，广告和文化捆绑在一起容易得到批评者的认同。最后，广告是一种艺术，广告牌可以美化城市等。虽然很简单，但是为社会主义改造和建设时期的广告发展铺平了道路。在此基础上，作者发出这样的呼吁："认为广告在今天是没有必要的人，头脑需要冷静一下，重要的问题是在于我们的广告是为消费者利益服务的，它是为了帮助顾客，使买东西的人得到方便。让我们在车站、码头，能看到更多的漂亮的广告牌，让我们在翻开报章杂志的时候，能看到一些形式多种多样，内容丰富的能吸引人的广告吧！"

20 世纪 50 年代的《人民日报》还多次以"读者来信"等形式，对广告设计提出批评，对广告工作提出表彰和希望等。如 1956 年 8 月 7 日第八版的《改进商品广告》指出："现在所登的商品广告，往往只是列举商品的名称，读者对这种广告是不会感兴趣和满足的"，进而呼吁"应该尽可能地向消费者介绍商品性能、用途、使用方法等，达到为群众服务的目的"。1956 年 9 月 7 日第八版的《一条好广告》则赞扬了《人民日报》8 月 24 日的一条关于缝纫机的广告文案——"小宝的妈妈想买一部 15—201 新型缝纫机"。1958 年 12 月 16 日第八版刊发的《广告和头条新闻》（署名邢力军）更可以看作是一种自觉的广告批评。作者指出："报纸上的头条新闻，是人人都看的；可是报纸上的广告，就好像是可看可不看的了，工作再一忙，大概有人很少去看了，或竟是一看也不看。要真是这样，那真是可惜！"并呼吁多一些"产品介绍"式的广告，这种观点颇有些接近于今天的"软文"，也体现出这一时期中国的报纸广告同样在创意、形式等方面展开了多角度的探索。

而与此同时，国家也围绕广告开展工作。虽然没有明确广告的主管部门（1980 年我国才明确广告行业的对口主管部门是国家工商局，今国家市场监督管理总局），但由商业部牵头，来自北京、天津、上海、杭州、广州、成都、哈尔滨、武汉等十余个城市的代表在上海召开了一次"商业广告、橱窗布置和商品陈列经验交流会议"，由上海市商业局主办的这次会议提出"商业广告宣传应该跟党的方针政策和党每个时期的中心任务结合起来，以不断提高商业广告的思想水平和政策水平"。值得注意的是，商业局是内贸管理机构，但在我国外贸制度酝酿伊始由商业系统主办的这种国际广告交流也开创了此后一段时期中国外贸广告的先河。应该说，这是我国广告史上意义非凡的一次盛会，堪称新中国的第一次"广告节"，很可惜今天在 1979 年开始的广告史叙述中直接把它忽略不计了。

为配合此次会议的报道，1959 年 9 月 7 日，《人民日报》第三版连续发表了三篇和广告有关的文章，分别是《创造广告新风格　反映跃进新面貌——商业部召开广告、橱窗布置和商品陈列经验交流会》《在橱窗前》和《短评：提高广告的思想性和艺术性》。"大跃进"时期开展有关广告的会议和社论，似乎是一件不可思议的事情。但看文章内容却非常平实，而且为社会主义广告的发展定了基调：只要兼具思想性、艺术性，就可以为我们大胆使用。期间，会议的承办单位上海市商业局还在南京路、淮海路举办了橱窗广告展览。其中是这样描述北京的："北京市的橱窗陈列，以宣传呢绒为主题，布置了几块桃红的、浅色带格的、绿色的上下起伏的毛料，用金马驮起一条灰蓝色的料子，自右至左横贯而上，冲破了布局的平淡，使整个画面显得开阔、大方，有气势，充分表达了呢绒产品质量不断提高的主题思想。"此外，会议上还展示了"1957 年 12 月布拉格国际广告会议上展过的一千多件广告图片，及捷克斯洛伐克赠送我国的二百多件塑料制成的橱窗陈列商品用具"。同期同版上还刊发了周瑞林的署名文章

《在橱窗前》和短评文章《提高广告的思想性和艺术性》，这些文章一方面对参展的十余个城市的橱窗陈列的艺术特征进行了比较，肯定了广告"美化生活"的作用和意义，另一方面提出了"商业广告的思想性、政策性、真实性、艺术性是统一的"，可以说比较早地提出广告的真实性问题。

此外，《人民日报》上还有一些自发的广告评论，1959年12月4日第八版"专栏：大家谈"所刊发的周望署名文章《从一幅广告所想起的》，就描写了从一则广告中看到家乡在"大跃进"期间的剧变，尽管不乏政治色彩，但也可以看出至少作者对于"广告"并没有偏见。此外，还有一些关于美术家创作宣传海报的报道等。总的说来，这一时期，尽管人们开始对"社会主义"和"资本主义"的问题产生了一定的顾虑，但广告还没有被污名化，即便是在"大跃进"期间，广告仍然是政府和人民加以使用的一种宣传工具。人们对广告中的一些现象、问题等展开评论，也并没有扩大化到对广告这种商业形式自身的批判。

三、建立社会主义广告发展管理政策的初步尝试

在这一时期，应该说中国广告初步建立起了全方位的广告发展管理政策体系。众所周知，1980年我国才决定由当时的国家工商局管理广告，《广告法》更是到了1995年才颁布。那么，在中华人民共和国成立初期，我国有怎样的广告管理政策体系？

的确，从表面上来看，建置化、规范化的广告管理，在当时根本不具备条件。但是，"广告"没有在一个整体意义上被认为是政府部门的一个主要工作对象，并不意味着在各行各业中没有形成对广告的态度和工作对策。相反，在很多行业的文件中，都有针对广告的具体的工作内容，这些分散的内容值得广告史研究者进行整理和提炼。这里所说的"管理政策体系"正是在对多种部门的松散意见进行整合的意义上来描述的。

例如医药行业。1949年5月22日第二版《保障人民健康　防止庸医奸商卖假药平市府规定医药广告须经核准》，特别指出："北平市人民政府为保障人民健康，防止商人夸大宣传医药广告，尤其防止一些庸医奸商用假药骗钱，以人命为儿戏。特规定所有医药广告，均须先经市府卫生局核准，发给广告验许证后，始可在各报纸、杂志、广播电台刊载或广播，其

已领有广告证者，须按证上所载字句发表，不得任意夸大渲染。"

再如建筑行业。1950 年 6 月 25 日第六版《北京市建筑管理暂行规则》中，也有"下列各项工程在动工前，均应填具申报书向北京市人民政府建设局（以下简称建设局）申报并送验正式产权证件，经建设局查勘核准发给建筑执照后方得动工：……（七）街道或屋顶按设广告牌或广告标注"的条款。

此外，还提到了一些广告监管的案例：如 1951 年 4 月 27 日第二版的，《专栏：对人民日报读者批评建议的反应》一文，针对一位读者来信中所提到的"建议市政当局发动群众将上述广告洗刷掉，在各街道及公共场所划定广告栏，不要再满街乱贴，政府的布告栏内更不应有其他广告"，北京市人民政府接受建议，整饬街头广告，增设广告牌，并特别说明"今后如仍有违犯规定乱贴广告者，将由公安局严加取缔"。再如 1953 年 7 月 7 日第二版《专栏：读者来信摘要》栏目，有《北京笔店用欺骗手段销笔　北京市工商管理局已予惩处》一文，提出"我局已对该店作了如下处理决定：一、停止该店'函购业务'；二、各地寄来的钢笔定款，现在钢笔尚未寄出者，应在六月二十日前一律将定款退还原主；三、处以罚金一千五百万元"。这让我们看到，当时北京市建立了由市政府统一协调，工商局、公安局等多个职能部门协同管理的广告监管体系。

而且，鉴于"读者来信"这种特殊的反馈机制在当时所起到的作用，我们可以看出那个时期对违法广告的监管，可以说是一种政府监管与社会治理（读者来信其实往往是一种自发的广告批评）并存的形式，其中甚至探讨了一些比较深入的广告学基础理论问题。如 1950 年 4 月 29 日第六版的《关于广告的健康性与严肃性答杨宏诚建议》中，针对读者杨宏诚来信提出的"我认为报纸和广播中的广告业务，决不应该只当作一件纯营业性业务来处理，人民的新闻事业应该把广告也当作政治任务来对待"，《人民日报》"新闻工作"组编辑是这样答复的："现在各地共产党领导的报纸和人民广播电台，对广告内容一般都是经过选择的，其他的报纸，一般地说也比过去注意广告的内容了。现在的缺点，一方面是因为报社和广播台的工作还有不足的地方，另一方面也因为它们现在还不能保证广告内容的完全确实。这需要政府各方面工作的配合，而这类工作是需要一步一步进行的。"

其中，还特别提到了 1949 年 12 月全国报纸经理会议对报纸广告问题作出的决议："广告在目前的城市报纸上是必要的。城市报纸应当以适当地位主动地刊登有益于国计民生的广告，以推进生产和文化事业，并服务于人民群众的日常需要，同时也由此增加报社的财政收入。但报社应当审核广告内容，并适当地限制广告篇幅，对大城市中的私营广告社应以适当方法加以领导。"应该说，至少在 50 年代初，我们国家对于广告工作的基本态度是肯定和发展的。

这些在《人民日报》上写"读者来信"的人，有一些本身就是相关领域的专家，如戏剧家张庚；还有一些可以检索得到，是经常给《人民日报》写信的热心读者，或者详细具名工作单位的特定读者；当然，从编辑的角度来说，可能也有一些是编辑化名的"双簧戏"，这是每个时代的报纸都擅长使用的一种手段，但是由于没有证据证明这一点，只能存而不议。但不管怎样说，那个时期《人民日报》"读者来信"之热烈，的确是一道亮丽的景观。

四、对资本主义广告意识形态的批判

此外，还有一类集中的广告批评，即针对电影广告的批评：如陈默在 1950 年 12 月 6 日第五版发表的《电影广告中的不健康成分》、1958 年 9 月 27 日第八版马铁丁发表的《我们不需要这样的广告》等，都是此类。这些批评除了围绕广告本身的内容本体来进行外，往往也引向了对于资本主义广告的批判，如马铁丁所说："我认为这条广告是旧'广告术'的庸俗作风。工人阶级的报纸上的广告，不是单纯地为了求利，不应该、也不需要以耸人听闻之辞去招揽顾客、招揽观众。报纸是生活的教科书，报纸上的一字一句，连广告也包括在内，都必须为我们的社会主义建设事业服务，而不是其他。"可以看出，随着社会主义革命形势的进展，这一时期的广告报道，在 50 年代中后期之后，越来越强调广告的政治性及社会主义广告的意识形态属性，及展开通过广告进行的对资本主义广告的批判。

在这方面，读者对广告政治性的批评集中于影视广告。除了商品广告大大减少的这层原因之外，很可能也是因为电影的叙事性内容本身容易和政治挂钩，批评起来也比较容易"上纲上线"。如 1951 年 5 月 29 日第二版

《要重视影片的评论工作　不能把它当作商业广告》；1951 年 8 月 26 日第二版《报纸应注意广告的政治性》；1951 年 9 月 11 日第二版《应注意电影"广告"和"说明"的思想内容》《上海新闻日报应改善影剧广告》等批评都是围绕影视广告而展开的，并且都引向了同样的结论，以致最终引出 1951 年 9 月 14 日第二版《专栏：对人民日报读者批评建议的反应》中发布的《长江日报》出版部、《大刚报》办公室撰写的《关于错误地刊登"上饶集中营"影片广告的检讨》。这种围绕广告的集中批判，应该说在整个 50～70 年代中都还是不多见的。

相对而言，这种围绕广告的批判在商业领域中反而比较少。一次是 1954 年 12 月 31 日第二版刊登的《反对资产阶级的广告术》一文，提出了一些单位刊登产品广告中的若干虚夸现象，如"还没有试造就编入产品样本""试制了还没有成功就刊登广告，招揽主顾""专案订货，用户只有几家，完全不需要登广告，但也登了"；另一次是 1955 年 6 月 18 日第二版《反对刊登广告中的铺张浪费现象》一文，提出"不少报纸刊登广告的方式，也表现了资产阶级的浮夸作风。许多广告登得很大，所用字体超过了报纸上最重要的新闻标题。……这些广告不仅字体太大，而且中间留有很多空白，它们的篇幅原是可以大大缩减的。滥用锌版，也是许多报纸刊登广告的特点。《湖北日报》《重庆日报》等甚至将普通的煤球、牙刷等商品的图样也制版印出"。坦率地说，相对于针对影视广告集中的火力猛攻，这些针对商业广告的批评除了把广告中的夸大其词之风斥之为"资产阶级的广告术"外，更多地是持平和的、没有上纲上线的态度。

但是，1957 年之后，这种广告批评越来越少了，取而代之的是一种新的现象，即把"广告"作为资本主义甚至苏联修正主义的一大"罪名"，大肆加以批判。"广告"从这个时候开始与资产阶级的反动、腐朽、没落的一面捆绑在一起，开启了污名化的过程，这一污名应该说直到今天都没有完全洗清。整个 60 年代到党的十一届三中全会召开之前，《人民日报》上关于广告的信息量也骤减。如 1957 年 5 月 19 日第六版《麦迪逊大街的广告术》一文，看题目我们会误以为这是一篇介绍美国广告的文章，但其实这篇文章是把访问中东的美国领导人的宣传伎俩称之为"麦迪逊大街的广告术"；1957 年 7 月 9 日第七版《英国保守党的"广告"》说的是竞选广告，但显然也是一种冷嘲热讽；1957 年 7 月 31 日第六版《广告公司的最后通牒》说的则是西方广告公司受制于广告主而凌驾于媒体之上的罪状；1961 年 4 月 16 日第五版的《广告和教材》则说的是美国对非宣传的广告终将成为一种反面教材的批判；等等。这还只是很少的一部分例子。

1964 年 3 月 29 日第四版的《艺术·广告·陷阱》一文，则进一步让"广告"成为"艺术"的对立面。这篇文章描述的是美国当时新兴起的波普艺术（POP Art），今天我们已经理解，这种艺术形式主要是一种大众文化，和传统的绘画不是一回事。但是当时的作者不这么理解，他对这种"通俗美术"的美术流派感到深恶痛疾，并且斥之为"广告"，"所谓'通俗美术'，实际上不过是一些粗制滥造的街头广告招贴，所以当然是'暂时性的''可消耗的''廉价的''大量生产的'，不折不扣的'骗人的玩意儿'"。可以说，到此地步，"广告"就已经不仅仅是"躺枪"，而几乎是要"永世不得翻身"了。

在这样的背景下，当时刚刚开始在理论上被划分为社会主义阵营、可以为社会主义建设服务的"广告"在兴起不久后就被压制，也是不足为奇的事情了。不过，广告之所以在 50～70 年代没有发展为一种独立的产业，还是与更深层的经济方面的认识相关。这就是我们今天要讨论的第四部分，也就是最后一部分的内容：从 50～70 年代《人民日报》的广告文献中，可以看出这时期中国广告还缺乏一种产业化的发展规划和概念，这也是它经历了短暂的热烈讨论后，在 60 年代特别是文革后逐渐消失的深层原因。

应该说，在政策方面，1950 年前后，广告被认为是报纸经营的重要生命线，这一点应该说是符合历史发展趋势和经济规律的。在 1950 年 9 月 27 日第九版《怎样贯彻报纸经营企业化方针？》一文中，作者提出"注意刊登广告"是有些报纸能够盈余或减少赔损的重要原因，并客观地指出当时的情形："广告收入一般除发行收入外，在各报收入中占着第二个重要地位。过去我们在农村，因各种条件所限，不很重视广告，对广告在目前阶段尚能联系广大群众的这个道理认识不足。半年来，这个情况转变了。处在大城市如北京、上海、天津的报纸自不用说，许多中小城市向来不重视广告的报纸，也开始注意到以适当地位刊登有益于国计民生的广告了。这样，各地报纸广告收入在其总收入的比重中就显著增加起来了。"

但是，发展广告产业仅仅靠媒体的认识是不够的。由于缺乏对行业的统一规划和管理，各行业对于广告的认知应该说是不平衡的。如 1950 年 11 月 16 日第二版的《中央人民政府轻工业部、卫生部全国制药工业会议综合报告》就提出："若干私营药厂亦染有浓厚的盲目投机、装潢浪费、广告重利的作风，都是必须纠正的。今后不论公私药厂，……为了减轻人民大众负担起见，简化包装，减少广告是必需的。"1953 年 12 月 6 日第三版的《为了积累国家工业化的资金，必须降低国营商业的流转费用》更是提出："在资本主义制度下，由于经济危机和市场无政府状态，必然造成商品迂回运输、投机倒把和商品推销上的困难，以致在运输保管和广告等方面存在着大量的非生产开支，因此资本主义流通费用水平不断地增长，这是资本主义基本矛盾——生产的社会性与资本主义私人占有制间的矛盾所造成的必然结果。与此相反，在我国，由于国营经济在国民经济中居于领导地位，并且我国已有可能有计划地按比例地发展国民经济，国营商业部门就有可能也必须有计划地组织商品的流转，尽力缩减中间环节，消除多余运输，减少储运损耗，使商品能迅速到达消费者之手，这样一来，在我国国营商业中具有大量降低商品流转费的客观可能性。而这种客观可能性也是在不断地增长的。"如此一来，降低广告成本、限制广告业的发展规模，就成了一件"政治正确"的事情，至于报纸经营的损失则可以忽略不计了。

1957 年年初，国务院通知对全国商标实行全面的注册制度。《关于实行商标全面注册的通知》提出："商标虽然是资本主义经济的产物，但是可以利用为社会主义服务"。这大概是整个 50～70 年代为数不多的专门发展广告产业的国务院文件之一了。[①] 但这份文件所论的还是商标，对于推动商业美术设计乃至后来的 CI 设计的发展有促进作用，但对于广告产业发展的贡献则可忽略不计。一直到 60 年代初，我国广告行业都缺乏来自中央明确的发展意见，《人民日报》上也只有一些如《商标广告杂话》（1961 年 11 月 18 日第六版）的文章，提出一些诸如"在社会主义社会中的商业广告，它是完全为消费者服务的。广告的作用，便是正确地通知商品的有无、性能和质量。企业机关利用广告来启发消费者的爱好，宣传那些可以提高人民消费文明水平的新商品。作为商品标志的商标，则是促进企业关

---

① 陈华新：《商标广告杂话》，《人民日报》1961 年 11 月 18 日第六版。

心产品质量和群众监督的工具"这样的一家之言。总的说来，正是因为缺乏产业化的发展规划的意识和观念，《人民日报》上这些关于商业广告的自发探索只持续到 60 年代初，最终在"文化大革命"开始后逐渐消失了。随着"大跃进""文化大革命"等政治活动的展开，作为商品宣传的广告的地位每况愈下，最终在 60 年代沦落为西方资本主义生活方式的代名词，并在这个过程中逐渐被污名化，以致改革开放之后，虽然广告业得以在很短的时间内恢复，但始终没有摆脱这种污名化的隐患，可以说，"为广告正名"在更为深刻的民众心理层面是一项始终没有完成的历史任务。

五、结语

尽管 50～70 年代广告在我国的发展还处于不够自觉的阶段，但是中华人民共和国成立七十余年来的广告史作为一个整体，有其自身的发展逻辑和规律，通过对不同阶段发展经验和传播机制的梳理和总结，有助于加深对中国广告史的全方位理解。有鉴于此，以新中国为研究起点，对以往从改革开放后开始叙述的广告史研究范式中未重点关注到的中华人民共和国成立前三十年的广告史加以研究，是对以往从 1979 年开始的中国当代广告史叙述范式的一种延伸。所幸的是，这种思路在近年来得到了越来越多的关注。如 2020 年，初广志申报的《新中国公益广告发展史》被立项为国家社科基金重大项目，此外也出现了针对这一时期媒体广告的专题研究。可以说，尽管新中国七十余年广告史尚未写就，但作为一种研究范式已然形成，相关专著也已经呼之欲出了。[①] 而从历史研究的角度探讨中华人民共和国成立七十余年来的变迁，也旨在建构具有中国特色的公益广告理论框架和模型，也是我们面对未来发展的必由之路。本文试着用这样的方式整理这段时期《人民日报》的广告材料，并进行分类与总结，在此基础上尽可能地提出一些理论性的认识，以期抛砖引玉，丰富中国广告史的写作谱系。

---

① 如赵新利：《新中国成立初期中国品牌对外传播研究（1949—1965）——以〈人民画报〉的报道和广告为例》，《广告大观（理论版）》2018 年第 4 期；谢鼎新、邸松、卞国成：《建国初期〈人民日报〉刊载广告研究：1950—1959》，《广告大观（理论版）》2016 年第 4 期等。

美国公共服务广告溯源[*]

王　丹　林升栋[**]

1945 年和 1948 年，The Public Opinion Quarterly 先后两次刊文对美国社会的一个新兴事物 Public Service Advertising 予以介绍，此词后来在我国被翻译成"公共服务广告"，并与我国的"公益广告"形成一组对应的概念。其中第一篇是由时任"战时广告委员会"执行总监的 Repplier 所写，[①] "战时广告委员会"这一组织的成立直接导致了 Public Service Advertising 的出现，这一史实也同样得到了我国学术界的确证。另外一篇由英国人 Pimlott 所写，[②] 此人在英国政府部门工作，1948 年来到美国进行公共关系方面的研究。The Public Opinion Quarterly 的编辑认为 Pimlott 的文章提供了一个"外人"的视角，对"广告委员会"从战时到和平时期的转变进行了"鸟瞰"。

下文将会谈到，"战时广告委员会"成立于 1942 年，这时正处在第二次世界大战期间。这两篇文章发表的年份相距不远，可以说提供了进行美国公共服务广告溯源的第一手珍贵资料，方便我们回到历史的现场进行更加严谨的考察。

　＊ 本文原刊于《中华文化与传播研究》（第九辑），九州出版社 2021 年 8 月版。
　＊＊ 王丹，厦门大学新闻传播学院博士研究生。林升栋，中国人民大学新闻学院教授。
　① Pimlott, J. A. R.. "Public Service Advertising: The Advertising Council", *The Public Opinion Quarterly*, 1948, 12 (2), pp. 209 - 219.
　② Repplier, T. S.. "Advertising Dons Long Pants", *The Public Opinion Quarterly*, 1945, 9 (3), pp. 269 - 278.

一、美国公共服务广告的诞生

1941 年 11 月 14 日，全国广告主协会与美国广告代理公司协会（4A）在温泉城（hot springs）举办了一次会议，会议的初衷是讨论如何应对民众对广告普遍的不信任和来自政府的敌意。会议一度充斥着对抗政府的气氛。然而，一部分与会人员对战时广告主社会责任的坚持和对美国必将卷入第二次世界大战的预感导致了会议的逆转。最终，在会议临近结束之时，来自华盛顿的政府官员 William Batt 和 Leon Henderson 确认了当前局势的严峻性，并用卓越的公关技巧缓和了与会人员对政府的焦虑和敌意。最终，由于对大战当前的同仇敌忾和对政府态度的缓和，会议决定要制定一个帮助政府的战时计划。

一个月之后（1941 年 12 月 8 日），美国参战。"温泉城"会议的直接后果是，一批杰出的广告人代表广告界立马投入政府的"国内信息项目"中。1942 年 3 月，"战时广告委员会"正式成立。委员会以广告界的名义，免费提供各项广告服务和广告设施，与政府的"战时信息办公室"通力合作。据统计，整个战争期间，委员会发起了上百次"广告活动"，其提供的免费广告时长和版面价值高达数十亿美金。

然而，"战时广告委员会"代表美国广告界在"战时"的慷慨善举并不完全体现 Public Service Advertising 的公益性，正如 Pimlott 所说，"这毕竟是战争"，各行各业都在力所能及地为国家做贡献，广告界只不过是承担了分内的职责。

战后，尽管联邦政府鼓励"委员会"延续，包括罗斯福总统在内的众多领导人也都充分肯定了其巨大价值，但是还是有不少人对"委员会"的存续表示反对。这种"反对"基于一种美国文化中的"常识"，即认为免费的公共服务广告是一种对纳税人和政府的"慈善"，对这种"慈善"的延续是不应该的。换句话说，"常识"认为，只要是广告就一定要有广告主和出资人。

"委员会"在战后存续的根本原因在于美国自由主义弥漫下对商机的把握——自由主义者从中嗅到了巨大商机（liberals smelt a big business plot）。正如"委员会"自身所强调的那样，对于企业来说，最好的公关就是公共服务广告。时任"委员会"主席的 Charles G. Mortimer, Jr. 甚至直接宣称，企业对公共服务广告的投入虽然看似如"面包投水"，水却还之以"涂满黄油的面包"。

经过多方游说和努力，"战时广告委员会"成功存续并更名为"广告委员会"（advertising council），最重要的变化是将服务对象从政府这一单一主体扩展到了其他非营利组织，并确定"无党、无争、无私"（non-partisan, non-controversial, and in the interest of all the people）的方针，从制度上保证了其"公共服务性"。

可以说，"战时广告委员会"的成立及其在战争期间的一系列"公共服务广告活动"标志着美国公益广告的诞生，但是战后和平时期该委员会的存续则使得 Public Service Advertising 的公共服务性得到进一步彰显。

二、美国公共服务广告的本质

对于美国公共服务广告的诞生，时任"战时广告委员会"执行总监 Repplier 做了如下比喻：Public Service Advertising 是在 Advertising 中生发出来的，就像一个人成熟之后慢慢有了社会责任感。换句话说，Public Service Advertising 本质上仍然是 Advertising，是成熟了的 Advertising。

如此，就不难理解前文中 Pimlott 的"常识"（common sense）一说。美国文化中为何会有这种"常识"？为何会认为免费的公共服务广告是一种对纳税人和政府的"慈善"？其根本原因就在于广告界对于 Public Service Advertising 的认知仍然是 Advertising，即广告。既然是广告就必然要有广告主（客户）作为出资方和广告发起方，有代理公司作为广告的创作方，有媒体作为广告的播出方。这三个主体是现代广告业的基石，有了它们，才能形成广告业。即便是战时组建的"委员会"，其免费制作和播出的广告表现出明显的公益性质，但是相关主体仍然是分明的，即政府是公共服务广告的发起者（广告主），"委员会"是广告的创作方和发布方，传播的对象则从"消费者"转变为了"公众"（public）。

　　这种主体上的分明是一种对商业广告运作的同构，即以结构上的相同彰显本质的一致。战后和平时期的"广告委员会"仍然延续了这种模式，无非是占据广告主位置的除了政府还有其他非营利性组织。

三、公共服务广告命名形成的历史渊源

　　一般来讲，Public Service Advertising 及其直译"公共服务广告"在我国被直接称作"公益广告"。然而，从字面意思上来说，"公益"一词并不是"Public Service"译文的最佳选择，虽然公共服务确实对"公"有"益"，但是"公益"一词在中文语境下的内涵要更为丰富，"公共服务"与"公益"并不能够完全划等号。

　　不同的语言表述本身就包含着不同文化环境之下的"未思"，是一种下意识的选择，自然也体现了不同文化面对同一问题的不同态度。鉴于公共服务广告在诞生和发展过程中呈现的政府深度参与的特点，公共与服务两词的连用则体现了美国政府与民众之间的独特关系。

　　早在"五月花号"登陆普利茅斯港之时，北美大陆的移民就建立起了对美国政治影响深远的社区管理制度。"这一批移民带来的是一个社区的自治精神：他们登陆以后，致力于建设一个立足点，组织自卫、自治的社区——他们界定这是所有参与者有意识地组织的一个共同体"。[1] 在这个社区中，每个成员都必须拿出一部分钱交给共同体作为税款，用以维持共同体的运作、保护和服务团体成员，这种情况"乃是美国宪法中人权法规修正条文的精神"。[2] 这种精神，正是"公共服务"一说的思想基础，而宪法则正是"统治者与被统治着间的某种协议"。[3]

　　所谓"公共服务"一说，暗示了西方在此问题上的基本看法，即国家和政府是为了满足人类的需要而被设计出来的。[4] 因此，政府作为国家的权力机构，对于公众来说，是一个为其需要服务的组织，也就自然有了"公共服务"之说。

---

[1]　许倬云：《许倬云说美国：一个不断变化的现代西方文明》，上海三联书店 2020 年版。
[2]　许倬云：《许倬云说美国：一个不断变化的现代西方文明》，上海三联书店 2020 年版。
[3]　［美］麦克里兰：《西方政治思想史》，彭淮栋译，海南出版社 2003 年版。
[4]　唐士其：《西方政治思想史》，北京大学出版社 2002 年版。

四、结语

学术研究中的"概念"指"在一定研究视角内，解释纷杂社会现象的众目之纲，是学派、范式的定位点，也是理论和研究方法的基本单位和出发点"。[①] 因此，对于一些容易引起误读和似是而非的概念，应该进行严谨的溯源与考察。本文对"公共服务广告"的探讨，自然也值得延伸至与之相对的另一概念——公益广告。

中国之公益广告为何要赋之以"公益"一词？是对 Public Service 一词的意译还是在中国特殊的文化环境下的全新赋义？公益广告与 PSA 在词义上的差异是否以及怎样体现了两者在本质上的不同？这些问题都值得探究，也需要更为严谨和细致的研究进行解答。

研究历史是为了解决当前的问题，对美国公共服务广告的溯源同样如此。从现象入手，自下而上地建构相关理论，透视文化理路，公共服务广告/公益广告这一视角还有很多可能性。

---

① 郭中实：《概念及概念阐释在未来中国传播学研究中的意义》，《新闻大学》2008 年第 1 期。

从"家国理想"到"价值引导":
中国现代公益广告的源起*

吴来安**

"学术界往往把自 1919 年五四运动以后的历史称作中国现代史",①
而在现有关公益广告的研究文献中,学者们却大多认为中国现代公益广告
出现在改革开放之后。主要观点有"中国具有现代意义的公益广告活动始
于改革开放之后";②"在我国,真正的公益广告产生于改革开放之后,随
着具有中国特色的社会主义广告业不断发展和完善,我国公益广告活动也
被纳入了社会主义精神文明建设的轨道,在操作上逐渐进入比较有序和规
范的阶段";③"我国大陆现代公益广告发轫于改革开放以后,经历了由自
发到自觉,由媒体主导到政府倡导并组织,媒体、社会组织、企业、广告
公司参与的发展历程"等。④

学者们对于中国现代公益广告时间跨度的定位,导致公益广告在中国
现代史的"五四运动至改革开放"这段时间出现了空缺。那么,中国现代
公益广告是否确如学者们所说的,产生于改革开放之后呢?本文尝试对大
量历史文献进行考证,希望通过找寻"公益广告"文本等内容在中国较早

* 本文原刊于《现代传播(中国传媒大学学报)》2019 年第 7 期。本文系安徽省教育厅人文
社会科学重点项目"公益广告的区域传播在文化创意研究"(项目编号:SK2016A040)研究成果。
** 吴来安,安徽师范大学新闻与传播学院教授。

① 张海鹏:《中国近代史和中国现代史的分期问题》,《人民日报》2009 年 11 月 20 日第七
版(理论版)。
② 倪宁:《广告新天地:中日公益广告比较》,中国轻工业出版社 2003 年版。
③ 张明新:《公益广告的奥秘》,广东经济出版社 2004 年版。
④ 汤劲:《现代公益广告新探》,湖南教育出版社 2008 年版。

的使用，来解答这一疑惑。

一、公益广告概念辨析

追溯世界范围内公益广告源起的历史。研究者们普遍认同的观点为"真正现代意义上的公益广告最早源起于 20 世纪 40 年代的美国"，[①] 当时的美国处于二战危机和经济危机之中，需要"运用公益广告鼓舞士气，招募士兵，发行战时储蓄债券，形成民众凝聚力"。[②] 因此可以说公益广告和政治有着相当紧密的联系。

再依据认知语言学"范畴"理论的思维，[③] 梳理有关公益广告的中文研究文献。研究者们对公益广告的论述虽各不相同，[④] 但在广告目的、接受对象、广告特征等方面却有不少共通之处。结合当前公益广告具体呈现出的实践形态，笔者分析后认为："公益广告"应具有较为广义的内涵，是指不以营利为其直接目的，传播公益内容，[⑤] 为社会公共利益而做的广告，与政

---

① 如高萍《公益广告初探》1999 年版、宋玉书《公益广告通论》2001 年版、张明新《公益广告的奥秘》2004 年版、汤劲《现代公益广告新探》2008 年版等专著。

② 丁俊杰：《公益广告："微时代"社会沟通的大手段》，《求是》2013 年第 11 期。

③ 古希腊的亚里士多德（Aristotle）在《范畴篇》中将范畴视为对客观事体的不同方面进行分析而得出的基本概念。他认为，范畴是通过成员共享的特征来定义的。20 世纪 50 年代，著名哲学家维特根斯坦在其《哲学研究》中通过对各类游戏的考察，提出了著名的"家族相似性理论"。20 世纪 70 年代，Eleanor Rosch 和其同事们基于"家族相似性理论"，又创立了"原型范畴理论"。这些范畴的相关理论，虽对范畴有着不同层面的理解，但从思维模式而言，几乎都基于事物的"原型"或是"共享的特征及属性"等进行概括，找寻相互之间的相似性、联系及逻辑关系，从而得出事物范畴，即概念。

④ 文献涉及专著类、期刊类和工具书类。专著类有：杨荣刚（1989）《现代广告概论》、陈培爱（2001）《中外广告史》、张金海（2002）《20 世纪广告传播理论研究》、唐忠朴（2004）《中国本土广告论丛》、樊志育《使用广告学》、高萍（1999）《公益广告初探》、潘泽宏（2001）《公益广告导论》、潘泽宏（2002）《广告的革命——社会文化广告论》、宋玉书（2001）《公益广告通论》、张明新（2004）《公益广告的奥秘》、于凤静（2007）《公益广告文化论》、汤劲（2008）《现代公益广告新探》、汤劲（2012）《现代公益广告解析》、王云（2011）《公益广告十四年》、刘林清，和群坡（2014）《公益广告学概论》；期刊类有：倪宁（2000）《试论公益广告及其传播》、陈刚，崔彤彦，季尚尚（2007）《变革运行机制——重塑中国公益广告发展的构架》、黄升民（2007）《中国公益广告问题之辨析》、丁俊杰（2013）《公益广告："微时代"社会沟通的大手段》、俞伟祖（2005）《公益广告要做好表达方式需要用心》、刘凡（2006）《如何发挥广告在促进先进文化建设中的作用》、叶茂中（2007）《发展有中国特色的公益广告》；工具书类有：任中林（1992）《中国广告实务大全》、陈先枢（1993）《实用广告辞典》、周鸿铎（1994）《中国实用广告知识手册》、杨荣刚（1994）《现代广告全书》、王多明（1996）《中国广告词典》。

⑤ 陈刚、崔彤彦、季尚尚：《变革运行机制——重塑中国公益广告发展的构架》，《广告大观（理论版）》2007 年第 2 期。

治和政策密切相关。① 随着社会需求的多样化发展，需要更多商业性公益广告或社会性营销传播的融入，② 来共同承担起弘扬良好道德风尚、改善并解决社会问题，实现文化价值引导，并促进社会主义精神文明建设的使命。

这和陈培爱、黄升民、丁俊杰、于凤静等学者的观点相吻合，亦和《人民日报》等刊登的公益广告文本及图片非常契合。如陈培爱认为，清末及民国时期，报刊上发布的社会政治类广告，是"公益广告"的历史形态。在当时起到了拯救国家和民族等作用。③ 黄升民认为"公益广告的最终目的不外乎是促进社会进步，而不该去计较是否具有了商业意图，如果能在实现商业意图的过程中也促进了社会进步，这不是多赢吗？何必舍本求末呢"。④ 丁俊杰认为，公益广告"与政治和政策密切相关。……从历史上看，公益广告在革命和建设时期都发挥了重要作用"。⑤ 于凤静将七七事变后，烟商为迎合抗日形势需要，而将抗日爱国内容搬上香烟牌子的行为，称之为"抗敌公益广告"。⑥ 1996 年，《人民日报》刊登《经济生活新风景：公益广告》一文，肯定了企业做公益广告"能收到经济、社会的双重效益"，并评价上海家用化学品厂 1993 年制作的公益广告"整块的'我们崇尚绿色'占大部分，厂名只在最下方写出。广告一出，该厂产品销量大增。可见对社会负责的企业，社会必有回报"。⑦

综上，笔者认为，判断一则广告是否属于公益广告，应有广义和发展的眼光，要依据广告最终的目的是否是为公众利益所考虑而确定，并非简单而绝对地"去政治化"及"去商业化"。

二、方法与步骤

（一）样本选取

《申报》创刊于 1872 年 4 月 30 日（清同治十一年三月二十三日），是

① 丁俊杰：《公益广告："微时代"社会沟通的大手段》，《求是》2013 年第 11 期。
② 黄升民：《中国公益广告问题之辨析》，《广告大观（综合版）》2007 年第 5 期。
③ 陈培爱：《中国广告史——站在当代视角的全面回顾（第 2 版）》，中国物价出版社 2001 年版。
④ 黄升民：《中国公益广告问题之辨析》，《广告大观（综合版）》2007 年第 5 期。
⑤ 丁俊杰：《公益广告："微时代"社会沟通的大手段》，《求是》2013 年第 11 期。
⑥ 于凤静：《公益广告文化论》，辽海出版社 2007 年版。
⑦ 岳文厚：《经济生活新风景：公益广告》，《人民日报》1996 年 10 月 17 日第十版。

近代中国发行时间最久、具有广泛社会影响的报纸，被称为"近现代史的百科全书"。"火花"是收藏者对"火柴盒贴画"这种迷你艺术品的一种爱称和简称，包括商标、广告或设计的图样。19 世纪 20 年代火柴诞生。"据 1838 年资料记载，那时火柴就已经开始输入我国……火柴商标的爱称——火花，虽然它的画面很小，却记录了中国近现代百余年的发展史和中国民族火柴工业史"。[①]

有鉴于《申报》和"火花"能有效记录中国现代史的发展历程，相对完整地反映时代特征等因素，本研究选取了《申报》数据库，以及"火花"资料为样本展开分析。样本资料的选取依据为：

1. 时间吻合

《申报》是中国现代报纸开端的标志，也是 19 世纪晚期至 20 世纪中期极具影响力的中文日报；中国第一枚火花问世于 1877 年，《火花》一书将 1877 年至 1949 年划入早期范畴；将中华人民共和国成立初期至 1978 年出品的火花划入中期范畴；将改革开放后的火花统一称作近期火花。[②] 因此，我国早期和中期的"火花"刚好属于本研究考察的范围。

2. 资料完整

《申报》数据库保留原报所有信息的数码全文，包括正文和广告、文字和图表，总计影像超过 42 万页，全文超过 20 亿字。"火花"方面，研究者除查阅了大量已经出版的"火花"理论资料、艺术文献资料外，还联系到了民间的一位火花收藏家，对资料予以补充。

3. 真实权威

《申报》被称为"近现代史的百科全书"，全面记录了晚清同治年间至民国时期中国的政治、经济、军事、外交、文化、民俗等诸多方面的历史和重大历史事件；火花虽然画面很小，"却记录了中国近现代百余年的发展史和中国民族火柴工业史"。[③] 两份资料，都能较为全面并客观地展现出现代阶段中国各方面的表现（公益广告精神风貌及时代特征），真实且具有较强的权威和代表性。

---

①　李少鹏、黄良德：《清末民初火花与中国文化》，百花文艺出版社 2002 年版。
②　郭建国：《火花》，辽宁教育出版社 1999 年版。
③　李少鹏、黄良德：《清末民初火花与中国文化》，百花文艺出版社 2002 年版。

4. 覆盖面广

《申报》的出版时间长，发行量很大，影响广泛，是同时代其他报纸所难以企及的。如在《申报》的黄金时代"1925 年突破 10 万份，1926 年突破 14 万份，1932 年超过 15 万份"；[①] 尽管火柴最早是由国外引进中国，但是随着我国民族火柴工业的逐步壮大、全国火柴同业联合会的成立等，火柴成了民众生活的必需品，其销售范围相当广泛，如"大中华火柴股份有限公司"在 1930 年组建后的一段时间里，"年产火柴 15 万箱，销售范围已经遍及大半个中国"，[②] 因此，作为火柴贴画的"火花"具有较大的受众覆盖面。

（二）分析步骤

本研究对于《申报》数据库的考察，基于"以关键词分析为中心"的研究方法展开，具体步骤为：首先，以"公益广告"为关键词，利用中国国家图书馆的"《申报》数据库"检索该词，[③] 统计其按年代的使用次数；其次，提取相关例句，分析文本，并结合当时的时代背景等进行解读，以确定该关键词在文本中所表达的意义类型及变化；最后，在《申报》数据库和"火花"资料中，查找具体的图片广告信息，补充之前文字文本的不足。

三、分析与探讨

（一）"公益广告"一词的文本考察

笔者在国家图书馆的"《申报》数据库"中，以"公益广告"为检索词进行检索，共得到 24 条关于"公益广告"使用的记录。

1. "公益广告"使用的频次分析

分析这些使用了"公益广告"的文本，去除掉较早的，1912 年"保存

---

① 刘立红：《〈申报〉的发展历程及影响》，《新闻爱好者》2010 年第 10 期。
② 李少鹏、黄良德：《清末民初火花与中国文化》，百花文艺出版社 2002 年版。
③ 中国基本古籍库，收录了包括先秦至民国的名著、各学科基本文献及特殊著作等。总计收录书 1 万种、17 万卷，版本 12 500 个、20 万卷，全文 17 亿字、影像 1 200 万页。完全符合历史文献数据挖掘的需要。

古迹：江北广告——刘庄场紫云山修理落成添设六种公益"，[①] 以及 1917 年两则"上海玻璃厂公益会广告"，是因图片转换成文字时，未能识别《申报》原文中的个别字形、顺序，以及字体大小间差异，而造成的错误，共计 21 个有效检索结果。

检索显示，有关"公益广告"的使用较为统一，有公益广告、公益广告社、公益广告公司三种用法（见表 1）。

表 1　《申报》数据库中有关"公益广告"的使用

序　号	年　份	频　次	"公益广告"使用的基础文本
1	1929	3	公益广告一箱
2	1940	3	公益广告社
3	1941	5	公益广告公司
4	1942	3	
5	1945	1	
6	1946	1	
7	1947	5	公益广告公司 公益广告社

2. "公益广告"使用的文本内容分析

检索得出的文献显示，早在 1929 年（民国 18 年）10 月 12 日，《申报》第十六版"浦口运输同业工会紧要声明　窃以浦口二三号货栈失慎损失花名列下计开"中（见图 1（a）），就已出现"公益广告"一词。该声明中提到损失货物的名单有："公益金喜四十箱，公益纺佳丽二箱，公益广告一箱"（此句系笔者根据文意句读）；[②] 1940 年（民国 29 年）2 月 2 日《申报》第十二版刊登的"招雇小茶房"的广告（见图 1（b））中出现了一个名为"公益广告社"的单位，该广告内容为"本社承某店家委托，代招雇粤籍小茶房一位，年龄在十三岁以上，十八岁以下，欲找寻门路者，到九江路二百八十号二楼公益广告社巫君面议"。[③]（此句系笔者根据文意

---

① 《保存古迹》，《申报》1912 年（民国元年）3 月 11 日第三版。
② 《浦口运输同业工会紧要声明　窃以浦口二三号货栈失慎损失花名列下计开》，《申报》1929 年（民国 18 年）10 月 12 日第十六版。
③ 《"招雇小茶房"广告》，《申报》1940 年（民国 29 年）2 月 2 日第十二版。

句读）；此外，1941 年（民国 30 年）4 月 14 日《申报》第八版，有一则关于"公益广告公司迁移"的广告，内容为"公益广告公司专营本埠大小各报广告、服务社会、数载于兹、以其办事迅捷、诚信可靠、深得各界之推许……"①（见图 1（c））该文本说明了"公益广告公司"经营广告的性质、服务社会的功能、运营数载的历史，以及诚信、深得推许的公众信誉。

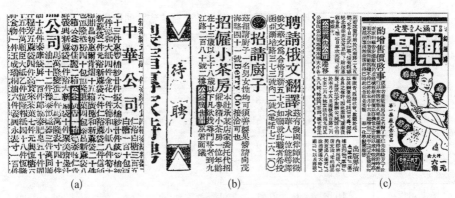

　　(a)　　　　　　　　　(b)　　　　　　　　　(c)

图 1　《申报》数据库中"公益广告"的使用②

3."公益广告"使用的原因分析

　　对于上述三处提到的"公益广告""公益广告社"，以及"公益广告公司"，可能有两种解释：一种是以"公益"为名称，指代名为"公益"的广告、广告社和广告公司；另一种的"公益"是指前文所论述的"公共利益"，即和本文所要考察的"公益"相同，指实质性的"公益广告"，以及经营"公益广告"的"广告社"和"广告公司"。

　　如来生认为，民国 15 年之后，是中国广告界的发展时期。他在《中国广告事业史》一书的第二部分"发展时期"中写道："在'一·二八'前一二年，工商界对于广告认识日益清楚……所以一时广告社如雨后春笋，最著名的有联华、大陆、大东、中国、公益、国华、亚西亚、维新等"，③可见，当时中国的广告社众多，其中的"公益广告社"是最为著名的广告社之一。因此前文提到的"公益广告""公益广告社"和"公益广告公

---

① 《公益广告公司迁移》，《申报》1941 年（民国 30 年）4 月 14 日第八版。
② 图片来源：(a)《申报》1929 年 10 月 12 日第十六版；(b)《申报》1940 年 2 月 2 日第十二版；(c)《申报》1941 年 4 月 14 日第八版。
③ 如来生：《中国广告事业史》，新文化社出版于民国 37 年 10 月。

司"，很显然属于前一种解释，即名为"公益"的广告、广告社及广告公司。《中国广告事业史》一书后还附录了"上海市广告商业同业公会会员名录"，其中商铺名称的第八位便是"公益广告社"，会员证号为 9，代表姓名为"巫卓然"，地址为"汉口路二六七号"，电话为"九四五九八（如来生，1948）"。根据 1941 年 4 月 14 日《申报》第八版"公益广告公司迁移"的广告内容："该公司于本月十五日迁移汉口路二六七至二六九号，电话仍为九四五九八号，特设门市部、扩充营业"，[①] 该段文字证实了 1941 年及之后的"公益广告公司"就是之前的"公益广告社"。

既然"公益广告社/公司"是以"公益"为名称的"广告社/公司"，那么该"社/公司"是否是因为主要经营涉及公共利益的"公益广告"而命名为"公益"？或是经营范围涉及部分"公益"的内容？

为考察和证实，笔者将《申报》中刊登的，所有文本中能显示关于"公益广告社/公司"业务的表现，做了如下划分，希望能借此找寻到一些证据。

（1）代为聘请职员。

"公益广告社/公司"除前文提到过的"代招雇小茶房"外，还代为招聘教师、技师等职位。如 1940 年（民国 29 年）8 月 19 日《申报》第十版刊登的招聘信息："聘各级男女教师数位，近沪西区，即日速函汉口路二九九号，公益广告社汤君，合则函约面谈"（此句系笔者根据文意句读）；[②] 又如，同年 8 月 25 日《申报》第十一版刊登的"某小学需高级级任男性，富有经验、能耐劳苦之教师数位，须住近静安寺；又中高级级任女性师范毕业，确有经验，备证件，须住近海宁路，函汉口路二九九公益广告社汤君"（此句系笔者根据文意句读）；[③] 1941 年（民国 30 年）6 月 28 日《申报》第十一版刊登的"招请无线电技师"的广告（6 月 29 日与此版相同）："某著名无线电公司拟聘请主任修理技师一位。资格：（一）精通无线电原理，确具经验；（二）能主持及管理一切修理工作；（三）中英文通顺，待遇从优，应征者请开具详细履历，投函三马路二六七号公益广告公司，转

---

① 《公益广告公司迁移》，《申报》1941 年（民国 30 年）4 月 14 日第八版。

② 《聘请—聘》，《申报》1940 年（民国 29 年）8 月 19 日第十版。

③ 《聘请—聘教师》，《申报》1940 年（民国 29 年）8 月 25 日第十一版。

合则函约面谈"（此句系笔者根据文意句读）。①

（2）发布遗失声明。

1941年（民国30年）7月6日《申报》第十二版刊登了由"公益广告公司"帮忙发布的"遗失声明"："今遗失福利工业社支惇叙银行七月九日期支票第7663一纸，计洋二百念九元五角二分……，上项遗失除已向惇叙银行挂失外，倘该票件发现，概作废纸，特登报声明。刘震兴杂粮号，公益广告公司同启。"（此句系笔者根据文意句读）②

（3）征求物品及出让物件。

"公益广告公司"还承接了一些"征求物品和出让物件"的业务。如1942年（民国31年）2月11日《申报》第六版（2月12日第六版与此版相同）刊登的"征求新式电气冰箱"广告："现款征求Norge，北极，G. E.，Apprex，等新式电气冰箱，如愿廉价出让者，请投函汉口路267号公益广告公司巫君转"；③ 出让物品的广告有，1942年（民国31年）5月27日《申报》第八版"分类广告"中刊登的出让声明："兹因离申在即，愿将下列各件廉价出让：70分上等钻戒CRB＄4 000.－、14K大号金打簧表CRB＄2 600.－、北京地毯10×10 CRB＄1 000.－、北京地毯17×7 CRB＄1 200.－、（Adler7）英文台式打字机CRB＄1 000.－、（Corona）手提打字机CRB＄250.－、请寄三马路二六七号公益广告公司转"。④

（4）捐资助学。

"公益广告公司"在捐资助学的慈善和公益行为上也有所贡献。如：1945年（民国34年）2月8日《申报》第三版的"读者助学消息——昨收租金"中显示"公益广告公司一万元，大中国企业公司一万元，李荣枋（亲友致送先父奠仪）一万元，王怀廉经募一万元"；⑤ 1947年（民国36年）9月4日《申报》第四版的"申报读者助学金捐款报告"中提到收到各界捐款就有"普通队：第三十七队 巫祥队（公益广告公司经募）一百万元"，⑥ 1947年（民国36年）9月5日《申报》的第九版"申报读

---

① 《聘请—招请无线电技师》，《申报》1940年（民国29年）6月28日第十一版。
② 《遗失声明》，《申报》1941年（民国30年）7月6日第十二版。
③ 《征求新式电气冰箱》，《申报》1942年（民国31年）2月11日第六版。
④ 《出让》，《申报》1942年（民国31年）5月27日第八版。
⑤ 《读者助学消息——昨收租金》，《申报》1945年（民国34年）2月8日第三版。
⑥ 《申报读者助学金捐款报告》，《申报》1947年（民国36年）9月4日第四版。

者助学　特别劝募队"中提到"普通队：第四十五队　上海帐子公司队（公益广告公司经募）二十万元，第四十六队　张影波助学队（公益广告公司经募）二十万元"。[①]

《中国广告事业史》一书将当时的广告分为两种性质："（一）营业广告：乃是辅助国民经济建设，发展工商业的重要因素，使出品商或贩卖商大量产销，减低成本。（二）人事广告：例如遗失证件、订婚、征求物品、聘请职员、出租房屋等，世界上只有苏联的报纸，人事广告是多于营业广告。"[②] 显然，此处的"营业广告"和"人事广告"是按照是否具有商业性质，或以营利为目的来进行区分的。其中，"人事广告"由于包含的范围较广，在当时被认定为是区别于纯商业性质的广告，带有一定的社会服务性质，或是具有一定的公益性。上述列举的四类业务说明，"公益广告社/公司"在《申报》上经营的范围涵盖了大量"人事广告"，特别是关于捐赠助学的行为，更是包含了明显的"公益"性质。

论证显示，"公益广告社/公司"的经营，在当时的社会环境下的确带有一定的"服务性"和"公益性"，这和国际范围内所公认的公益广告（public service advertising，公共服务广告）有一定的相似性。也说明了，对于《申报》中所出现的"公益"和"广告"相结合的文本，尽管使用者是名为"公益"的广告社/公司，但由于其经营范畴并非是商业性质，则有可能是"公益广告"较早的，处于萌芽状态的表现。

（二）"公益广告"的具体广告及文本考察

上述关于"公益广告"文字使用和"公益广告社/公司"经营范畴的论证，还并不能完全而有力地证实，当时确有"公益广告"的存在。如果能辅之以具体的广告实例，将会使论证更为完整可信。

1.《申报》中"公益广告"的具体表现

《申报》是中国现代报纸开端的标志，也是中国发行时间最久、具有广泛社会影响的报纸，在其1872年至1949年经营的77年里，刊登了大量宝贵的广告资料。虽然这些广告不会如现在的报刊广告那样，直接设置

① 《申报读者助学　特别劝募队》，《申报》1947年（民国36年）9月5日第九版。
② 如来生：《中国广告事业史》，新文化社出版于民国37年10月。

"公益广告专栏",或者在广告图片上标明"公益广告"的字样。但是依据此前本研究所归纳的"公益广告"的范畴,依然能找到不少以"爱国""卫生"等为主旨的,维护当时"民族尊严和公共利益"的广告。

如1931年(民国20年)10月5日《申报》第一版(10月6日第一版广告与此相同)的整版广告中用非常醒目的大字标明了"国人爱国,请用国货"的字样,[①]并在广告画面的主体部分印上了东北三省的形势地图和警示语——"请国人注意东北形势",地图右侧巨大的惊叹号,宛如一支由东部射向东三省的利箭,暗喻了日本当时向东北侵略的严峻形势,惊叹号旁的"外侮日亟"四个大字再次指明了广告宣传抗日思想的主旨。众所周知,1931年,日军发动"九一八事变",侵略中国东北。当时的中国正处于民族危亡的关键时刻,这则广告虽然是由"美丽牌香烟"发起的,但广告的重心和主旨却并非商业宣传,而是自发的,从鼓舞民心、维护民族利益和尊严等"公共利益"的角度出发,所刊登的爱国宣传广告。

美丽牌香烟随后又在1931年(民国20年)11月4日、11月8日、11月12日《申报》的第三版上相继刊登了"提倡国货,抵制仇货"的爱国广告(这三日的广告完全相同)。[②]当时的中国,反日情绪空前高涨,多地都不同程度地爆发了抵制日货运动,人们将日货称之为"仇货",即仇人的商品,"提倡国货,抵制仇货"是当时非常重要和响亮的口号之一。广告图片的正中绘有一个高大的灯塔,上书"救国之根本问题"的字样,灯塔上射出的灯光显示了"提倡国货,抵制仇货"的口号,该广告同样也表达了爱国、维护民族尊严公共利益的广告意图(见图2)。

此外还有1931年(民国20年)12月1日《申报》第一版,整版刊登的"黑省主席马占山将军"爱国广告(见图3),[③]该广告歌颂了当时打响中华民族抗日第一枪的马占山将军,希望通过介绍马占山将军英勇抗日的事迹,来传播积极抗战的精神,鼓励民众一致对外,支持抗战。广告出自

---

① 《"外侮日亟"广告》,《申报》1931年(民国20年)10月5日第一版。
② 《"提倡国货,抵制仇货"广告》,《申报》1931年(民国20年)11月4日、11月8日、11月12日第三版。
③ 《"马占山将军"广告》,《申报》1931年(民国20年)12月1日第一版。广告语为"黑省主席马占山将军,铁血卫国,男儿自强,精忠神勇,万古流芳",该香烟后改名为"马占山将军香烟"。

图 2　"提倡国货，抵制仇货"广告①　　图 3　"黑省主席马占山将军"广告②

福昌烟草公司，该公司后来直接将广告中的香烟改名为"马占山将军香烟"，并拿出每盒香烟所得的部分利润，作为抗日军队的慰劳金。在投放市场后，该香烟广受欢迎，甚至连不吸烟的人都会去购买，以表达自己对抗战将士的支持。

　　除了上述的具体广告内容，在文本方面，亦能找寻到和"公共利益"相关的广告的痕迹。如，1923 年（民国 12 年）7 月 17 日《申报》第十一版"地方通信"的苏州地区部分，提到"苏州对日外交后援会"召开了职员会并提出决议案，③ 第一条即是"七月十三日由李龚潘三人担任在城内外遍贴爱国广告以资警惕"的条款。④ 1923 年前后，中国人民无法容忍日本妄图长期侵犯，并殖民统治中国的野心，掀起了一场声势浩大的"废除二十一条不平等条约，收回旅大"的爱国运动。"勿买日货，维持国货""还我旅大""废除二十一条"等呼声日益高涨，"苏州对日外交后援会"即是在此背景下成立的地方性反帝救国的社会团体，"在民族存亡的历史

---

①　图片来源：《申报》1931 年 11 月 4 日、11 月 8 日、11 月 12 日第三版。
②　图片来源：《申报》1931 年 12 月 1 日第一版。
③　1923 年 5 月 3 日成立，出席成立大会的有苏州总商会、苏州学生联合会、吴县农会、吴县教育会、苏州市民公社联合会、爱国恒志团及报界代表 100 余人。9 日，在公共体育场召开国耻纪念大会，3 000 余名各界群众出席。
④　《地方通信》，《申报》1923 年（民国 12 年）7 月 17 日第十一版。

时期，号召和带领各界群众进行反帝救国活动，以体现出苏州人民同仇敌忾、不屈服帝国主义侵略的民族尊严和勇于斗争的革命传统"。① 因此，该处的"爱国广告"实际表示的是倡导爱国救亡，鼓励民族精神的广告，具有维护人民共同利益的"公益"性质。再如 1936 年（民国 25 年）6 月 16 日《申报》第十版的新闻"十五届运动大会　昨晨在民教馆开幕"中提道："本届卫生运动，规模宏大，大门前党国旗交叉，上缀松柏，下有艺术化之'卫生运动'四字，进门即见卫生广告，红绿缤纷"，② 随后又提到"在大成殿前甬道有一牌楼，上有吴市长题'保我康宁'四字，旁有'勿使悲欢极，当令饮食均'之对联"，③ 通过对该新闻内容，以及市长题字的分析，该处出现的"卫生广告"应是告知公众注意卫生健康的广告表现形式。

上述的具体广告案例和文本材料均说明，《申报》中确有一定数量的，以维护"公共利益"为目的的广告刊登，当时的社会上也有大量类似广告出现。笔者通过对《申报》相关新闻或文本在称谓上的分析后发现，这些广告大都根据具体涉及的内容，命名为"爱国广告"和"卫生广告"等。在特定的历史时期发挥了"维护公众的民族尊严和利益""帮助公众解决实际问题""对公众进行宣传教育并引导行为"等作用，当时虽未明确显示统一"公益广告"的称谓，但实际上已经履行了"公益广告"的责任，完全符合本研究前文所总结的"公益广告"的标准，并属于陈培爱所概括的"拯救国家，拯救民族的社会政治类广告"这一"公益广告"的历史形态。④ 在当时起到了反帝反封建，传播马克思列宁主义，拯救国家和民族等作用。因此，上述列举的抗战宣传的爱国广告等都属于中国较早的，具有维护公众公共利益意识的"公益广告"的雏形。

2. 火花中"公益广告"的具体表现

为了查找"火花"中公益广告的具体表现，笔者查阅了《火花》⑤《老火花收藏》⑥《清末民初火花与中国文化》⑦《"文革"火花收藏》⑧ 等相关

---

① 苏州市地方志编纂委员会：《苏州市志（第三册）》，江苏人民出版社 1995 年版。
② 《十五届运动大会　昨晨在民教馆开幕》，《申报》1936 年（民国 25 年）6 月 16 日第十版。
③ 《十五届运动大会　昨晨在民教馆开幕》，《申报》1936 年（民国 25 年）6 月 16 日第十版。
④ 陈培爱：《中国广告史——站在当代视角的全面回顾（第 2 版）》，中国物价出版社 2001 年版。
⑤ 郭建国：《火花》，辽宁教育出版社 1999 年版。
⑥ 攀瑀：《老火花收藏》，浙江大学出版社 2008 年版。
⑦ 李少鹏、黄良德：《清末民初火花与中国文化》，百花文艺出版社 2002 年版。
⑧ 攀瑀：《文革火花收藏》，浙江大学出版社 2008 年版。

理论和艺术类论著。因"火花"资料多为民间爱好者的收藏，并没有系统的数据库，且现有论著中的资料存在年份不详、资料不完整等现象。为有效弥补论著资料的不足，笔者联系了一位"民间火花收藏家"饶国顺先生，他凭借早年在火柴厂工作的便利，及个人的兴趣爱好，收集了从民国时期至 20 世纪 90 年代数十万张珍贵的"火花"资料，并分门别类，整理成册，具有较高的史料价值和收藏价值。

《中国火花图录》一书认为"1919 年五四运动以后，我国火花上诸如'振兴国货，挽回利权''救国火柴''请用国货''中国人应用中国货''提倡国货'等宣传文字，充分反映了我国人民抵制外来侵略，振兴民族工业的爱国热情"。① 莫军华认为"'文化大革命'前 17 年里，火柴盒是发布公益广告的重要媒体"。② 通过查阅论著和实际的"火花"藏品，笔者发现，从清末民初至改革开放期间，"火花"中确实存在大量公益广告的雏形。

其中，五四运动以后至中华人民共和国成立的"火花"主要的宣传语有"提倡国货""征兵实现民国自强""愿我同胞常警惕""报国"等（见图 4），基本都反映了"爱国"和"民族自强"的主题。如七七卢沟桥事变后，广东华强火柴厂出品的《七七》火花，在中国地图上绘制了巨大的红色"7·7"，旨在提醒公众"我国的疆土遭到了日本的侵略，大家务必时刻敲响警钟，团结一致抗日"。

图 4　《七七》火花（1937 年）③

而中华人民共和国成立后至改革开放期间的"火花"，主要有"节约用粮""安全用电""交通安全""防火""卫生防疫"等主题（见图 5），和当时的时代背景以及民众日常生活紧密相关。如 1961 年的《节约粮食》火花，是因为 1961 年的中国还处于"三年困难时期"，全国的粮食都极度短缺。在此背景下，北京火柴厂印制

---

① 周晓洁：《中国火花图录》，湖南出版社 1996 年版。
② 莫军华：《"文革"前后中国广告设计的审美特征》，《艺术百家》2006 年第 4 期。
③ 图片来源：黄振炳.《走进火花世界》，中国商业出版社 2001 年版。

了以"节约粮食"为主题的火花，上面标有"大种瓜菜，调剂生活""多养猪禽，自给自足""计划用粮，细水长流""炊具革新好，食堂饭菜香""光荣炊事员，巧煮千家饭"等具体举措来解决困难，以维护当时人们的"公共利益"。

图 5   《节约粮食》火花（1961 年）①

四、结论与反思

上述《申报》和"火花"中详细的广告资料证实，在五四运动之后至改革开放之前的 60 年间，中国不但存在公益广告，且公益广告的活动及表现还很多。从广告所反映的素材来看，这段时间的公益广告刚好可以从中

---

①   图片来源：黄振炳．《走进火花世界》，中国商业出版社 2001 年版。

间一分为二，划分为两个历史阶段。

第一阶段为五四运动至中华人民共和国成立的 30 年。这期间的公益广告主题多为救国、维护民族利益的爱国宣传。如《申报》上的 "外侮日亟" "提倡国货" 等广告；火花上的 "提倡国货" "征兵实现民国自强" "报国"（见图 6）等广告。尽管这些都是出自各企业，但 "都是从中国的大局出发，宣扬爱国行为的，……企业的利益置于国家利益之后了"。②

图 6　《报国》火花（1941—1943 年）①

历史上将五四运动之后的这段时期定义为 "新民主主义时期"，当时的中国长期处于战争的困扰下，尤其是 1931 年 "九一八事变" 以后，我国的民族利益受到了来自其他外来民族的侵害，中国和外敌的民族矛盾迅速成为当时中国国内的主要矛盾。因此，该阶段无论是在公共媒体《申报》中，还是在公众的日常生活用品 "火花" 中，广告都自觉地将民族和国家的公共利益放在首位，因而出现了大量自发的，以爱国、自强的 "家国理想" 为主旨的公益广告宣传。

第二阶段为中华人民共和国成立后至改革开放的 30 年。这期间的公益广告多为防火、用电、节约、卫生、交通等方面的宣传。如 "安全用电"（见图 7）、"儿童卫生"（见图 8）等，都是以系列广告的形式出现，从 "搬动电具要拔插头、电线附近勿放风筝、大扫除不要用水冲电线……" "要喝开水不喝生水、食前便后洗手、爱清洁讲卫生……" 等点滴的细节，或是知识宣传等角度入手，进行广告宣传。表现出维护公共利益，对公众的行为规范、安全意识、健康习惯等方面进行 "价值引导" 的主旨。

可见，随着中华人民共和国的成立，公众所关注的重点不再是战争，

---

① 图片来源：黄振炳.《走进火花世界》，中国商业出版社 2001 年版。
② 李少鹏、黄良德：《清末民初火花与中国文化》，百花文艺出版社 2002 年版。

图7   《安全用电》火花（1964年）①

而是迅速转移到生产生活的方方面面。当然，这些主题也和当时的社会事件和环境有着相当紧密的联系，如中华人民共和国成立后，由于经济、科技和文化等不发达，存在很多传染病流行的状况。为了消除各种疾病的隐患，中央在全国范围内组织开展了防疫卫生运动，又称"爱国卫生运动"，这一时期，出现了不少以"卫生、防疫"为主题的火花，通过公益广告的方式，来宣传和普及卫生知识，对公众迅速了解疾病危害，养成良好的卫生习惯，产生了积极的"引导"作用。

从"家国理想"到"价值引导"的转变，是中国公益广告处于诞生

---

① 图片来源：饶国顺私人藏品。

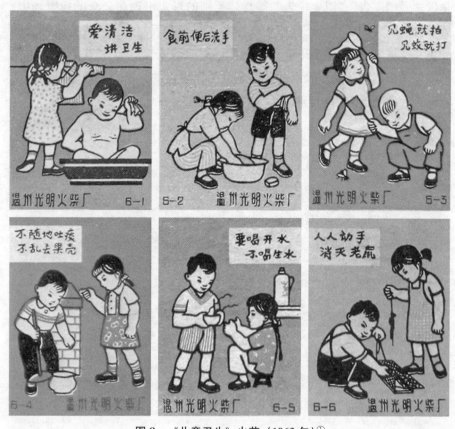

图8　《儿童卫生》火花（1963 年）①

和萌芽阶段的全新尝试，不但记录了中国不同时期社会变迁的过程，还展示了当时的时代特征，以及人们的精神面貌，对公众产生了积极的影响。这和我们现在所接触到的大量公益广告，在特征和功能上都非常接近。

　　随着中国广告事业的不断发展，以及政府和公众等多方面的重视，公益广告的名称开始统一，成为现在大家所熟悉的，综合了"爱国""传统文化""社会主义核心价值观""健康""环保""安全"等多方面内容的广告形式，为社会主义精神文明及文化建设贡献了积极的力量。

　　本研究证明，在中国现代史阶段，公益广告一直存在，只不过一开始

---

①　图片来源：饶国顺私人藏品。

是以"爱国广告""卫生广告"等具体类别的形式出现在公众的视野当中，处于公益广告的萌芽状态。中华人民共和国成立后，公益广告有了巨大的变化和发展，对"用电安全、卫生健康、交通安全、节水省电、急救保护"等的提倡，均是以公众的公共利益为出发点的，已经和改革开放之后直至今天的公益广告相当接近，并日趋成熟了。

中 篇

创意传播：在公益广告
实践中讲好中国故事

情绪引导与情感再造：
突发公共事件中公益广告
情感动员机制研究[*]

李　娜　姚　曦[**]

一、情感动员：突发公共事件中公益广告的责任和使命

突发公共事件一般具有突发性/紧急性、高度不确定性、影响社会性、非程序性决策等基本特征，[①] 可能造成巨大的人员伤亡、财产损失和社会影响，引起广泛的社会关注。在当前社交媒体时代，随突发公共事件而来的往往是一场舆论"海啸"，其发酵、产生、延续都能激发社会公众喜怒哀乐等情绪，甚至对一个社会系统的基本价值和行为准则架构产生严重影响。负面情绪的集聚和共振将引发情绪主导型的网络集群行为，网络空间与现实社会交织渗透，产生消极社会心理状态甚至导致线下群体性事件，放大公共问题的风险性，引发公共危机。[②]

公益广告，是不以营利为目的，向社会公众传播有益的社会观念，改

* 本文系国家社科基金重大项目"新中国公益广告发展史"（项目编号：20&ZD328）研究成果。

** 李娜，武汉理工大学法学与人文社会学院讲师。姚曦，武汉大学新闻与传播学院教授、博士生导师。

① 薛澜、钟开斌：《突发公共事件分类、分级与分期：应急体制的管理基础》，《中国行政管理》2005 年第 2 期。

② 凌晨、冯俊文、杨爽：《突发事件中网民负面情绪的应急响应研究综述》，《情报科学》2017 年第 11 期。

善和解决社会共同利益问题而组织展开的广告活动。① 学界普遍认为，公益广告的核心是"公共利益""社会问题""公众""社会大众"，具有鲜明的公共性质。② 公益广告的传播本质即立足于"公益"的社会动员，以"公益"主题诉求实现情感共享与意义共享。③ 它以艺术化的手段和情感化的表达致力于维护社会利益、关注社会问题，促进社会公众观念或行为的改变。在新冠疫情防控期间，"勤洗手""戴口罩""使用公筷""拒吃野味"等观念深入人心，并潜移默化地改变了人们的行为，在这其中，四处可见、形式多样的公益广告起到了非常关键的作用。在一次又一次的抗洪抢险过程中，"抗洪防汛、人人有责"等公益广告与众多新闻报道及其他宣传活动一起激励、鼓舞和教育社会公众科学防洪、战胜水灾，并广泛动员社会力量参与到灾后重建之中……在众多突发性公共事件中，都有公益广告的身影，在它鲜明而强有力的诉求、生动而富有渲染力的画面、简洁而充满力量的广告语中都蕴含着巨大的情感力量，发挥着引导社会情绪、情感和行为的作用。情感动员应成为公益广告应对突发公共事件的重要责任和使命，对公益广告情感动员机制的研究具有重要的现实意义。

根据阿莉·卢塞尔·霍赫希尔德的"情感整饰"理论，情感可被视为个体或群体用于形象塑造、社会交往甚至服务于某种目的的符号性、象征性工具。④ 部分学者注意到"情感"和情感诉求方式对于公益广告效果的重要意义，如 Dillard J P 等指出感性诉求的公益广告因其能够促成受众特定的情感体验而成为公益广告中最被看重的一种方式。⑤ 蒋晶通过两个实验证明，感性诉求公益广告能够激发受众正面或负面的情感反应，使受众产生帮助他人的利他动机或避免惩罚、排解痛苦的利己动机，最终达成捐赠行为。⑥ 从现有关于突发事件中公益广告功能分析的研究来看，汤劲从

---

① 倪宁：《试论公益广告及其传播》，《新闻界》2000 年第 3 期。
② 初广志：《公共视角的公益广告概念：溯源，反思与重构》，《山西大学学报（哲学社会科学版）》2020 年第 3 期。
③ 李雪枫、王时羽：《公益广告的本质思考》，《山西大学学报（哲学社会科学版）》2020 年第 3 期。
④ ［美］阿莉·拉塞尔·霍克希尔德：《心灵的整饰：人类情感的商业化》，成伯清、淡卫军、王佳鹏译，上海三联书店 2020 年版。
⑤ Dillard J P, Peck E. "Affect and Persuasion Emotional Responses to Public Service Announcements" *Communication Research*, 2000, 27 (4), pp. 461 - 495.
⑥ 蒋晶：《情感，动机与捐赠意向：基于情感适应理论的公益广告效果研究》，《国际新闻界》2014 年第 4 期。

公益广告的主题选择、叙事方式、表现手法等方面阐述突发公共事件中公益广告的传播力。① 赵新利重点分析了公益广告在疫情防控中的导向功能、教育功能和社交功能。② 吴来安从公共危机中广告图像内部"语言讯息、外延图像和内涵图像"三个层次的互动入手，指出公益广告在应对公共危机时具有"强调社会服务，积极应对挑战；关注价值引导，负有责任担当；重视疫情记录，留存历史记忆"等方面的作用。③ 这些文献结合公益广告案例对突发公共事件中公益广告社会功能的类型和特征做了全面的总结与分析。但是，对公益广告的情感动员功能尤其是对突发公共事件中公益广告情感动员功能发挥的内在机制尚缺乏深入的分析与讨论。

在此背景下，本文将首先从公益广告的性质出发，探索公益广告何以能进行情感动员，并结合相关案例研究公益广告情感动员功能发挥的内在机制，最后对公益广告情感动员中存在的问题进行反思，指出未来公益广告的发展方向。这对于充分发挥新时代公益广告的社会功能和作用，提升公益广告应对突发公共事件的能力具有重要的理论和现实意义。新冠疫情爆发是中华人民共和国成立以来防控难度最大的一次重大突发公共卫生事件。2020 年 1 月新冠疫情爆发后，为应对疫情危机，政府相关部门、中国广告协会等社会团体、各大媒体、企业等制播了系列抗击疫情主题公益广告，充分发挥了公益广告传播信息、缓解焦虑、稳定社会情绪、凝聚社会力量等方面作用。鉴于新冠疫情中公益广告的突出表现，本研究将主要以新冠疫情系列公益广告活动案例为重点分析对象。

二、作为情感介质的公益广告：公益广告情感动员的功能实质

所谓情感动员，是指个体或群体通过情感运作，在持续地互动中以唤起、激发或者改变对方个体或群体对事物的认知、态度和评价的过程。④

① 汤劲：《突发公共事件中公益广告传播力研究——以防控新冠肺炎疫情公益广告为例》，《新闻世界》2020 年第 11 期。
② 赵新利：《公益广告在疫情防控中的功能探析》，《当代电视》2020 年第 4 期。
③ 吴来安：《公共危机下新型主流媒体的广告图像传播——基于〈人民日报〉微信公众号的探索性考察》，《新闻大学》2020 年第 10 期。
④ 白淑英、肖本立：《新浪微博中网民的情感动员》，《兰州大学学报（社会科学版）》2011 年第 5 期。

作为一种以改善和解决社会问题为目的，以大众利益为核心的信息传播活动，公益广告情感动员的实质是：传播主体有意识地将不同的情感和情感元素注入公益广告的主题选择和信息传播形式之中，引发社会公众的情感共鸣和意义共享，引导社会公众对社会问题的认知、评价与共同参与。此时，公益广告作为一种情感介质，从客观上来说是一种表达社会价值观的情感表达方式，在传播主体的行动自觉下更能够成为引导社会情绪的情感动员工具和塑造群体行为的情感治理手段。

（一）反映社会价值取向的情感表达方式

广告作为对现实环境的映射，具有反映社会现实的作用。我国报学史专家戈公振曾提出"广告为商业发展之史乘，亦即文化进步之记录"，说明广告承载着时代记忆，负载着文化价值观。在某种意义上，广告是反映中国特定社会文化现实的一面镜子和中国文化价值观的载体。① 公益广告在主题选择上聚焦于社会公共利益问题，集中反映了一段时期内一定社会背景下的社会价值取向，往往能成为社会重大时刻和特殊时期的见证者和记录者。

2021 年中央文明办发布的倡导文明健康生活方式主题公益广告系列以图文并茂的方式展现了疫情后的文明健康新风尚。"社交有距春常在，核酸无恙岁月安""只要口罩戴得好，就没人知道你今年胖了多少斤""作为一名吃货，光盘是种基本操作""运动能医假病，醉酒不解真愁"……这些或朗朗上口或诙谐幽默的文案搭配生动有趣的漫画集中呈现了后疫情时期中国精神文明建设的价值取向。

（二）引导社会情绪的情感动员工具

公益广告以其视听兼备，声画并茂的审美性和情理交融的说服力量在社会情绪引导中发挥着重要作用。尤其是对于突发公共事件，鉴于突发公共事件不确定性、扩散性、严重性等特征，如果处理不当，不仅包括对生命和财产的物理影响，而且包括对社会公众的心理和价值观，乃至整个社会的政治、经济和文化气氛产生长期的、难以估量的社会影响。公益广告

---

① 阴雅婷：《功能与符号的博弈：三十年来中国广告中所呈现的文化价值观研究》，《新闻界》2016 年第 24 期。

图1　2021年2月中央文明办倡导文明健康生活方式主题公益广告

从时空和视听多个维度对相关主题进行延展，以理性或感性的诉求方式以及多样化的艺术表现形式传递缓解社会焦虑、稳定社会情绪、凝结社会力量、构建社会认同、营造战胜危机和挑战的信心。

　　新冠疫情爆发初期，公益广告对疫情信息的宣传通报功能，降低了信息不对称，有利于缓解公众焦虑情绪；疫情期间涌现的"广告语"，如"武汉加油，中国加油""众志成城，战胜疫情""科学防治，精准施策"等，成为网络讨论的热点话题，一扫疫情给社会公众带来的紧张情绪，彰显"一方有难,八方支持"的守望相助精神。网络公益歌曲《武汉伢》浅唱低吟诉说着武汉的日常,将生活叙事与情感话语相结合,引发强烈的情感共鸣,抚慰了公众情绪。

(三)塑造群体行为的情感治理手段

在社交新媒体蓬勃发展的时代,网民的每一次点击、点赞、转发以及评论行为都代表了某个人的民生情怀、价值观和社会倾向,这种频繁的交互、接触与互动也每时每刻都在左右着社会情绪,并影响着社会心态的变化或重塑。借助于网络的高互动性和传播性,消极的网络社会情感甚至会引发群体性暴力行为和事件。有学者指出网络社会的具象化与感性化对传统的、以科层制为核心的治理体系构成全新的挑战,新媒体时代要转变思维,更多考虑和回应民众的情绪和心理,将情感治理视为新媒体时代的重要治理维度。[①]公益广告是一种以人文情感为基础的艺术表现形式,相比于法治、制度等,它以创意、情感和多元化的传播手段和方式构建了一个柔性的话语空间,促成群体的情感交流和互动,是实现情感治理的重要工具和手段之一。

其一,在日常生活中,公益广告诉诸公共道德、爱国、环保与生命安全,关注弱势群体等相关主题,通过劝导、警示、感化等方式和多种传播手段来教化公众,传递社会提倡的精神和道德规范,引导社会公众按照一定的道德规范行事,营造公序良俗的社会生态,形成具有确定感、秩序感和价值认同感的社会环境。

其二,在突发性公共事件、重大庆典、重大变革等社会特殊时期,公益广告系列活动通过符号化、象征化的方式赋予事件对象以特殊的意义和崇高的价值,引导社会公众履行社会职责、参与社会公共事务。

其三,在社交场景和移动技术加持下,公益广告传播形式和手段愈加丰富,短视频、长视频、H5互动小游戏、VR/AR、全息投影等多种媒介形式融入公益广告创意表现之中,人人都可以参与到公益广告的传播和再创作中,这使公益广告活动本身也可成为社会公众情感互动与交流的平台,让公众在互动、体验和参与中达成社会共识,实现社会参与,促成社

---

①　何雪松:《情感治理:新媒体时代的重要治理维度》,《探索与争鸣》2017年第11期。

会问题的缓解乃至解决。

三、以情"动"人：突发公共事件中公益广告情感动员的内在机制

情感具有强大的动力功能，不同类型的情感组成了人类动机系统。[①]作为一种潜在的动力机制，情感对人的言行具有激励、诱发和调节的重要功能。根据情感的强度和持续时间，情感类型可简单分为基调情调和状态情感。基调情感是存在于日常生活中的长期情感性情，人们通常很难意识到它的影响力，如信念、忠诚、情感氛围等；状态情感与所处情境密切相关，是暂时集中的、对所处情境的应急反应，它更加强烈、鲜活、时效性更弱，能够影响个体的当下行为，并在某些情势下改写最初的目标、规划与行为习惯。[②]作为一种情感介质，公益广告在突发公共事件中主要通过"聚焦—脱域—共鸣—公众参与"四种机制，在短期内引导和管理状态情感，并将潜移默化地塑造人们的基调情感，实现对社会成员的情绪引导和情感再造，促进社会公众对突发公共事件的积极参与，最终达成情感动员和管理的目的（如图2）。

图 2　突发公共事件中公益广告情感动员的内在机制

（一）聚焦：议题设置与引导

议程设置理论指出大众传播媒介通过对议题显著性的安排可以左右人们关注哪些事实和意见以及谈论它们的先后顺序。将议程设置和情绪设置相结合能够引导网民从心理、态度和行为上对负面情绪免疫。[③]突发公共事件从

①　Herbert L. Petri，John M. Govern：《动机心理学（第五版）》，郭本禹等译，陕西师范大学出版社 2005 年版。
②　郝拓德、安德鲁·罗斯、柳思思：《情感转向：情感的类型及其国际关系影响》，《外交评论（外交学院学报）》2011 年第 4 期。
③　张宝生、张庆普：《重大突发公共事件中网络虚拟社群负面情绪传染规律及治理研究——来自新冠病毒疫情防控措施的启示》，《情报杂志》2020 年第 9 期。

酝酿爆发到最终解决一般要经历潜伏期、爆发期、持续期和恢复期。① 很多时候不同的阶段相互交织、循环往复，形成突发公共事件应急管理特定的生命周期。② 公益广告应对突发公共事件的情感动员也是过程式、进展式和循环式的。随着事件的发展，公益广告传播主体可不断调整广告主题，同新闻报道宣传、社交媒体话题引导等共同参与到公众议程设置中，聚焦社会关注，以应对和管理在突发公共事件不同阶段中爆发出的社会问题。

以新冠疫情中系列公益广告活动为例，在潜伏期，突发事件的苗头尚未出现，但造成突发事件的因素已初步形成，并在持续酝酿和发酵，此时公益广告尚未发挥作用。在爆发期，突发事件苗头出现，程度逐渐增强，公众聚焦于疫情事件本身，出现大范围的情绪恐慌，流言四起。此时，如中央广播电视总台推出的两支疫情防控主题公益广告《向医护人员致敬篇》和《科学防疫篇》在引导广大人民群众提高科学防护能力、舒缓大众焦虑、稳定社会舆论上起到了积极作用。在持续期，突发公共事件的影响已渗透到社会生活各个领域，甚至可能演变出新的突发事件。公益广告传播此时应能发挥其稳定人心、协调矛盾的作用，积极营造正能量的社会氛围，使人们树立战胜突发公共事件的信心，尤其是对于突发性公共卫生事件，公益广告更应要起到倡导和建立社会道德行为规范的作用，引导民众养成良好公共卫生习惯。如抗疫公益广告中对疫情数据的展示、对志愿者活动的记录、对系列援鄂工作的回顾等从客观上回应了民众关切，满足了民众知情权；"戴口罩、勤洗手"等系列广告提供了疫情防护的科学规范；针对疫情期间"文牍成山、会议成海"问题、部分省市截留口罩等问题，公益广告图文并茂地抨击不良社会现象，发挥舆论监督功能。在恢复期，突发公共事件的后遗症体现在社会结构和社会功能的全面失调——生产要恢复，经济要发展，政治要稳定，公众心理需要重建。此时公益广告的功能和角色更加复杂，公益广告主题的选择也将更为多元，需要在循序渐进中促进突发公共事件引起的诸多潜在社会问题的缓解和解决。在各地疫情解封后，一系列公益直播带货活动激活经济发展，促进人民生活和企业经营重回正轨。复工复产主题公益广告通过图文、长视频、短视频等形式或

---

① 温秋阳：《应急广播传播模式研究》，《中国广播》2013 年第 9 期。
② 薛澜、钟开斌：《突发公共事件分类、分级与分期：应急体制的管理基础》，《中国行政管理》2005 年第 2 期。

对复工复产政策进行解读，或进行复工复产中的防疫知识科普，或展现学校、工厂、企业等生机勃勃开始正常运行的场景，传递复工复产的坚定信心和力量，助力安全、有效、有序、常态化疫情防控的展开。

（二）脱域：符号化运作和群际化传播

所谓脱域，是指社会关系从彼此互动的地域性关联中，从通过对不确定的时间的无限穿越而被重构的关联中"脱离出来"。[①] 它使社会行动得以从地域化情境中"提取出来"，并跨越广阔的时间—空间距离去重新组织社会关系。[②] 泛在网络的发展为社会行动的"脱域"提供了技术动力，在为社会行动协同提供了时空分离的载体的同时，也构成了一个无限延伸和扩展的行动场域——不同时空下不同个体的言语、思想、情绪和行为等都在网络中相互连接和汇聚，产生巨大的社会力量。在这里，作为公益广告情感动员的机制，脱域是指借助于公益广告传播形式和传播策略，将分散的社会公众从日常的地域性的社会关系中"脱离出来"，以围绕突发性公共事件形成"脱域的共同体"，进而凝聚社会参与力量，推进事态发展和问题解决。在突发性公共事件中，公益广告情感动员的脱域机制主要通过两个步骤来完成：符号化运作和群际化传播。

1. 符号化运作：符号挖掘与互动

所谓符号化就是赋予事物以意义的行为和过程，其结果是将非符号变为符号。"只要符号化，哪怕看来完全没有意义的，也可能被解释出意义"。[③] 首先，符号化是运用语言媒介的艺术造型表现情感；其次，符号化赋予外界对象以形式、概念和意义，使对象比在纯粹的自然中更容易被识别、理解与认同；最后，符号脱离了现实的束缚，可以在时空上无限延展。借助当下的泛在技术网络，符号能够脱离当下具体场景，连接当时与日后、在场与缺场，在超时空传递中获得普遍的接受和认可。

在公益广告情感动员过程中，符号化运作包括两个方面：一是对公益主题或议题的符号挖掘与建构。公益广告传播主体通过理性或感性的诉求方式以及文字、声音、图像等多种艺术表现形式将特定主题和议题转化为

---

① ［英］安东尼·吉登斯：《现代性的后果》，田禾译，译林出版社 2000 年版。
② ［英］安东尼·吉登斯：《现代性的后果》，田禾译，译林出版社 2000 年版。
③ 赵毅衡：《符号学原理与推演》，南京大学出版社 2011 年版。

能够被公众亲近、理解和认同的象征性表达。如在"全国美食为生病的武汉热干面加油"系列漫画中,各种萌化的"全国美食"围在窗前,给生病的"热干面"加油,引起了网友的广泛关注和讨论(见图3)。二是符号互

图3   "全国美食为生病的武汉热干面加油"公益广告

动与传播。布鲁默符号互动理论指出人是根据事物对自己的意义而采取行动的,人们所创造的意义不仅在人际互动过程中产生,而且在互动过程中被不断修正和完善。公益主题或议题在完成符号构建进入到传播阶段时,其意义将在传播过程中被不同群体反复解释、定义和再创造。尤其是在社交媒体的加持下,符号成为主宰,所有的人际交往都是一种符号交往,社会公众的点赞、评论和转发等行为都能凝聚成符号的力量,成为促成事件发展的关键线索。比如欧普照明和《人民日报》联合发布的"点亮武汉"系列公益广告,采用了SVG互动技术,受众用手指划过海报画面,即可亲身体验"点亮武汉",这种交互形式大大提升了大众的参与感,并且调动了大众的积极性,达到自主传播的效果,让更多的人参与进来(见图4)。通过以上符号化运作过程,公益广告将遥远时空的灾难性事件嵌入社会公众当下的日常生活,把身临现场的社会成员与不在场的其他社会成员广泛连接起来。

图4   欧普照明和《人民日报》联合发布的"点亮武汉"系列公益广告

2. 群际化传播：再类别化与公众身份建构

群际接触假设指出在互不接触的情况下，群体成员往往不会特别了解对方的真实情况，甚至产生误会。增加不同群体成员间的社会性接触将有助于群体间关系的改善。突发公共事件首先体现在突发事件涉及公共利益上，即会对公共财产、公共安全、公共秩序产生影响，通常需要调动和整合全社会的人力、物力、财力、信息等公共资源，不仅需要行政系统内部之间的协调和配合，还需要政府与社会组织及公众的合作与沟通。在突发公共事件中，公益广告可充当群际关系互动与沟通的平台，它不仅可以利用符号化运作凝聚情感能量，促进情感互动，还能够通过意义生产和传递将不同社会群体再类别化，建构起社会成员的公众身份，赋予其在公共事件中新的形象和角色，激发社会公众对公共事件的主动回应和积极参与。

在新冠疫情蔓延之时，政府、企业、行业机构、媒体、网络意见领袖乃至更多普通网民都参与到抗击疫情公益广告的制作和传播之中，公益广告活动本身构成了各社会群体互动沟通的平台。从呈现内容和表现形式来看，抗击疫情系列公益广告运用突出特写、对比衬托、以小见大、抒情叙述、比喻、隐喻等多种艺术手法，采用短视频、长视频、H5 互动等各种媒介形式，生动描绘了疫情中医护人员、军人、建筑工人、志愿者、一线生产者、快递人员、司机、教师、空姐、环卫、媒体工作者、学生等不同群体共同抗击疫情的感人瞬间。在广告中，"平凡的中国人""雷锋""风雪战疫人""生命的摆渡人"等称谓赋予参与公共事件中的不同群体以高尚的形象，引发公众共鸣，激发更多社会公众参与到抗疫活动之中。

（三）共鸣：情感认同与集体记忆塑造

公益广告情感动员的共鸣机制主要表现在两个方面：一是在公众主体与公益广告之间产生的情感互动与交流；二是不同的公众在接触到公益广告作品时对该作品产生大致相同或相近的情感体验。共鸣作为公益广告情感动员的重要机制主要通过两个步骤来发挥作用：情感认同与集体记忆塑造。

1. 情感认同的形成

情感认同，是主体在社会交往交流中对客观事物形成的一种相对稳定的、基于情感的喜爱、厌恶、支持、反对以及中立的态度或观念。① 由于情感因子的存在，在认同的过程中，个体就会有更高程度的自我投入，更可能参与到以改变群体现状为目标的集体行动中。② 作为一种情感介质，公益广告在主题选择和信息传播的形式上综合运用了多种情感元素（包括理性情感和感性情感），蕴含着丰富的价值理念与抽象的道德行为准则等。在突发公共事件中，它主要以情感为纽带，以议题为引导，以符号为承载，以群际化传播为桥梁，将个体行动与社会团结紧密联系起来，使在场和不在场的受众聚集在无区隔、无障碍的象征之林，让不同的社会群体对事件以及事件所涉及的人、事、物等产生高度一致的团结感、信任感、责任感与参与感等积极的情感认同。

2. 集体记忆的塑造与传承

哈布瓦赫在《论集体记忆》一书中指出，个体记忆（包括个体情感表达的方式）内嵌于集体记忆中，属于集体记忆的一个方面或部分，受到集体记忆框架的限定和约束。③ 构成集体记忆框架的要素既来自引起反思的、以逻辑的方式关联起来的观念，也来自定位在时空之中的事件或人的意象和具体表征。④ 在突发公共事件中，公益广告所激发的情感认同属于一种暂时的情感状态，还需要经过深层次的巩固和升华，以维持这种情感能量的持久性。公益广告对集体记忆的刻写与塑造将使一种高能量、永久性的情感符号得以延续传承，进而促使短期内凝聚起来的情感认同转化为个体和群体日常生活化的理念自为与习性自觉。一方面，公益广告作为集体记忆的塑造者之一，它对突发公共事件中所涉及的人、事物与事件的意义进行挖掘与构建，并通过对所涉及的图片、影像和人物等双重意指的符号进行组合编排，形成系统化的符号体系和修辞实践，在社会公众的心理和身体的双重参与下，完成对突发公共事件中集体记忆框架的塑造。同时，公益广告本身也将作为集体记忆的载体，让群体成员拥有共同的记忆蓝本，分享了相同的情感经历，这类社会记忆不仅反映了过去的历史，也能够预

---

① 刘吉昌、曾醒：《情感认同是铸牢中华民族共同体意识的核心要素》，《中南民族大学学报（人文社会科学版）》2020年第6期。

② 薛婷、陈浩、乐国安等：《社会认同对集体行动的作用：群体情绪与效能路径》，《心理学报》2013年第8期。

③ ［法］莫里斯·哈布瓦赫：《论集体记忆》，毕然，郭金华译，上海人民出版社2002年版。

④ ［法］莫里斯·哈布瓦赫：《论集体记忆》，毕然，郭金华译，上海人民出版社2002年版。

示人们未来遭遇相似情景时的反应方式。

在新冠疫情系列公益广告活动中，平面广告图文并茂，或严肃认真地普及疫情防护知识，展现疫情防控进展，或通过摄影、手绘动漫等多种形式，彰显人文关怀的细节，比如《人民日报》推出的"白衣天使""我不是医生"等海报，聚焦"战疫英雄"的艰辛瞬间，展现团结一心的精神风貌；视频公益广告图、文、声、画结合既在宏大叙事中彰显中国力量，又在微观叙述中凸显疫情防控中的生活细节，引发公众情感共鸣；互动公益广告则在创新与用户的互动体验中，加深公众对议题和思想的理解。多种广告形式和全媒体传播策略营造了万众一心、共同抗疫的"团结感"，加深了公众对国家力量的信任感，也深化了公众严于律己、履行公民职责的责任感和参与感。这一系列公益广告更是本次疫情的记录者和见证者，它潜移默化地改变着我们关于人与自然、人与社会的观念，勾勒出一幅幅同舟共济、攻克艰难的记忆蓝图，树立了负责任的政府、有温度的社会、有力量的国家形象。诚如习近平总书记在全国抗疫表彰大会上所言，"在这场同严重疫情的殊死较量中，中国人民和中华民族以敢于斗争、敢于胜利的大无畏气概，铸就了生命至上、举国同心、舍生忘死、尊重科学、命运与共的伟大抗疫精神"。这些都将镌刻于社会公众的记忆深处，为实现中华民族伟大复兴提供强大的精神力量。

（四）公众参与：事件意识、事件关注与事件行动

认知、态度和行为是影响公众参与的重要因素。[①]在社交媒体的加持下，公益广告情感动员的公众参与机制表现为公益广告在增强公众事件意识、扩大公众事件关注，并引发公众参与事件行动中的积极作用。作为一种信息传播活动，公益广告是社会公众及时获取相关信息的重要渠道之一，同时，公益广告情感化表达和传播方式触发公众情感共鸣，将有效增强其事件危机意识、责任意识和积极应对意识。所谓事件关注是指在我国法律法规允许的范围内，公众通过关注、转发、评论甚至参与创作公益广告作品，形成舆论态势，以影响突发公共事件的发展方向。事件行动表现

---

① 李春梅：《心理资本对公众参与认知、态度和行为的影响研究》，《学术论坛》2018 年第2 期。

为在公益广告的情感号召下，社会公众参与到促成公共事件解决的社会行动中，如积极规范自身行为、从事志愿服务、参与募捐等，最终使得突发公共事件朝着对社会、国家、民众都有利的方向发展。

中国传媒大学丁俊杰教授认为公益广告不能停留在形式和标语口号层面，也要讲求实效，让观众看后能够转化为行动。[①] 在新冠疫情中涌现出了一大批优秀的公益广告，这些公益广告作品皆引发了广泛的社会反响。例如，公益广告《向医护人员致敬》成为网络短视频平台的话题关键词，促使更多自媒体和网民的参与二次创作。漫画《全国美食为热干面加油》刷屏网络，新华社、《人民日报》、央视新闻、共青团中央等纷纷转发，获得了超 20 万网友点赞，众多网友将家乡美食拍成短视频为武汉热干面加油。在系列公益广告活动的号召下，以及在相关新闻报道宣传以及社交新媒体的支持下，无数普通人积极参与到这场"没有硝烟"的"战争"中，包括参与疫情防控宣传、协助落实应急管理措施、帮助物资采买与配送、为一线工作者提供包括交通运输、餐饮保障、家属照料在内的后勤保障服务、等等。

四、总结与反思

公益广告以各种象征符号和以小见大、对比衬托等艺术表现手法以及互动化、情感化的全媒体传播方式建构了一个具有柔性界面和弹性的话语空间，在反映社会价值取向、引导社会情绪和塑造群体行为等方面具有独特作用。在突发公共事件中，公益广告主要通过聚焦、脱域、共鸣和公众参与四种机制进行情感动员，从而实现对社会公众的情绪引导和情感再造，推动突发公共事件中诸多社会问题的解决。但公益广告的情感动员仅仅是突发公共事件中多种社会动员的方式和手段之一，其功能的发挥需要与新闻报道宣传、社交媒体话题引导等其他方式相组合才能更好地发挥其效力。同时，公益广告的情感动员亦是一把双刃剑，内容重复、风格雷同、流于形式化和口号化的公益广告将可能导致"墙纸效应"，难以打动

---

① 人民网：《抗击新冠肺炎疫情　公益广告关注公众利益》，https：∥baijiahao. baidu. com/s？id=1660004938175912277&wfr=spider&for=pc，浏览时间：2021 年 7 月 29 日。

人心。甚至，不合时宜的主题设置、过渡的情感渲染与在传播形式和方式上的选择不当都可能会引发社会公众的反感情绪，从而对公共事件中的社会动员产生不良影响。

公益广告在情感动员过程中的功能表现也决定了其具有参与社会治理的潜在力量。2019年，党的十九届四中全会《决定》提出"建设人人有责、人人尽责、人人享有的社会治理共同体"，为推进我国社会治理现代化指明了方向。提高社会治理现代化水平需要通过多种形式鼓励人民群众参与社会治理，激发群众建设社会治理共同体的内生动力，构建全民共建共治共享的社会治理格局。作为以社会公共利益为核心的情感动员方式和手段，公益广告将能在调动群众参与社会治理的过程中发挥着重要作用。未来公益广告的发展将需要有意识、有目的地将社会治理纳入价值目标范围内。在日常生活中与社会治理的相关手段相辅相成，形成德治与法治、自律与他律的有机结合，营造"人人有责、人人尽责、人人享有"的社会情感氛围；在突发公共事件来临之时，化被动应对为主动回应，在党中央的决策部署和统一指挥下，积极参与到突发公共事件中相关社会问题的治理中，统筹策划，针对突发公共事件的阶段性特征发挥其在情绪引导、情感再造、触发公众参与等方面的重要作用，使公益广告成为推动国家治理体系和治理能力现代化的重要方式和手段之一。

公益广告抑或广告公益

——公益传播的性质与逻辑解困

杨效宏*

公益广告是被界定为特定的广告方式而进行的非商业化目的的信息传播活动。无论现在如何理解公益广告，公益广告的发端都显示出基于一种明确的公众信息的传播，目的在于唤起公众对公共事务的了解与协助。目前中国学术界比较接受现有的观点，即认可"公益广告事业发端于 20 世纪 40 年代的美国。在第二次世界大战接近尾声时，战时广告委员会回顾了广告业为支援战争所做的贡献，强调战后公共服务广告（public service advertising）是一种好的生意（good business）……1986 年，贵阳电视台播出了《节约用水》电视广告，标志着我国公益广告事业的开端"。① 这种认同并不在于公益广告发端的时间节点，而在于认可公益广告这种形式表现出广告并不为某个具体的商业利益服务，而是为大众共同关注的社会问题服务，公众的、普遍性的、非某个具体组织的利益成为信息内容。因此，"1987 年 10 月 26 日，中国第一个电视公益广告栏目《广而告之》在中央电视台开播，该档栏目对受众的价值观和社会道德规范起到了很好的引领作用"。② 很显然公益广告起始并大力推进的目的，都在于利用广告这一大众化的传播形式进行公众的、普遍性的而非具体组织利益的信息传

* 杨效宏，四川大学文学与新闻学院教授，四川大学创意研究所所长。

① 初广志：《公共视角的公益广告概念：溯源、反思与重构》，《山西大学学报（哲学社会科学版）》2020 年第 5 期。

② 刘首兵：《我国公益广告发展的现状、问题与对策》，《中国电视》2021 年第 2 期。

播，以期唤起公众对社会公共利益的认知与协助，达到形成社会共识的目的。我国四十年的公益广告的实践，特别是制度化的强制性的推广，比如1996年起国家以"中华好风尚"等为主题接连开展公益广告月活动，并逐步形成长效机制。然而，虽然通过制度性推行在公益广告传播形式上有了保证，但也从另外一个角度反映出公益广告所发挥的作用并不理想。从管理层、实践层到学术层，似乎对于公益广告的认识越来越模糊，对于公益广告发挥其作用的不确定性判断越来越强烈。理论界对于公益广告认知的模糊性，也影响到公益广告实践过程中的某种不确定性，公益广告的性质与广告在公益传播方面的界线，也成为业界困惑或者已经成为需要进一步思考的问题。

一、形式与功能的规定性

可以说，学者初广志的《公共视角的公益广告概念：溯源、反思与重构》一文对于公益广告的质疑与重新进行的概念判定，明确提出了业界与理论界共同疑惑的有关公益广告的不确定性问题，将本来各自狐疑并私自探寻的话题引导到公众讨论的层面，促使对公益广告性质与功能进行重新审视。也就是说伴随着对公益广告的争议，应当讨论的是如何更加"公益"和如何排除"非公益"掺杂因素的问题，而初文不仅使问题的争议表面化，更直接地通过否定"公益"的概念将公益广告的不确定性确定化。初文认为："当前，大众对于'公共'这一概念不再陌生，对于'公共利益'的理解不断加深，对于参与解决社会问题的期待也日益迫切，重提'公共广告'概念适逢其时"。① 初文将公益广告的"公益"概念置换为"公共"概念，这看似是一个概念转换的现象性问题，实则提出了一个概念背后的逻辑问题，即公益广告之"公益"，其形式与功能的规定性是如何确定的？为什么这样确定？

正如前面提到的，公益广告这样一种称谓的广告形式出现，都是在普遍性地认可公益广告是为大众共同关注的社会问题而服务的，是服务于公

---

① 初广志：《公共视角的公益广告概念：溯源、反思与重构》，《山西大学学报（哲学社会科学版）》2020年第5期。

众的、普遍性的、而非某个具体组织的利益的信息内容。从这种普遍性的认知中，可以发现所谓公益广告规定性是以明确的"排他性"方式来实现的，即通过明确的与商业广告的区隔来实现公益广告的公共性利益。因此，不仅是在公益广告实践过程中刻意注意这种"排他性的区隔"，而且在理论的认识上不断地强化这种排他性认知。如有学者引述诸多公益广告论著时注意到："公益广告的确必须传播'对社会有益的社会观念而不是其他'"①"不去塑造商品的形象""不以营利为目的"，不仅要"不具备推销商品、劳务的内容"，②而且还要求里面出现的广告主必须是"非营利性"组织。若出现"营利性"组织，那广告会被程式化地解读为"塑造商品或企业的形象"，最终促进销售的"营利性"目标。③基于这种认知，学界甚至将这种排他性理念推广到极致，提出了"纯粹公益广告"的概念，邬盛根、姚曦就认为"公益广告纯粹性概念包含的两大假定是：一是公益即与商业性对立，并禁止私利对公益资源的占用；二是公益广告应该以公益为唯一的传播目的，即纯粹公益性"。④如此，公益广告在这一普遍性的认知基础上，在实践过程中实施着这样一种排他性的、看似比较纯粹的广告传播活动。

这样我们已经比较明确了公益广告规定其为公共利益的普遍性服务，这一规定性必然是以"排他性"的两个特征来体现的，即一是在功能上表现为对资本介入方式的排斥，二是在形式上对资本介入性主体的排斥。

广告是付费的一种信息传播活动，只有在确定的付费条件下广告传播效果才能够被证实。而公益广告借助于广告传播这一形式的原因也是看重广告对于大众传播的效果——能够更广泛地、更有效地服务于公共利益的信息。事实上，任何一项广告活动——包括公益广告——都需要资本的介入，这种资本介入既有货币资本、生产资本，也有商品资本等资本方式。广告活动实现的过程实际上就是货币、生产和商品三种资本形式介入所产生共振效果的过程，货币和生产资本保证了广告的创意制作的实现，而商品资本（大多数时候表现为媒介资源）保障广告传播的实现。而公益广告

---

① 张明新：《公益广告的奥秘》，广东经济出版社 2003 年版。
② 潘泽宏：《公益广告导论》，中国广播电视出版社 2001 年版。
③ 饶广祥：《公益广告的公与私：一个符号学的观点》，《重庆广播电视大学学报》2019 年第 3 期。
④ 邬盛根、姚曦：《我国公益广告的纯粹性研究》，《中国地质大学学报》2011 年第 6 期。

则被确认为"是不以营利为目的为社会提供免费服务的广告活动"时，[①]
免费服务与广告活动中的资本介入是完全冲突和相互排斥的。但在任何一
项经济行为过程中没有免费的"项目"，也不可能轻易达到"营利"的目
的，如此就造成了公益广告在实践过程中操作的困难与理论认知上的模
糊。所以，现在的公益广告在实际操作过程中模糊了包括货币和商品等资
本介入形式的性质，强制性地认为这些资本的介入是公益性的"免费"使
用，而在理论上勉强地认同这些资本是为公共利益服务的，因此是非商业
性的，从而达到在"概念上的"对资本介入形式进行排斥的目的。

　　为了达到在"概念上的"对资本介入的模糊，现行的公益广告活动力
求在形式上排斥"商业性组织"主体的介入，而且是以排斥商业主体出现
于广告发布或者是制止在发布的广告上出现商业主体的任何形式的标注方
式。"公益广告文本不含商业性信息，具体是指在公益广告文本中，不含有
以营利为目的的信息，包括企业冠名、商品或商标形象、隐性商业信息等，
这是公益广告文本纯粹性的核心特征"。[②] 这种观点基本形成了对公益广告
形式纯粹性的一种共识，即认为在形式上不能有任何包括企业冠名、商品
或商标形象以及隐性商业信息的出现。现有的公益广告的这种纯粹性认识
的目的无非就是从形式逻辑中排斥商业主体出现在公益广告发布的过程
中，达到避免受众受到商业信息的干扰而影响公益广告服务公共利益的传
播效果。事实上，正如在上文中所分析的，任何形式的广告一定有付费的
主体存在，广告活动是为特定的传播主体服务的。公益广告从策划、设计
到组织、传播，必然地存在着一个特定的传播主体。"公益广告反映着社
会的公共利益，从根本上来说，其背后的直接支撑力量应该是整体社会公
众，既包括社会个人，也包括团体、企业等各种组织机构"。[③] 这样一来，
公益广告就被认为有一个具有共同目的，但身份角色不确定的主体，这个
主体既可能是政府相关组织或社会团体，也可能是某个以慈善公益方式出
现的企业。实际上，公益广告为了排斥商业性组织介入到公益广告传播过
程中，在公益广告主体这个问题上显示出矛盾与复杂的认知——要么坚持

　　① 刘建明、王泰玄等：《宣传舆论学大辞典》，经济日报出版社 1993 年版。
　　② 邬盛根、姚曦：《我国公益广告的纯粹性研究》，《中国地质大学学报》2011 年第 6 期。
　　③ 倪宁、雷蕾：《公益广告独立性发展及制约因素分析》，《现代传播（中国传媒大学学
报）》2013 年第 5 期。

认为公益广告的主体只能是政府相关组织或社会公益团体，要么又会勉强地认为商业组织可以通过赞助社会团体的方式介入公益广告活动，但不能出现其商业身份。这样一种排他的规定性，既模糊了公益广告主体的身份，也影响了公益广告主体作用的发挥，一定程度上是阻碍公益广告健康发展的主要因素。

二、"规定性"的逻辑困境

公益广告出身的这一"规定性"，在保障其公益性质的纯粹性过程中，虽然既保证了公益广告与广告在功能与价值方面的区别，但也影响并延缓公益广告作用的发挥。

就我国来看，鼓励并推行包括大众媒体在内的社会组织传播公益广告，不可谓不使出"蛮荒之力"。从 1987 年 10 月 26 日中国第一个电视公益广告栏目《广而告之》在中央电视台开播以来，通过政策性指导推动公益广告的传播成为一种常态。"1997 年，中共中央宣传部、国家工商行政管理局、广播电影电视部、新闻出版署联合发出的《关于做好公益广告宣传的通知》规定，电视公益广告中出现的企业名称或企业标识时间不得超过 5 秒，标准面积不超过电视广告画面的 1/5"。[①] 2016 年 2 月，国家工商总局在《公益广告促进和管理暂行办法》中规定：政府网站、新闻网站、经营性网站等应当每天在网站、客户端以及核心产品的显著位置宣传展示公益广告；广播电台、电视台按照新闻出版广电部门的规定条（次），在每套节目每日播出公益广告；中央主要报纸每月刊登公益广告总量不少于规定的数量。在政策导引下，形成了公益广告在基本面较为完善的传播状态，如"电视和广播方面，本年度共抽查电视频道 153 个、广播频率 165 个，其中播放公益广告的电视、广播媒体分别为 150 个和 164 个，公益广告播放率分别为 98.04％和 99.39％，略低于 2019 年水平。从平均每天每家媒体播放公益广告条次数看，2019 年电视媒体为 40.35 条次/频道/天，广播媒体为 27.5 条次/频率/天，2020 年分别为 39.22 条次/频道/天和 29 条

---

① 倪宁、雷蕾：《公益广告独立性发展及制约因素分析》，《现代传播（中国传媒大学学报）》2013 年第 5 期。

次/频率/天，两年情况基本持平。报纸媒体方面，全年共抽查报纸 106 种，其中 78 种报纸刊登了公益广告，刊登率为 73.58％。从平均每 30 天每种报纸公益广告刊登数量看，2019 年为 3.15 条次/种/30 天，2020 年为 8.22 条次/种/30 天，同比增长 160.95％。互联网站方面，全年共抽查互联网站 176 家，其中 17 家发布了公益广告，发布率仅为 9.66％，与传统媒体差距明显。从平均每 7 天每家互联网站公益广告发布数量看，2019 年为 0.43 条次/家/7 天，2020 年为 3.64 条次/家/7 天，同比增长 746.51％"。[1]

　　从国家市场监管局的数据报告可以看出，传播媒体在公益广告的传播频次上达到了一定的数量，基本保障了每天都有多频次的公益广告传播。此外，公益广告活动已经在传播形式上形成了较为完整的系统。这个系统既有面的覆盖，即传统的四大媒体：报刊、广播和电视，并注重在互联网渠道的分布，也有了对于频率的、节奏的把控，即在时间分配上注意覆盖受众的接触时间点。因此，通过时空综合层面的布控，力求达到信息传播的有效传达。同时在国家市场监管局发布的数据中发现，对公益广告信息传播的布控也尽可能地利用了媒体各自的功能特点，充分发挥不同媒体优势来促进公益广告效果的实现。如图 1 所示，公益广告主题在报刊、广播和电视媒体上的呈现主题，反映出平面媒体、听觉媒体与视觉媒体在主题

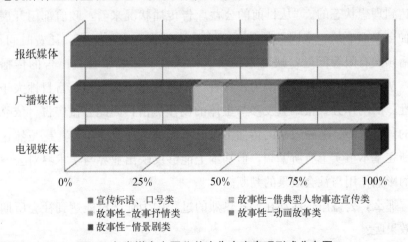

图1　各类媒介主题公益广告内容表现形式分布图

①　国家市场监督管理总局广告监督管理司：《部分传统媒体和互联网媒介公益广告发布情况抽查报告（2020 年度）》，中国质量新闻网（cqn. com. cn），2021 年 7 月查阅。

呈现方式上的差别，也是尽可能发挥不同的媒体功能来达到公益广告的影响效果。

如果仅观察和考量公益广告活动的现象层面，可以说它反映出某种热烈而蓬勃的景象。公益广告在媒介的各个路径当中无论是时间节点还是在发布的类型，都形成了事实上的系统性。但如果我们仔细观察，会发现不管是相关的管理机构，还是发布公益广告的媒体机构，乃至于学术界对公益广告的研究，都没有完全地认可公益广告产生了应该产生的影响作用与社会效果。

公益广告的效果测定目前没有较为确定的方法，但这并不影响社会对目前公益广告传播效果的评价。现在较为常见的方法是通过评定公益广告奖项来评测公益广告的效果，如"公益广告荣获国内外重要奖项。《等·到》获得 2017 年纽约国际广告节公益类作品广告奖；《我是谁》《灯谜篇》《今天我们这样爱国》分别获得国家新闻出版广电总局 2016 年电视类公益广告扶持项目一类、二类、三类奖项"。[①] 这类评定确认了公益广告传播内容的优质性，但似乎并不能完全等同于传播效果的可行性。虽然我们不能完全确认社会各界对公益广告效果存在一定程度的不满意，但学术界基本认识到公益广告的表象繁荣，并不能说明日前的公益广告活动的社会效果是达到理想状态的。"从目前的公益广告传播状况来看，政府部门开展的这种自上而下的、全国性的传播存在公众模糊、表现平庸、耗费时间长、传播频次有限等问题，缺乏系统性、持久性，影响了公益广告的传播效果，从而很难产生社会影响力。这种'指令性多于自发性，盲目性大于计划性'的动作方式很难激发参与主体的创作热情，因此公益广告'依靠传统的只管宣传、忽视效果的传播手段已不能满足社会的需要"。[②] 虽然这个判断在基本事实上有所偏颇，但基本上能够反映出业界与学术界对公益广告的影响作用与社会效果的判断。

那么，公益广告活动在形式热烈的过程中为什么没能达到社会所期待的效果呢？

---

① 央视网：《央视公益广告制播力度大效果好彰显文化自信》，http://www.cctv.com/2017/08/22/ARTICBu31ZN7P21X5SK60eBo170822.shtml，浏览时间：2017 年 08 月 22 日。

② 王佳炜、初广志：《新时期我国公益广告动作模式的重构》，《广告大观（理论版）》2017年第 5 期。

　　如果追根溯源的话，其问题产生于公益广告性质的"规定性"因素。这一规定性的两个核心因素就是既排斥资本的任何形式的介入并进而排斥有商业性质的主体介入，而这种排斥实际上影响并制约了公益广告活动的充分的、合理的开展。因为，没有商业主体的介入，一定程度上影响社会商业机构介入公益广告活动的意愿，而资本被排斥于公益广告活动之外，则明显地限制了公益广告活动的动能。

　　因此，我们发现公益广告形式逻辑出现了背离的状况——公益广告为了性质的纯粹性，或者说为了保障服务于公众普遍性利益的纯洁性，规定不允许任何形式的有"利益诉求"的商业性质的主体和其资本介入到公益广告活动，特别是可能被受众辨识的活动形式当中。而公益广告活动的展开又必然地需要某种主体形式的存在，活动从开展到完成都需要一定的资金支持，甚至某种程度上公益广告效果的实现也需要一定资本形式的资助。如此，一个社会需要的传播活动就产生这样一个逻辑背离的状况：公益广告要制作并完成传播，但公益广告不能有商业性质的费用（既要马儿跑，又要马儿不吃草）。

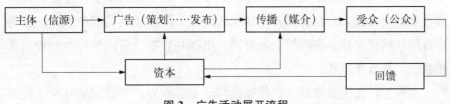

图 2　广告活动展开流程

　　一个正常的商业广告的活动展开方式是从传播主体的介入到广告制作完成并通过媒介传播到受众，最终通过受众获取信息之后购买广告产品而结束（见图 2）。这个过程中的前三个阶段：广告主介入、广告制作发布、媒介传播，每个阶段都或多或少地需要一定资本形式的介入才能够实现。最后阶段的消费者购买广告产品实质上是广告信息转换为市场营销功能而获取的资本投入的利润回报过程。一个较为理想的、完整的广告活动是四个阶段的互相融合、相互作用并形成完整的闭环过程，缺失四个阶段中的任何一环，广告活动的完整性就会受到损害并最终影响广告效果的实现。

　　然而，按照公益广告规定性的逻辑，广告活动展开流程就变成这样：

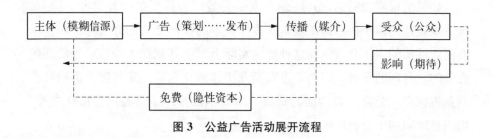

图3 公益广告活动展开流程

在图3中，上半部分的流程与商业广告基本一致，除主体具有模糊性或具体身份不确定性之外。而下半部分的结构就与商业广告流程完全相左，一般以免费的形式（实际上以相对隐性的资本形式）出现，以此来排斥一切形式的商业性因素的介入。因此，我们用虚线来表示这种"形虚而内实"的状况，而正是这种"形虚而内实"的不确定性导致了广告效果的不确定性，我们也用虚线来反映这一情况，并将最终效果表述为一种被期待的结果，而不是像商业广告那样确定的被能够具体证实的效果。由此我们能够发现，制约并影响着公益广告传播效果的不是制作不佳、或者是传播不好，或者说是受众反响不强等表面原因，其根本因素实际上是公益广告性质的规定性，它在保障其纯粹性的前提下限制了其功能的发挥。公益广告原初的规定性存在逻辑上的背离，限制并影响公益广告作为一种信息传播活动的有效展开。

实际上，无论是管理者、传播机构还是学术界，都意识到并承认公益广告的这一身份规定性对公益广告活动产生的"制约性影响"。但受制于既有的、或者说"约定俗成"的因素，不愿意从根本上来否定公益广告这一先天的身份规定性，从而使公益广告在其逻辑背离状态下很难产生更有效的作用。

三、广告的公益性与公益广告

近年来探讨公益广告的合理性以及如何更好地发挥广告传播社会公益价值作用的议题越来越热烈，这既是公益广告如何更好地实践的现实性问题，也是提高对公益广告认知的理论性问题。实际上我们注意到有关方面已经开始着手解决公益广告规定性所产生的背离结果，如"为了解决经费短缺的问题，1994 年，中央电视台开始在公益广告的片尾，打上赞助企业的名称和 LOGO。这样的结合方式解决了经费紧张的问题，同时在企业看来也有助于企业形象和品牌的建立。之后，公益广告的数量逐年增多，而其中的商业元素也越来越多，浸入得也越来越深"。① 很显然，在具体的实践操作过程中，公益广告规定性所造成的逻辑背离，实际上也导致了公益广告活动过程中的"缺血现象"，影响并制约公益广告的正常运作与实施。因此，在具体的实践中不得不跳出这一逻辑的困境，以在发布形式上展现企业名称与 LOGO 的变通方式吸引资本的介入。事实上，这一做法是与现存的公益广告的理念和其性质的规定性相左的。因此，1997 年，中共中央宣传部、国家工商行政管理局、广播电影电视部、新闻出版署联合发出的《关于做好公益广告宣传的通知》规定，电视公益广告中出现的企业名称或企业标识时间不得超过 5 秒，标准面积不超过电视广告画面的 1/5。这一规定是对公益广告存在越来越明显的过度商业化倾向的一种抑制，也反映出从管理层与实践层在公益广告理论的认同上日益出现了裂痕。

公益广告出现认知上的不同，反映出来的是公益广告先天性的身份规定性在不断实践过程中与现实脱节的、与实践运作不相符的矛盾性困境。无论是中外理论界在观念界定方面如何明晰其概念的确定性，如"通过查阅 PROQUEST、EBSCO、journal of advertising research、journal of advertising 等国外文献数据库，收集了近百篇国外公益广告的学术论文，发现国外的文献研究中对于公益广告的概念界定非常清晰——统称为 PSA（public service advertising 或 public service announcement），即将公益广告作为公共服务广告来进行定位"，② 还是实践过程中对商业资本介入的刻意防范，都制约了公益广告的正常发展，并阻碍了公益广告在媒介日益革新化后的新环境中发挥更有利的作用。

"公益广告的最终目的不外乎是促进社会进步，而不该去计较是否具有了商业意图，如果能在实现商业意图的过程中也促进了社会进步，这不是多赢吗？何必舍本求末呢？当然，为了和世界接轨，公益广告应该是明确

① 倪宁、雷蕾：《公益广告独立性发展及制约因素分析》，《现代传播（中国传媒大学学报）》2013 年第 5 期。

② 陈丽娜：《公益广告的认知演化进程：从宣传、观念营销到公共传播——公益广告国内外研究综述》，《广告大观（理论版）》2013 年第 10 期。

的非营利性的,而成立多方力量共建的公益广告组织也是前进的目标,所以,我们需要新的概念来界定和推进我国的公益广告活动,我们不妨称之为'商业性公益广告'或'社会性营销传播'。"① 因此要改变公益广告的困局,就必须打破公益广告规定性中对商业资本排他性限制。要破解公益广告规定性的逻辑困境,就应该对社会公共利益的理解重新界定,而不是一味地、刻板地认为公共利益就是抽象的、笼统的、非个性化的。

因此,公益广告所处的环境,无论是宏观还是微观方面,都发生了根本性的改变。相对于公益广告的发轫时期的环境,有如下的变化:

1. 社会环境与利益关系已经改变

社会发展不仅在经济方式、政治理念等方面有所改变,并促进人们的社会意识也发生了变化,人与人的关系、人与社会的关系以及人的生存观念等都有所变化。特别是在中国快速的经济发展与社会变革后,公益广告的社会环境完全改变。与公益广告相关的市场经济与消费方式,改变非常明显,"市场化改革 40 多年间,我国民间社会组织的种类和数量大幅增长,已有研究表明,社会组织进入了新的历史阶段,各类社会组织在提供社会服务、重构国家与社会关系等方面发挥重要作用。……十一届三中全会后,根据现实发展的必然要求,我国逐步开始了由计划经济体制向社会主义市场经济体制转型的过程,国家完全控制社会资源的再分配制度逐渐让位于市场"。② 这种社会结构的变化,正在深刻地影响人们的社会关系及利益分配方式——通过市场的调解来平衡个体与公共之间的利益关系和利益分配方式成为主要的社会形式。

2. 个体与公共的利益关系被重新界定

社会关系与社会利益的变革,既是社会认知与社会实践互动所造成的结果,也反过来影响人们对变革社会的再理解。"无论是在资本主义制度下还是在社会主义制度下,社会转型必然伴之以相应的观念的变更,后者有时同样可能具有转折性意义"。③ 观念的变革促使社会重新理解个体与公共的关系,不再单一地、简单地割裂个体与公共,而是从互动的、融合的

---

① 黄升民:《"中国公益广告"问题之辨析》,《广告大观(综合版)》2007 年第 5 期。
② 任丹怡、刘溯:《替代性结构:转型中的社会组织与社会结构——当代中国社会结构变迁分析》,《现代管理科学》2019 年第 1 期。
③ 刘放桐:《社会转型与观念变更——从西方近现代社会转型和哲学转型说开去》,《中国浦东干部学院学报》2021 年第 3 期。

过程中认识个体与公共，个人与社会的关系。"让'公共'重新找回其个体的根基。毕竟，宏观是由微观构成的；'公共'不是抽象的，而是由一个个实实在在的个体构成的。既然公共是由个体构成的，公共利益也是个人利益的某种组合，并最终体现于个人利益"。① 如此，公共利益与个体利益并不冲突，只是利益关系与形式有所区别而已。把公共利益与个体利益对立化、绝对化，既不能保障各自利益的公平实现，同时也造成个体与公共关系的对立，并不利于社会公共利益的合理实现。

　　3. 社会传播形式有了根本的改变

　　公益广告作为一种传播方式，所面临的最巨大的、最直接的变化是媒体方式的变革。媒体方式在数字技术的加持下，无论是传播方式还是传播功能，无论是传播路径还传播效果，都经历了前所未有的革命性的改变，已经形成了智能化的媒介形态。智能移动技术对媒介信息传播的影响作用越来越明显，不仅使媒介固有的边界越来越模糊，原有的固态媒体与移动媒体、空间媒体与介质媒体、组织媒体与个人媒体的媒体界线处于消解与融合的状态之中，并促使媒介信息的传播方式形成多元、循环、散射且不确定的特点。因此，"公益广告发展的根本原因是中国社会的转型。在原有的体制下，中国社会的主要传播形式是组织传播，媒体只是组织传播的辅助形式。而目前在一个充分市场传播背景下，中国社会的主要传播形式已经变为大众传播、政治传播与公共传播，要产生效果，必须依赖大众传播，于是公益广告就成为一种最有效的工具。……应该强调的是，公益广告实质上是公共传播的一种形式，因而从公共传播的角度，可以更好地厘清公益广告发展存在的一些问题"。②

　　所以，公益广告要发挥其应有的作用，既要有其改变自身的内在动因，也要适应已经改变了的社会环境和传播环境。那么，公益广告的改变就不能仅仅是概念上的修正或者是某种尺度上的放松，比如将公益广告修正为"公共广告"，或者部分地、隐秘地允许一些商业方式介入。而是应该破除公益广告在其性质上的规定性，将排斥商业机构与资本方式这种固有观念打破，无论在功能和形式上不再固守公益广告与广告的边界，认可

---

　　①　张千帆：《"公共利益"是什么？——社会功利主义的定义及其宪法上的局限性》，《法学论坛》2005 年第 1 期。

　　②　陈刚：《公共传播与公益广告》，《广告大观（综合版）》2005 年第 4 期。

资本通过广告传播的途径既能够获取企业的商业利益，同时也能够服务于社会公共利益的双赢效果。"社会营销是一种运用商业营销手段达到社会公益目的，或者运用社会公益价值推广商业服务的解决方案。菲利普·科特勒等人的社会营销理念，将公益广告与商业广告之间的距离拉得更近，认为不仅公益广告事业可以借用商业领域的营销学理论工具，而且企业也可以借助公益价值推广企业形象、促进产品的销售"。[①] 应该看到，公益广告如果破除其刻板的规定性，是其破茧成蝶的关键。

四、结语

公益广告解决其逻辑困境的关键在于打破其固有的、排他的规定性。破除对于商业资本刻板的排斥，公益广告不仅解放束缚自身的逻辑困境和观念困扰，更为重要的是破除公益广告与商业广告之间人为设置的隔阂性边界，将公益广告认同是广告为特定目标服务的传播形式。同时，也不排斥广告通过商业价值的获得而达到服务于公共利益的目的。现在无论是"商业性公益广告""社会性营销传播"的称谓，还是认可公益广告的实质就是"公共传播的一种形式"，都是从实践经验与理论认知上确定公益广告与商业广告在为大众共同关注的社会问题服务方面是一致的。其区别在于公益广告是直接地、具象地服务于某个特定的大众利益或公共价值，而广告则是间接地、泛化地，甚至可能是隐晦地传达某种社会利益。

事实上，广告服务社会公益传播公共价值的实践事例越来越多，通过传播社会公益而实现商业价值不仅是一种市场营销的手段，也已经逐步形成了企业经营理念和企业文化。正如我们上文提到的社会在经济、公共关系以及传播生态的改变，社会的价值观、财富观以及利益分配意识都在重新建构，社会整体环境需要商业组织承担更多的社会义务。同时，越来越多的企业在渡过了创业的发展阶段，进入成熟的成长阶段后，更多地意识到企业应负的社会义务以及应该承担服务于公共利益的职责。因此，商业机构在资助公益广告的同时，也通过商业广告的方式达到企业服务于公共

---

① 倪宁、雷蕾：《公益广告独立性发展及制约因素分析》，《现代传播（中国传媒大学学报）》2013 年第 5 期。

利益的目的。如获得多项奖励的《后浪》，是网站哔哩哔哩（bilibili）于 2020 年 5 月 3 日（五四青年节前夕）推出的广告片。数据显示该片获得了 2 562.2 万次播放量，27.3 万条弹幕，156.9 万次点赞，102.9 万次转发，同时官方媒体"新闻联播"、《光明日报》等播出和刊登了相关信息。这是商业机构在社会公共利益与商业利益共赢的典型案例。另外还注意到，鸿星尔克企业向河南水灾提供捐助之后，大众通过线上线下等多种渠道购买鸿星尔克的产品来支持企业发展，使社会公共利益在大众与企业之间形成了良性的互动。

因此，公益广告不是概念变换的问题，而是形式逻辑是否合理的问题。在社会关系良性互动的整体生态环境中，社会公益成为社会大众共同性的义务。所以，公益广告与广告公益只是在形式上的区别和功能上的不同，而如何利用好在数字技术革新后的广告这一传播路径，更合理地服务于社会公共利益，应当是根本所在。

集体记忆视域下的
公益广告传播研究

——以公益广告《不朽的丰碑》为例

洪艰勤　陈辉兴[*]

2017 年 12 月 13 日，是南京大屠杀 80 周年纪念日，也是我国第四个南京大屠杀死难者国家公祭日。南京大屠杀是侵华日军在抗日战争期间制造的骇人听闻的惨案。在这个特殊的日子，基于 LBS（地理位置服务）技术，由盛世长城国际广告公司倾力打造的关注抗战老兵的公益广告《不朽的丰碑》，在南京、北京、上海、广州、深圳、成都、重庆等 15 个城市的微信朋友圈和腾讯 QQ 空间两个社交平台同时上线。这则公益广告还荣获腾讯"我是创益人"2017 公益广告大赛年度全场大奖，同时也获得了《人民日报》、澎湃新闻等主流媒体和钛媒体、CM 公益传播等众多自媒体的撰文肯定。公益广告《不朽的丰碑》聚焦于全国三十座城市里的三十个建筑背后的三十位老兵的感人的抗战故事，通过视频和 H5 的展示和传播，呼吁国人致敬和关注日渐衰老的抗战老兵。在赞叹新技术的快速发展及其应用使得公益广告传播不再曲高和寡的同时，我们不禁思索：在新媒体环境下，技术如何向善？依托于社交媒体平台的技术力量所进行的公益广告传播如何建构公众关于抗日战争的集体记忆？

* 洪艰勤，华侨大学文学院国际文化传播专业硕士研究生。陈辉兴，华侨大学性别与传媒研究中心主任、硕士生导师。

一、集体记忆与公益广告传播相互借力

集体记忆（collective memory），是一种社会性的行为，也是社会认同塑造的重要力量和代际传承的重要中介，在捍卫权利的合法性和统治秩序中扮演着重要角色。这一概念最早由法国著名社会学家莫里斯·哈布瓦赫（Maurice Halbwachs）于 1925 年在其所写的《论集体记忆》一书中提出。他认为："一个特定社会群体之成员共享往事的过程和结果"即为"集体记忆""保证集体记忆传承的条件是社会交往及群体意识需要提取该记忆的延续性"。[①] 换言之，集体记忆意味着"社群成员的共享记忆"，[②] 是"对历史和纪念象征的过去事件的一种表征"，[③] 更是一个随着时间推移而持续不断的协商过程。[④]

从 1931 年"九一八事变"爆发到 1945 年日本宣布无条件投降，中华民族对于这十四年抗日战争的集体记忆的建构，是一种基于当下、具有主体能动性的传播活动。战争是历史的一种鲜明的"记忆符号"，中国向来是一个"重史"的国度，对于抗日战争的集体记忆的传承是增强中华民族的民族认同感和民族凝聚力、实现中华民族伟大复兴的重要推动力。抗日战争是中国近代史的转折点，抗战的胜利意味着中华民族近代受列强欺凌的屈辱史的终结，这是一个充满曲折与血泪、爱国情怀和革命信念，并最终获得胜利的集体记忆。曾经，由于全球社会政治经济局势、外交关系和社会意识形态等因素，从抗日战争胜利后到中华人民共和国建国之初，"南京大屠杀"遭遇了第二次世界大战中"被遗忘的大浩劫"的集体记忆困境，[⑤] 直到 20 世纪 80 年代才重返公众视野。"忘记屠

---

① ［法］莫里斯·哈布瓦赫：《论集体记忆》，毕然、郭金华译，上海人民出版社 2002 年版。
② E. Zerubavel, *Time Maps: Collective Memory and the Social Shape of the Past*, Chicago: University of Chicago Press, 2003.
③ Schwartzb, *Abraham Lincoln and the forge of national memory*, Chicago: University of Chicago Press, 2002.
④ Jeffrey K. Olick, Daniel Levy, "Collective Memory and Cultural Constraint: Holocaust Myth and Rationality in German Politics", *American Sociological Review*, 1997, 62 (6), pp.921-936.
⑤ ［美］张纯如：《南京大屠杀：第二次世界大战中被遗忘的大浩劫》，谭春霞、焦国林译，中信出版社 2015 年版。

杀，就是第二次屠杀"，① 为了防止集体记忆的断裂，抗日战争的集体记忆建构一直在不断地进行。

在现代社会中，大众传播媒体已经发展成了重要的集体记忆机构。而且伴随着媒介技术的不断进步和媒介全球化的发展，进行媒体记忆的书写和传播实践的主体已经从报纸期刊、新闻摄影以及电视节目等传统媒体延展到各类自媒体、社会化媒体等新兴的媒体。"媒体记忆不仅是历史的草稿，还扮演'公共历史学家'的角色"。② 媒体建构的集体记忆是基于不同社会场景的记忆产物和记忆实践。依托于社交媒体平台的技术力量，公益广告《不朽的丰碑》所进行的传播活动，实现了与抗日战争的集体记忆的相互借力。一方面，公益广告《不朽的丰碑》的广泛传播唤醒了公众关于抗日战争的集体记忆，使集体记忆得以传承，增强了社会认同；另一方面，抗日战争的集体记忆成了公益广告《不朽的丰碑》的情感诉求点，扩大了公益广告传播所需要的"共通的意义空间"，激发了受众的情感共鸣，促进了公益广告的有效传播。

（一）场景复现：以抗战老兵为载体的记忆传承

作为历史的亲历者和见证者，抗战老兵是抗日战争的集体记忆的真实承载者。公益广告《不朽的丰碑》通过视频和 H5，向受众展示了各个城市建筑区域战时和现今的对比，以纪录片的拍摄手法讲述了来自三十座不同城市的三十位老兵的抗战故事，通过老兵们的亲身经历和采访自述内容，使得抗日战争场景的记忆复现。

在公益广告《不朽的丰碑》中，老兵们的顽强抗战的英雄事迹是抗日战争的集体记忆的重要呈现。92 岁的老兵廖俊义，在抗战期间驻守成都，参加过长沙第三次会战，曾炸毁日军的兵站仓库；98 岁的老兵段存钦，在青岛游击抗战期间，从日本人手中解救出青保队军需物资负责人，在为日本海军开车过程中，打探到日军机密情报，上报中央，协助我军重创日军；101 岁的老兵王建华，曾与敌军轰炸的弹坑半米之隔，也曾在 9 架敌

---

① ［美］张纯如：《南京大屠杀：第二次世界大战中被遗忘的大浩劫》，谭春霞、焦国林译，中信出版社 2015 年版。

② 李红涛：《昨天的历史　今天的新闻——媒体记忆、集体认同与文化权威》，《当代传播》2013 年第 5 期。

机并排飞行的情况下脱险……除了这些英雄事迹的展现，采访视频里还着重突出老兵们对当年战争悲壮惨烈的场面的复述。譬如，95 岁老兵蔡腾芳口述，曾亲眼目睹整个连进攻后只幸存 8 人的悲壮场面；98 岁的老兵钟志仁自称"稀有动物"，因为自己是当年从上海到浦东参军的八九百人里活下来的五六个人中的一个；100 岁的胡宗藩不断地用"轰隆隆"的声响描述自身亲历的重庆大轰炸。除此之外，在公益广告《不朽的丰碑》的视频和 H5 中，也对抗战老兵的年龄和人数进行了详细的统计，用数据证实集体记忆：现存老兵只有 6 400 余人，平均年龄高达 95 岁，仅 2016 年就有 830 余人离世，意味着 5 至 10 年后，这群当年投身抗战一线的人，将有可能永远地离开我们。

英雄事迹的呈现，构建了渗透团结统一、勤劳勇敢、自强不息、捍卫国家统一的民族精神的抗战集体记忆。而老兵对战争场面的亲口讲述，则表达了对战争的控诉和对和平的呼吁，使得集体记忆的传承意义得到升华。由抗战老兵的年龄和人数所构成的详细数据则进一步增强了集体记忆的真实性，从而推动集体记忆的构建。由此观之，公益广告《不朽的丰碑》以抗战老兵为载体进行集体记忆的场景复现，促进了集体记忆的传承，包含了共有的价值体系和行为标准，也充分展现了集体记忆的功能性特点，是增强民族认同和国家认同的一种体现。在这里，公益广告传播向集体记忆成功借力。

（二）时空虚化：公益广告传播的虚实记忆场所

"记忆场所"包括两种：一种是熟悉的实地环境，即由街道、房子等建筑物和花、草、树木等实景构成的环境；一种是象征化的场所，即通过象征的过程如举行纪念仪式、公证契约、庆典活动来唤醒记忆的场所。[①] 公益广告《不朽的丰碑》的传播范围涉及南京、北京、上海、广州、深圳、成都、重庆等 15 个城市，这些城市是抗日战争的象征化的记忆场所。公益广告《不朽的丰碑》呼吁这 15 座城市里的人们举行敬礼仪式，通过 H5 上传的敬礼照片，表达对抗战老兵的敬意和对历史的缅怀，此时它创造了"H5"这种虚拟空间的记忆场所。除此之外，它还在公益广告内容里创造

---

① ［法］莫里斯·哈布瓦赫：《论集体记忆》，毕然、郭金华译，上海人民出版社 2002 年版。

了"虚拟记忆场所",即通过视频和 H5 展示汕头、柳州、宜昌、腾冲等 30 座城市里各个城市的地标性建筑区域的战时与现今对比,颠覆时空,使抗日战争的集体记忆得以"穿越时空",把"历史"记忆搬到"现实"舞台。

在公益广告《不朽的丰碑》里,虚拟记忆场所是一个贯穿古今的生活和交往场域。"上海"这个虚拟记忆场所的地标性建筑区域是苏州河沿岸,80 年前淞沪会战爆发,敌我双方在苏州河两岸枪炮轰鸣、血满苏州河的黑白影像,与如今苏州河作为高楼林立的国际化大都市的水域框架的繁华景象,形成醒目对比;"深圳"虚拟记忆场所里,1945 年蔡屋围还只是一个 100 多户人家的闭塞小村落,如今蜕变成为矗立着深圳地王大厦、京基等地标性建筑的金融商业的核心区域;"洛阳"虚拟记忆场所里,丽景门如今是中外游客及当地市民购物的重要商业中心,已看不到战争时期城楼被炸塌半边的废墟痕迹。通过虚拟记忆场所的今昔对比,抗战的集体记忆得以凸显,并深入人心。

记忆场所既是保留集体记忆的地方,同时也是繁衍集体记忆的地方。得益于媒介技术的快速发展和有效应用,公益广告《不朽的丰碑》在构建抗日战争的集体记忆中,创造了虚拟空间的记忆场所和"虚拟记忆场所"两种"时空虚化"的记忆场所。一方面,它把人们从现实局限的空间里解放出来,实现随时随地发声,为抗日战争的集体记忆的书写创造了聚集的场所。另一方面,它让抗日战争的集体记忆更具地理上的接近性,使集体记忆更能深入人心。在这个层面,集体记忆向公益广告传播成功借力。

（三）社交赋能：公益广告传播中集体记忆的仪式化实践

在传播的"仪式观"的视域里,传播是一个符号与意义相互交织的系统,而传播的过程是各种有意义的文化符号被创造、理解或使用的社会过程,这个过程是分享文化的一种仪式。① 相对于传播的"传递观"强调的通过信息简单的空间位移以达到对人的控制而言,传播的"仪式观"更加

---

① ［美］詹姆斯·W·凯瑞:《作为文化的传播——媒介与社会的论文集》,丁未译,华夏出版社 2005 年版。

注重共享表征及打破时空障碍来维系社会情感，即"建构并维系一个有秩序、有意义、能够用来支配和容纳人类行为的文化世界"。① 公益广告《不朽的丰碑》采用"视频＋H5"的社交广告传播形式，将抗战的集体记忆"包装"成一种适合社交媒体表达、基于受众共同参与的传播形式，借助社交赋能的"东风"呼吁受众"捐款"或"捐照"，这就如同现实仪式纪念活动的媒介展演与集体狂欢的虚拟化同构。

　　在公益广告《不朽的丰碑》中，集体记忆借助社交赋能所进行的仪式化实践，可以从以下三个方面对其进行分析。首先，是仪式化的时间。盖内普认为，仪式的日子是与"最引人注目的圣时事件"紧密联系的，其选择具有必然性。② 这次公益广告活动选择进行的时间，是国家公祭日这个具有历年再现仪式的"合法性"的特殊日子。③ 在这种历年再现仪式的日子里，抗日战争或南京大屠杀的集体记忆不断被重现，它如同周期性仪式的举行，受众发现自己似乎处在同一个时间内：和往年的仪式或几个世纪以前的仪式一样。其次，是仪式化的符号。"敬礼"是该公益广告最鲜明的仪式符号，敬礼的外在行为表现是这个符号的"能指"，其"所指"是对抗战老兵的敬意和对历史的缅怀。可见"敬礼"符号已超越其物质实体所代表的含义，形成罗兰·巴特所言的"意指化"，在约定俗成和共同的语义空间交融中产生了深层意义，形成新的"迷思"。④ 这些迷思会在受众脑中形成一定程度上的共同认知，唤起抗战的集体记忆。最后，是仪式化的共同参与。此次公益广告传播是一种"社交＋公益"的机制，通过社交赋能使参与者不仅能够直接为中华社会救助基金会的"幸存老兵助养行动"项目捐款，还能够通过微信及 QQ 上传自己的敬礼照片，传递情怀。"捐款"和"捐照"是致敬抗战老兵的两种共同参与的仪式行动，有利于集体记忆有效建构和传承。

　　得益于社交赋能，集体记忆依托公益广告传播进行仪式化实践，两者

---

① ［美］詹姆斯·W·凯瑞：《作为文化的传播——媒介与社会的论文集》，丁未译，华夏出版社 2005 年版。

② 平章起：《成年仪式——兼及青年的文化适应》，天津古籍出版社 2002 年版。

③ 朱琳：《集体记忆的电视综艺实践研究：基于"仪式观"的视角》，南京师范大学 2014 年硕士学位论文。

④ 张青岭：《罗兰·巴特的神话分析及其对当代中国大众文化研究的意义》，《长春大学学报（社会科学版）》2006 年第 3 期。

相互借力，相得益彰。公益广告正在以更加前端、便捷、动人的方式呈现，而集体记忆也获得了更加丰富、活跃、高效的建构方式。

二、公益广告传播的双重勾连

"双重勾连"（double articulation）是西尔弗斯通在探究电视进入家庭并与之产生连接关系时提出的概念。他认为，电视不仅是一个物件，而且是一种媒介。"作为一个物件，电视既是国内和国际传播网络中的一个因素，也是家庭欣赏趣味的一个象征。而作为一种媒介，电视通过节目的内容和结构，在更为宽泛的公共与私人领域中，把家庭中的成员带入到一个分享意义的公共领域中"。① 在这个意义上，电视是具有"双重勾连"的媒介。② 在媒体技术日新月异和社交媒体迅速发展的当今语境里，"双重勾连"理论已经不再局限于电视，《不朽的丰碑》公益广告传播同样也可视为具有这种"双重勾连"的作用。它巧妙地运用"双重勾连"的作用，进行抗日战争的集体记忆的建构。

这种"双重勾连"使得《不朽的丰碑》公益广告活动，在不同的地方进行传播具有不同的意义。受众接触和观看公益广告的方式也因"双重勾连"而各不相同，每一个接触者所见、所闻和所分享的，既是共同的集体记忆，也是不同的集体记忆。正是通过公益广告传播活动的"双重勾连"，抗日战争的集体记忆实现了其社会和文化的意义。这种"双重勾连"需要受众作为具有主观能动性的主体去参与集体记忆的建构。这是一个社会参与的过程，通过集体记忆建构，受众将自我选择和个性化的表达与公共（社会上多人共享的、在开放的社会空间流通的）意义体系，即抗战的集体记忆相连接。在《不朽的丰碑》公益广告传播中，一方面参与者利用社交媒体展开自己抗战记忆的叙事和文化实践活动；另一方面，他们也在这里接受和生产出新的抗战集体记忆的信息和社会意义。

---

① ［英］罗杰·西尔弗斯通：《电视与日常生活》，陶庆梅译，江苏人民出版社 2004 年版。
② 潘忠党：《"玩转我的 iPhone，搞掂我的世界！"——探讨新传媒技术应用中的"中介化"和"驯化"》，《苏州大学学报（哲学社会科学版）》2014 年第 4 期。

（一）老人与青少年的勾连

公益广告《不朽的丰碑》，虽然不断强调老兵们的高龄，但结尾的 H5 部分还是采用了青少年的"敬礼照"，蕴含着老人与青少年的记忆勾连和传承。作为祖国的未来，广大青少年应该铭记抗日战争这段历史，同时也应铭记那些为新中国的成立建立功勋的抗战老兵们。正如公益广告中所陈述的"他们没有筑起这些高楼，没有搭建这些桥梁，没有构建这片繁华，但曾经，他们守护了这里。因为他们，我们才有了这片土地，我们才有了土地上的高楼，这就是他们的丰碑"。老兵们象征庄严肃穆的丰碑和已经成为过去的历史，而青少年象征着年轻、未来和希望，代际承接是抗日战争集体记忆的重大议题。"前事不忘，后事之师"，老兵们正在老去，但抗日战争的历史教训集体记忆万万不能被忘却。勾连老人与青少年群体是本次公益广告传播的主题升华，也是对中华民族的伟大复兴的隐喻。

（二）真实空间与虚拟空间的勾连

从社交媒体勾连个体活动的物理空间与网络虚拟空间视角来看，《不朽的丰碑》公益广告活动主要通过"捐款"和"捐照"两种公益诉求以及"沉浸式"的今昔对比体验来连接受众和集体记忆。对于参与者来说，作为受助者的老兵们属于公益广告这一虚拟空间的主体对象，"捐款"是从经济方面给予他们现实的关照，"捐照"则是从心理层面给予他们精神的关照。在体验公益广告《不朽的丰碑》中的今昔景况对比时，参与者所处的现实场景是公益广告里的繁华的现今环境，抗战往昔的炮火纷飞、民不聊生的情境则属于历史虚拟空间的记忆，"由己及史"的"代入式"的公益体验，使其不断进行时空切换。在这里，《不朽的丰碑》公益广告活动扮演着勾连参与者的真实空间与虚拟空间两种不同时空的角色，也展现出人们在真实与虚拟不同空间中迥异的自我理解、文化表达和集体记忆建构。

（三）历史与现代的勾连

在公益广告《不朽的丰碑》中，以抗战老兵为载体进行历史场景的复现，这些老兵们承载着抗日战争的集体记忆，他们是历史和现代的"连接者"。然而，平均年龄高达 95 岁的老兵们日渐衰老甚至陆续离世，历史与现代的勾连与继承令人堪忧。现年 100 岁的老兵胡宗藩，耳朵由于早年抗战期间在前线作战遭到严重创伤，听力早已不如常人，需要借助助听器维持与外界在声音上的联系，当被采访问及抗日战争的某些具体问题时，老人的记忆力已经日渐衰退，难以回忆起来。"忘记就意味着背叛"，公益广告《不朽的丰碑》号召道："一个人的记忆就是他的尊严，我们欠他一个倾听。"这是对历史与现代的"连接者"的致敬，也是对历史与现代的勾连的接力。

（四）个人与国家的勾连

中国人民关于抗日战争的集体记忆，其实就是民族精神集体记忆。[①]这段民族精神集体记忆的凝聚力对于今天的主流意识形态具有非凡的意义，与其说《不朽的丰碑》公益广告传播在建构集体记忆，不如说它在建构"国家"这个"想象的共同体"，[②] 因为民族精神集体记忆往往意味着"国家"这个"想象的共同体"。在国家公祭的特殊日子里，公益广告《不朽的丰碑》主动承担了传播主流价值观的责任，通过讲述老兵们的英雄故事，塑造英雄人物和道德模范，为当今时代的中国人民建构了民族精神集体记忆，强化了民族认同。不管是公益广告中出现的个体"敬礼照"，还是它呼吁受众捐赠的"敬礼照"，都是试图通过仪式操演来唤醒抗日战争的集体记忆，实现个人与国家的勾连。在某种意义上，此次公益广告传播通过社交媒体，打破了官方书写和大众书写抗战集体记忆的界限，勾连了社会中的个人与国家，对个人的身份认同和国家认同的维持与发展有着重要的影响。

三、结语

盛世长城国际广告公司倾力打造的关于关注抗战老兵的公益广告《不朽的丰碑》，和抗日战争的"集体记忆"相互借力，依托社交媒体和 LBS

---

① 吴丹：《新媒体对民族精神集体记忆的建构——以新华网、腾讯网抗战胜利 70 周年的专题报道为例》，辽宁大学 2016 年硕士学位论文。

② ［美］本尼迪克特·安德森：《想象的共同体：民族主义的起源与散布》，吴叡人译，上海人民出版社 2003 年版。

技术，取得了良好的广告传播效果，为通过公益广告传播构建集体记忆的记忆传承方式树立了典范。在抗日战争的集体记忆的构建过程中，公益广告《不朽的丰碑》进行了老人与青少年、真实空间与虚拟空间、历史与现代、个人与国家的"双重勾连"，这不乏是集体记忆更好地传承的一种技巧。笔者在对公益广告传播构建的抗战集体记忆的思考中，认识到互联网技术的应用开启了虚拟世界的集体记忆建构场域，社交媒体中建构的抗战集体记忆是一个从现实世界向网络虚拟世界渗透的动态过程。然而，集体记忆建构对流行领域的依附不是被动的，社交媒体是集体记忆建构中的功利性选择。从某种意义上说，技术向善正在消除公益广告传播的痛点，这需要因势利导。

城市公益广告管理的运行模式、长效机制与评价体系

——以深圳市为例*

黄玉波　李梦瑶**

一、研究背景及问题

与以美国为代表的市场主体模式，日韩为代表的公益团体、社会组织主体模式不同，中国的公益广告运行与管理模式典型表现为强政府模式。该模式不仅体现为各级政府自上而下的发动、倡导与号召，更为重要的是把公益广告发展情况作为各级政府精神文明建设、社会核心价值观弘扬等政府工作的有机组成和考评标准之一。不难看出，公益广告正成为政府社会管理中不可或缺的公共领域沟通工具。各级党委和政府成为强有力的推动者、组织者和管理者。深圳作为中国特色社会主义先行示范区与经济特区，无论是精神文明建设水平还是经济发展水平都处于中国城市前列，相关部门对公益广告的重视程度也不断提高，其公益广告之现状具有很强的代表性。

在此背景下，本文把具有制度规范与强烈创新冲动的深圳作为城市公益广告管理典型代表，考察其城市公益广告管理的运行模式、长效机制与

＊ 本文系国家社科基金项目"智能时代广告导向监管与主流价值观建设研究"（项目编号：20BXW122）阶段性研究成果。

＊＊ 黄玉波，深圳大学传播学院教授。李梦瑶，深圳大学传播学院研究生。

评价体系，以起到"解剖麻雀"的作用。本研究试图回答以下问题：

（1）中国特色的公益广告界定及其表现形式与西方最初的公益广告界定有何不同？中国特色的公益广告管理体制机制与西方有哪些不同点？这是本研究的理论起点。

（2）相对于国内同类型其他城市，作为社会主义先行示范区的深圳，在城市公益广告管理的运行模式、长效机制与评价体系方面有哪些创新？取得了什么成效？又存在哪些不足和改进之处？

二、中国特色的公益广告界定和制度特点

（一）公益广告的界定

公益广告发端于 20 世纪 40 年代初的美国，被称为"公共服务广告（public service advertisement 或 public service advertising，PSA）"。[①] 1986 年，贵阳电视台播出了我国第一则公益广告《节约用水》，标志着我国公益广告事业的开端。

"公益"在《现代汉语词典》中的释义为："公共的利益（多指卫生、救济等群众福利事业）。""公共的利益"是公益广告的核心，是指社会共同的、整体的利益。但三十多年来，关于公益广告概念的内涵和外延，国内学界、业界、政界一直没有达成共识。初广志将公益广告的概念界定为"以公共利益为宗旨的公共视角、以组织形象为目标的公共关系视角与以主流意识形态宣传为重心的政治视角"三种视角。[②] 值得注意的是，以主流意识形态宣传为重心的政治视角将公益广告政治化，作为配合政治宣传的工具，纳入国家层面的宣传范畴，这使得中国的公益广告发展出了自己的特色，也模糊了公益广告原有的"公共利益"的边界。本研究基于我国公益广告现实发展的情况，认为具有中国特色的公益广告有狭义和广义之分。

1. 狭义的公益广告：强调公共利益的目标

狭义的公益广告被认为是公共广告的一个组成部分，以社会问题为出

---

① 刘洪珍：《论公益广告机构在危机时期的作用：对美国 WAC 战时宣传的分析》，《国际新闻界》2013 年第 11 期。

② 初广志：《公共视角的公益广告概念：溯源、反思与重构》，《山西大学学报（哲学社会科学版）》2020 年第 3 期。

发点，强调公共利益的目标。

陈刚、崔彤彦和季尚尚对公益广告定义与此相符，认为公益广告是为了促进公共利益，唤起人们对社会各种现实问题的关心，呼吁并引导人们以实际行动来解决或改善这些问题，由政府、社团、媒体、企业及广告公司合作实施，以全体社会公众为传播对象的广告活动。①

2. 广义的公益广告：中国特色的公益广告

2016 年，国家工商行政管理总局等多部门共同颁布了《公益广告促进和管理暂行办法》，对公益广告进行了明确的官方定义：本办法所称公益广告，是指传播社会主义核心价值观，倡导良好道德风尚，促进公民文明素质和社会文明程度提高，维护国家和社会公共利益的非营利性广告。广义的公益广告概念以此官方定义为依据，结合我国公益广告以政府管理为主导的发展现况，可称作具有中国特色的公益广告。

初广志对我国公益广告的现状进行了分析，他认为，我国公益广告未严格按照其本质特征"公共性"进行界定。② 旷琳同样认为我国公益广告分为政治广告型公益广告、公共广告型公益广告和公关广告（意见广告）型公益广告。③ 本研究将采用这一分类标准，将以上四种类型囊括在广义的具有中国特色的公益广告之内。以下为这三类广告的具体内涵和区分。

（1）政治广告型公益广告。政治广告型公益广告的主导力量为政府，内容与精神文明建设相关，如政策宣传类、党和国家形象宣传类广告等。

（2）公共广告型公益广告。公共广告型公益广告是由社会公共机构等社会团体针对他们关心的社会问题发布的各类广告，目的在于传播公益理念，为社会公众服务，例如一些时事热点类广告，或是伦理道德广告。

（3）公关广告（意见广告）型公益广告。公关广告（意见广告）型公益广告是企业用来表达对社会重要问题的态度的广告形式，④ 传达的意见观点可能引起争议和广泛讨论。这一广告形式并不直接影响企业的销售效果。而今天的商业广告与公益广告的界限越来越模糊，由政府牵头、企业

---

① 陈刚、崔彤彦、季尚尚：《变革运行机制——重塑中国公益广告发展架构》，《广告大观（理论版）》2007 年第 2 期。

② 初广志：《公共视角的公益广告概念：溯源、反思与重构》，《山西大学学报（哲学社会科学版）》2020 年第 3 期。

③ 旷琳：《中国意见广告型公益广告的发展》，《广告大观（理论版）》2020 年第 3 期。

④ 冯少杰：《意见广告的概念界定及发展现状》，《广告大观（理论版）》2017 年第 3 期。

推出的公益传播类广告数量渐多，其交叉融合的地带，可用"公关广告型公益广告"来指代。①

（二）中国特色的公益广告管理及运行制度

由于各个国家政治、经济、文化及社会环境的不同，其公益广告发展状况及运作机制也存在着各自的独特之处。比较而言，西方国家中，美国公益广告发展成熟度高，亚洲国家中，韩国与日本同样形成了较完善的公益广告运作机制。就类型而言，美国、韩国及日本分别形成了社会力量主导型、电视媒体主导型和商业企业主导型，② 同时成为世界范围内典型代表。相对于上述世界范围内几种典型的公益广告管理与运行模式，我国的管理政策特征体现为国家主导，其他参与者控制力较弱，管理规范呈法治化发展。中国公益广告管理相关研究的关注点主要集中在公益广告运作和管理的现状及问题研究、供给主体研究、相关机制的建立与完善研究。

在公益广告运作和管理的现状及问题研究方面，学界观点较为一致，认为我国公益广告发展仍处于初级阶段。陈家华与程红认为我国公益广告运作现状分为两种：一是由媒体制作，广告商赞助播出并署名；另一种为广告主自行制作，或由专业广告公司制作，媒体播放。③ 广告商参与到其中的现状也使得公益广告的"纯粹性"成为运作与管理的一大问题。钱敏与王丹从公益广告的传播目的及性质出发，探讨了公益广告的纯粹性（或去商业性），并提出在公益广告运作中，纯粹性与商业性是矛盾共生的，而纯粹性是前提。④ 我国公益广告发展现状的另一大问题是，目前的公益广告运作与管理的指令性多于自发性，盲目性大于计划性，精品不多，因而传播效果和影响不大，⑤ 亟须形成一个可以持续、稳定发展公益广告的行之有效的运行机制。⑥

---

① 旷琳：《中国意见广告型公益广告的发展》，《广告大观（理论版）》2020 年第 3 期。

② 李清、程宇宁：《中外公益广告的运作模式比较研究》，《广告大观（理论版）》2010 年第 1 期。

③ 陈家华、程红：《中国公益广告：宣传社会价值新工具》，《新闻与传播研究》2003 年第 4 期。

④ 钱敏、王丹：《公益广告纯粹性与商业性冲突的化解研究》，《传媒》2014 年第 16 期。

⑤ 李清、程宇宁：《中外公益广告的运作模式比较研究》，《广告大观（理论版）》2010 年第 1 期。

⑥ 潘泽宏：《公益广告导论》，中国广播电视出版社 2001 年版。

在公益广告运作和管理的供给主体研究方面，王首程认为，基于社会对公益广告事业未形成自觉、主动的现实状况，政府引导是必然选择。[①]陈辉兴同样认为我国公益广告政府主导模式政令色彩强烈。[②] 关于以"第三部门"这一概念进行公益广告行为主体研究相对较少。邬盛根、严密认为，第三部门理应成为主导力量，并对这一运行机制提出了前瞻性设想。[③]郑文华、冯念文同样提到要建立独立公益广告管理机构，对公益广告进行全面管理，统一协调，加强对主导性的公益广告资源的控制和管理。[④] 较多研究就公益广告运作主体中的某一主体进行了探讨，并未提出综合多个公益广告运作主体力量的观点，缺乏针对其实现良性运作的主体模式研究。

在公益广告运作和管理相关机制的建立与完善研究方面，建立公益广告的长效运行机制尤为迫切和关键。正如赵晨好提出这套机制应该包括四个层面：第一，要有规划；第二，要有经费来源；第三，要有人来制作、刊播；第四，要有必要的行政干预，扶助公益广告进入良性循环。[⑤]

综上所述，不同于现有研究中为某一运作主体（政府、企业等）服务的主旨，本文将对城市公益广告管理的运行模式、长效机制与评价体系进行探讨，以深圳市为例进行深入研究，试图为实现我国公益广告的良性运作提供一定见解。

三、深圳公益广告管理的运行模式

运行模式是一个完整的系统，公益广告的参与主体、职能构造、主体间的相互关系是运行模式的构成要素。深圳市公益广告主要由政府、媒体、企业三个主体参与运行。与其他城市传统运行模式不同的是，深圳公益广告运行还有公益广告专业服务机构的参与，这也是深圳公益广告运行机制变革的创新成果。

---

① 王首程：《我国公益广告法规建设现状评析》，《深圳大学学报（人文社会科学版）》2008年第6期。
② 陈辉兴：《中国公益广告研究述评：1991—2006》，《广告大观（理论版）》2007年第6期。
③ 邬盛根、严密：《独立与激励：我国公益广告运行主导者的创设》，《江淮论坛》2014年第5期。
④ 郑文华：《公益广告的运行机制》，《当代传播》2003年第1期；冯念文：《谈公益广告发展中的政府行为》，《中国市场监管研究》2006年第9期。
⑤ 赵晨好：《建立公益广告的良性循环机制》，《广告大观》1997年第1期。

（一）常规主体：政府

政府是公益广告运行模式中最为常规的主体，往往在当中扮演着宣传统领的顶层设计者与最终的把关人角色。

以深圳市为例，深圳市委宣传部、区委宣传部通常会在年初提出当年的公益广告项目规划，并且广告主题与内容的选择往往与主体部门的特性息息相关。随后政府通过采购的方式，发由官方媒体、企业或是社会组织进行制作呈现。同时，年初的规划将会分成月度落实，每月开展一次专家委员会会议，由深圳市委宣传部的服务机构"深圳公益广告管理中心"对各单位提交的作品进行评审，合格作品将上传至深圳公益广告管理网，供政府部门下载发布。

（二）承办主体：媒体

媒体在公益广告运行模式中扮演政府的传声筒和放映者的角色。通常由媒体将政府规定的公益主题项目进行制作和呈现，其中以传统媒体参与为主，近年来互联网平台型媒体的参与逐渐增多。

以传统媒体承办的公益广告受媒体性质的影响，在广告主题设定上往往带有命题色彩。例如由深圳广播电影电视集团承办、深圳报业集团协办的十六届的公益广告重大品牌活动"设计之都（中国·深圳）公益广告大赛"是在接受深圳市委宣传部指示与资助后发起的命题型公益比赛。

以互联网平台型媒体承办的公益广告更有易得性和沉浸感。典型案例如百度推出的具有公益性质的 IP 项目《宝藏深圳》。这一项目致力于以地方文化记忆为基石，使人们产生情感上的共鸣。同时采取互联网加公益的方式，借助百度天然的平台优势，为其打开流量通道。并以直播的形式推广介绍深圳的文化历史与地方特产。这一公益项目，不仅是对党和政府的献礼，同时也是对千千万万个普通深圳人的致敬。与互联网平台型媒体合作，能够让科技与公益更好的结合起来，触达更多的公众。

（三）参与主体：企业

企业不仅会参与协办政府的公益广告项目，同时也会主动关注社会热点问题，自发的进行一些公益营销，以达到品牌宣传的目的。这也使得以企业为主导的公益广告通常带有一定的商业性。

例如，深圳万科发起"与业主共建美丽社区"项目，对老旧家装、社区环境进行换新改造行动。这不仅是对"以党建引领创建文明城市"工作的积极响应，也体现了万科的品牌温度，扩大了万科的品牌影响力。需要注意的是，企业主导的公益广告，在主题设定、内容呈现以及传播方式上虽然享受较大的自由，但在公益广告的监督反馈这一环中，其主体角色必须让位于深圳市市场监督管理局（工商局）或其服务机构"深圳广告监测中心"，因为公益广告作为具有公共传播性质的文化作品需要受到相关部门的审核。

四、长效机制

本研究的长效机制是指能长期保证深圳市公益广告管理正常运行并发挥预期功能的制度体系，聚焦于治本而非治标。"机制"是使工作能够正常运行并发挥预期功能的配套制度，包括比较规范的政策法规、监督制度运行的组织和积极推动作品产出的团体。"长效"是指能稳定运行多年。

（一）政策法规的先行保障

深圳市公益广告实则属于精神文明建设的一部分，在现有的经济体制下，公益广告的发展与政府相关政策的制定和执行密不可分。[①] 公益广告政策的发布使公益广告传播机制的运行有法可依，各参与主体之间权责分明，工作重点明确。具体而言，公益广告政策对深圳公益广告运行主要起到发展促进与管理约束的作用。

国家层面发布的行政法规与管理办法，如《广播电视广告播放管理暂行办法》（2003）、《关于加强制作和播放广播电视公益广告工作的通知》（2004）和《关于促进广告业发展的指导意见》（2008）对从公益广告制度建设给予了具体的指导性意见。

此外，深圳作为经济特区，拥有特区立法权，这也为深圳公益广告的运行与管理提供了有效支持。2005年《深圳市公益广告管理规定》（送审

---

① 何晨、初广志：《中国公益广告政策研究》，《广告大观（理论版）》2015年第2期。

稿）规定工商局作为公益广告管理机构。该规定特地说明制定的目的是"为加强对公益广告宣传活动的引导和管理，发挥公益广告对社会主义物质文明、政治文明和精神文明建设促进作用，贯彻落实《公民道德建设实施纲要》"，制定的依据是《中华人民共和国广告法》《广告管理条例》以及其他相关规定和"深圳市的实际"。①

2011年深圳市人民政府出台的《深圳市公益广告管理暂行办法》，是极具代表性的针对公益广告的地方性行政规范。该办法在国家广电总局发布的《广播电视广告播出管理办法》的基础上，进一步细化了各类媒体和广告媒介发布公益广告的标准，并规范了企业发布公益广告时可以出现和必须禁止的各类情形，同时也改变了公益广告归深圳市市场监督管理局统领与规划的局面，明确了深圳市委宣传部在公益广告事业的"统筹规划和综合协调"责任，规定了深圳市各类企业事业单位参与公益广告活动的频次和主要的开展办法。由此可见，政策的不断补充和调整可以使公益广告的具体细节性工作得以落实，运行过程中产生的问题得到及时解决。

（二）长期制度化的第三方服务机构委托管理

目前，我国大部分城市的广告监测工作，基本是由行政事业单位负责的。这样做不利于培育社会中介组织，也不利于政府行政管理效率的提高。②

在深圳公益广告的监管逐渐复杂化的背景下。深圳市市场监督管理局（工商局）将广告的监管工作分成了广告监测部分和广告执法管理部分，2005年与深圳大学合作成立了我国首个集监测、分析、科研为一体的第三方服务机构——"深圳广告监测中心"，用于对全市媒体发布的广告进行专门的收集与监测。"深圳广告监测中心"作为服务于政府部门的机构，只负责监测，不负责处罚，没有利益关系的牵扯，因而广告监测结果更具公正性。

---

① 王首程：《我国公益广告法规建设现状评析》，《深圳大学学报（人文社会科学版）》2008年第6期。
② 张敏：《公益广告繁荣机制论——广告业发展与和谐社会建设研究》，《广告大观（理论版）》2009年第1期。

此外，2013 年深圳建立了专门管理全市公益广告事务的"深圳公益广告管理中心"，配合深圳市委宣传部的宣传任务，负责公益广告的管理、运营与相关人员培训。"深圳公益广告管理中心"建立了专门的"深圳公益广告管理网"，将专家评审后的合格公益广告作品上传至网站作品库，政府部门及媒体单位根据需求下载发布。这一模式融入了高校专家学者和研究机构的意见，使公益广告的管理更具科学性和灵活性。

图 1　深圳公益广告管理中心作品评审现场

图 2　作品评审评价表

委托第三方服务机构"深圳广告监测中心"与"深圳公益广告管理中心"进行监测与管理，开创了高校广告学科深度参与大城市公益广告传播管理的全新模式，为其他省市相关部门提供了公益广告的管理模板。

（三）稿件来源：深圳公益广告创作基地

深圳市委与深圳大学传播学院、深圳广播电影电视集团、名师工作室等十余家单位签署了深圳公益广告创作基地战略合作框架协议。这一方式旨在发挥各自的资源优势，提升深圳市公益广告创作水平，共同推动深圳公益广告事业的蓬勃发展。

以深圳大学公益广告创作基地为例。深圳大学公益广告创作基地为深圳市委公益广告项目提供课题调研、策划、创意等智力支持，深圳市委则为深圳大学公益广告创作基地提供资金、政策支持，共享平台资源。在这一基础之上，双方共同努力研发具有全市乃至全国影响力的精品公益活动和公益传播产品，增加双方在公益广告领域话语权和影响力等。这一方式有效地构建了深圳市公益广告精品生产的长效机制，值得被借鉴。

五、评价体系

（一）微观层面：对公益广告作品的评价

从对公益广告作品的评价层面来看，深圳市对公益广告作品的评审较为严格，不仅会对公益广告作品进行初审，而且会对不予通过的作品提出修改意见并进行复审，复审率达 40%～50%，这有效地保障了深圳市公益广告作品的质量。

深圳公益广告的统筹管理由深圳市委宣传部负责。深圳公益广告管理中心作为服务于深圳市委宣传部的一个第三方服务平台，其最主要的任务是对政府部门申请发布的公益广告进行评审。评审会议通常是月度召开，与会人员为政府人员、高校学者、业界专家与资深媒体人。在公益广告评审中融入多方意见，使得公益广告的评审更具科学性和灵活性。第三方评审平台、严格的评审标准与通过率也使得深圳市公益广告精品颇多，这为其他省市相关部门提供了构建公益广告评价体系的模板。

（二）宏观层面：作为文明城市测评体系指标的公益广告

从宏观层面来看，公益广告是文明城市测评体系的重要指标之一，占文明城市测评分数的 1/4 左右。作为传播社会主义精神文明的主要途径，公益广告起到举足轻重的作用。

文明城市测评主要考察城市公益广告宣传机制建立情况和公益广告制作刊播情况，具体规定公益广告的主题、必备元素、点位与数量、尺寸、多样化形式等多样标准。除了具体的规范化标准外，文明城市测评同样会考察公益广告的品质化与个性化，能够代表深圳城市形象和城市精神的精品会为测评加分。

公益广告是促进城市文明、社会进步的常态化载体。将公益广告纳入文明城市测评指标，探索行之有效的公益广告评价体系，能够把公益广告完美地融合到城市环境中，使其真正成为城市艺术，成为提升市民道德素养的新阵地。

六、总结与反思

社会创新实践是推动深圳公益广告管理运行模式、长效机制与评价体系不断发生变化的主导因素。深圳公益广告管理处于国内领先水平，不仅发挥了深圳市政府积极的引领作用，还优先推进了第三方监督与评审的模式，促使深圳公益广告管理走向市场化。深圳在城市公益广告方面提供了部分社会创新实践的模式参考，但同时也存在明显的发展短板，留有很大的优化空间，具体提出以下反思与建议。

第一，目前算法推荐的正确价值观仍有待建立，应与互联网平台有效结合，以科技向善带动行为变革。如今互联网平台算法推荐的潜在价值观已在日常生活中对市民道德素养起到耳濡目染的作用。互联网科技成为公益不可或缺的力量之一。正如腾讯集团副总裁司晓所言，"如何利用技术的力量解决问题，是科技向善的要义所在，也是我们需要持续思考和行动的方向"。科技向善不仅仅是企业需要考虑的问题，更应该是政府深度思考的问题。深圳市政府在发展公益广告的过程中可制定有关政策鼓励更多的科技型企业参与到公益广告的制作传播之中，让科技与公益更好地结合起来，影响更多的民众。

第二，目前参与机构以政府部门和国有单位为主，行政化趋势明显，[①]应当关注企业的公益行为，发挥企业的力量。[②] 受制于经济实力和媒介话语权的影响，政府部门和国有单位主导的公益广告往往缺乏灵活性与传播力。而企业不仅比政府更了解受众，还更具有技术优势。政府可以妥善利用自身的公信力参与到企业发起的公益营销中去，形成由政府、企业、受众构成的公益传播闭环。政府的积极参与既能避免企业在具体活动实施时过分倾向商业利益，而导致公益广告成为赤裸裸的企业公共关系广告，又能借助企业或媒体的力量，增强公益广告的影响力。

第三，目前企业参与较少，有力量的佳作匮乏，应当鼓励政府使用招标的方式引导企业参与。兼具品质与创意的公益广告作品，往往需要突破

---

① 张明新、余明阳：《我国公益广告探究》，《当代传播》2004 年第 1 期。
② 李清、程宇宁：《中外公益广告的运作模式比较研究》，《广告大观（理论版）》2010 年第 1 期。

原有的框架限制，使用新颖的技术或形式。因此可以考虑采用政府招标的形式，将公益广告活动的承办交由具有创意与执行力的专业广告公司负责。深圳经济特区建立 40 周年推出的公益视频《献给每一个为深圳努力奋斗的你》是这一形式的典型代表。

综上，深圳城市公益广告管理应秉持与时俱进的思维，与互联网平台有益结合，通过算法触达更多用户。同时在设计制作公益广告时，考虑公益广告的创新性与互动性，发挥企业的力量，推出更多激动人心的公益佳作，有效提升公益广告传播效果。

2018年全国公益广告
事业发展综述[*]

星 亮 栾 竹 段慧航[**]

2018年，全国广告、广播电视等相关行业和各级有关部门进一步落实习近平总书记"广告宣传也要讲导向"的指示，在公益广告工作中积极尽责，全国公益广告事业因此取得了长足发展。各级领导越来越重视公益广告工作，全国性公益广告活动的影响也越来越大，社会性公益广告活动日益活跃，公益广告精品层出不穷，公益广告科研成果丰硕，公益广告事业的发展已经进入良性发展的轨道。综合来看，2018年，全国公益广告事业的发展成绩，主要体现在以下五个方面。

一、公益广告工作备受重视

早在2016年，习近平总书记在党的新闻舆论工作座谈会上就强调"广告宣传也要讲导向"，[①] 这既是党和国家最高领导人提出的关于广告导向性的重要论述，也是引领广告业发展的指针。作为广告的重要组成部分，公益广告的作用尤为独特，优秀的公益广告作品是社会主义核心价值观的载体，能够起到成风化人、凝心聚力的作用。

---

[*] 本文原刊于中国广告协会《现代广告》杂志社：《2019中国广告年鉴》，机械工业出版社2020年版。

[**] 星亮，暨南大学新闻与传播学院教授。栾竹，暨南大学新闻与传播学院研究生。段慧航，暨南大学新闻与传播学院研究生。

[①] 乔焱林：《党报广告宣传讲导向探析》，《新闻前哨》2016年第4期。

为进一步深入落实总书记的指示精神，推动全国公益广告事业的健康发展，2018 年，中央及地方有关行业与相关部门高度重视公益广告事业，采取积极行动响应中央号召。中国广告协会作为全国广告行业协会的领率机关，积极发挥行业领导优势，除在每年一届的"中国国际广告节"上持续办好"公益广告黄河奖"的评选活动外，还积极参与广播电视等相关行业主办的各类公益广告活动，凝聚各界力量，共同推动全国公益广告事业的发展。国家广播电视总局作为全国广播电视事业的主管机关，除指导全国广电系统积极开展广播电视公益广告的创作和播出外，还下大力气组织专门力量开展公益广告资源建设，投资建设的"全国优秀广播电视公益广告作品库"于 2018 年 7 月 1 日正式启用。① 该"作品库"的启用，一定程度上起到了加强广播电视公益广告宣传，提升公益广告影响，推动公益广告繁荣发展的积极作用。

2018 年 9 月 6 日，全国广播电视公益广告创作培训班在甘肃省嘉峪关市开班，甘肃省新闻出版广电局党组成员、副局长范延军在开班仪式上强调，"要深入学习宣传贯彻习近平总书记在全国宣传思想工作会议上的重要讲话精神，牢牢把握正确的政治方向、舆论导向和价值取向，努力推动广播电视公益广告创作高质量发展，认真学习借鉴好的经验、做法，努力推出更多优秀广播电视公益广告作品"，范延军的谈话体现了地方政府对中央关于公益广告指导思想的高度认同。嘉峪关市委副书记王荣军也强调"要认真履行新时代党的新闻舆论工作职责，积极搭建生动有效的平台载体，推动社会主义核心价值观融入国民教育、社会生活、文化产品创作、法治建设等各方面全过程"，并进一步表示了打造具有嘉峪关特色的"全国公益广告之城"的决心。

2018 年 12 月 12 日，在广东清远举办的全国公益广告大会上，国家广播电视总局副局长、党组成员范卫平表示，"公益广告工作是广播电视工作的一个重要组成部分，做好广播电视公益广告工作，做优公益广告事业使命光荣，意义重大，这是全体广播电视和网络视频工作者义不容辞的责任"，② 充

---

① 《七项功能、四点要求，总局启用全国优秀广播电视公益广告作品库》，http：//www.sohu.com/a/237094442＿692735.

② 央视网：《2018 中国广电公益广告大会召开，央视公益传播受到充分肯定》，http：//1118.cctv.com/2018/12/13/ARTIxeQGSnF5GrJ1htGOntFC181213.shtml.

分体现出国家广电总局对公益广告工作的重视程度。中国广告协会会长张国华在演讲中倡导公益广告要"走心",他明确指出,"公益广告不仅作品要走心",包括政府、企业、广告制作者、广告代言人、社会各个方面的群众等相关主体在内,"整个社会都要走心",① 表达了行业组织对我国公益广告事业的冀望。

在有关行业组织和各级主管机关的共同努力下,2018 年,全国公益广告的作品创作和播出,均呈现出积极的发展势头。根据国家广播电视总局监管中心的监测统计,2018 年 1 月到 11 月 30 日,中央广播电视总台的全部频道和 39 家地方上星电视频道,共播出公益广告 107 万余条次,累计时长达 1.19 万小时,日均播出公益广告 3 204 条、35.6 小时,黄金时段共播出公益广告 10.4 万次,累计时长 998 小时。各级广播电视播出机构围绕重大主题主线宣传活动,坚定文化自信,强化责任担当,制作、播出了大量主题鲜明、创意优秀、质量精良的公益广告,营造了向上、向善的社会氛围,更凸显了公益广告在传播社会主义核心价值观、弘扬主旋律及引导社会舆论的重要价值。该项统计仅在广播电视系统中,全国公益广告事业所受到的重视程度,由此可见一斑。

与此同时,2018 年,国家广播电视公益广告扶持项目、网络视听节目内容建设专项资金扶持项目等相关扶持项目的顺利开展,为公益广告事业的发展发挥了实实在在的推动作用,也切实彰显了有关部门对公益广告工作的重视程度。

二、相关部门主导的公益广告活动影响日甚

2018 年,在国家有关部委、各有关行业组织、各省市有关部门的共同努力下,从中央到地方、从行业组织到大学生群体,涌现了一批具有全国影响力的公益广告活动,全国公益广告事业迈向了扎实发展的轨道。各级党的宣传部门、各级新闻广电网络机构、各大行业组织、各大高校等组织积极参与,通力合作,策划组织实施了一系列公益广告创意征集大赛,

---

① 国家广电智库:《观点 张国华:让公益广告更走心》,https://mp. weixin. qq. com/s/QES0ODdffsQaXsbeYrfZ7g.

"脱贫攻坚""一带一路""养老敬老"等紧贴社会主义核心价值观和新时代国家发展战略的主题公益广告活动层出不穷，全国公益广告事业呈现出一派欣欣向荣的景象。

（一）全国性、行业性公益广告活动精彩不断

中国广告协会、国家广播电视总局、全国老龄委、公安部等有关政府部门和行业组织，积极履行公益传播责任，紧扣年度公益主题，持续组织开展全国性、行业性公益广告活动，产生了广泛的社会影响，有力推动了全国公益广告事业的发展。

2018 年 9 月 26 日，在哈尔滨举办的"中国国际广告节"上，"2018年中国公益广告黄河奖"获奖名单正式揭晓，产生了 6 件金奖作品、11件银奖作品和 19 件铜奖作品。作为全国影响力最大的国家级公益广告专业大奖，该年度"黄河奖"得到了广告业界的积极响应，报送数量达到 4 498 件，行业影响力之大，由此可见一斑。需要特别指出的是，2018 年 2 月，经全国评比达标表彰工作协调小组批复，同意中国广告协会主办中国广告业大奖，包括中国广告长城奖、中国公益广告黄河奖及中国大学生广告学院奖。该奖项成为中国广告业唯一经中央批准设立的国家级奖项。①

国家广播电视总局一向重视公益广告工作，在 2018 年，主导、指导、合作开展了多项全国性、行业性公益广告活动，对推动公益广告事业做出了积极贡献。2018 年 1 月，国家广播电视总局、全国老龄工作委员会办公室联合举办全国敬老养老助老公益广告作品征集暨展播活动，用优秀的公益广告作品引导全社会自觉敬重老年人，使养老敬老成为普遍的社会风尚；2018 年 7 月，国家广播电视总局、国务院扶贫办联合举办 2018 年全国脱贫攻坚公益广告作品征集暨展播活动，以"脱贫攻坚　伟大决战"为主题，组织动员脱贫攻坚各战线和社会各界力量，借用公益广告引导全社会关心和关注"脱贫攻坚"这一重大社会议题，为打好精准脱贫攻坚战、决胜全面建成小康社会凝聚力量；2018 年 8 月，国家广播电视总局、国家税

---

① 第 28 届中国国际广告节：《中国广告长城奖、中国公益广告黄河奖——中国广告业唯一国家级奖项》，http://www.chinaciaf.org/news-detail-61.html.

务总局共同举办第三届全国税收公益广告作品征集活动，围绕国家税收工作这一核心主题，选拔出一批导向正确、创意十足的优秀税收公益广告作品，有利于进一步宣传税收服务经济社会发展的成效，切实增强税收宣传工作的影响力和感染力。

这些都表明，在各级有关部门的工作指引下，公益广告涉及的主题涵盖了绝大多数社会的主要热点问题，公益广告的主题创作也反映了普罗大众最真实的社会渴望。这不仅让公益广告更好地做到"从群众中来，到群众中去"，同时也助推了政府发挥舆论导向作用，以公益广告凝聚共识，为构建富强民主、文明和谐的现代化社会营造了良好的舆论氛围；2018年12月12日，全国广电公益广告大会在广东清远隆重召开，国家相关部委、中央广播电视总台、各省广电局和台、部分市县局台、公益广告制作公司、高校和其他相关社会机构共400多名嘉宾代表出席了大会。此次大会的顺利召开，充分显示出广电系统已成为我国公益广告事业的中坚力量。

中国公路学会高速公路广告联盟于2018年7月举办了"第十二届中国高速公路广告管理年会暨第五届中国公路公益广告大赛颁奖仪式"，通过公益广告表现道路建设对社会及公众生活的影响，宣传公路人以及公路的公益属性，推进了高速公路广告产业的突破式发展；2018年9月，团中央"青年之声"综合服务办公室以及禁毒教育高校公益联盟合办的全国首届大学生禁毒公益微艺术大赛正式举行，通过公益性的志愿禁毒活动，倡导"无毒青春　阳光生活"的志愿精神，在大学生群体中形成了较强的禁毒意识。行业组织将自身行业现状与公益广告发展巧妙结合，在一定程度上开辟了行业发展的新通道，同时也拓宽了公益广告的产业生态圈。

（二）各级政府部门积极筹办赛事

中国公益广告的点滴进步离不开各省、自治区、直辖市及各地市级政府的通力合作和紧密配合。各地省市级宣传部、文明办等主要部门积极牵头，并联合市场监督管理局、广告协会、教育委员会等部门，用一系列酣畅淋漓、魅力十足的公益广告创意设计大赛开启了公益广告社会参与和社会认可的新征程，并由此使得公益广告更具活力，充满"人情味"。同时，各级各类公益广告大赛也发挥了高校大学生群体的创作才能，激发新时代人才的广告专业素养，更好地为公益广告的创作和宣传注入新鲜血液。此外，各市级政府采取因地制宜的发展策略，为公益广告的社会传播增添城市元素，这不仅有利于避免内容千篇一律，还可以借用公益广告激发城市社会凝聚力，为文明示范性城市的长远发展贡献一份力量。

各省级政府部门发挥先锋模范带头作用，举全省之力创办公益广告大赛，不仅在一定程度上扩大了公益广告大赛的社会影响力，也为政府部门转变服务职能，提升行政能力和水平提供良好契机。2018 年 4 月，云南省委宣传部、文明办、工商行政管理局等部门联合举办 2018 年云南公益广告大赛，为实现中国梦云南篇章提供了强大精神动力和丰润道德滋养；2018 年 9 月，吉林省委宣传部、省文明办、省工商局、省新闻出版广电局、省教育厅、省广告协会等共同创办 2018 年吉林省公益广告大赛，通过优秀的公益广告作品传播社会正能量，为吉林省公益事业的发展增光添彩。自治区政府也踊跃参与其中，为公益广告的全面发展锦上添花，广西壮族自治区新闻出版广电局、环境保护厅、文化厅、旅游发展委、工商局、妇联等部门于 2018 年 9 月举办 2018 年广西广播电视公益广告大赛，以公益广告的形式展现八桂儿女对国家性民族政策的认可与支持。

与此同时，除了在全省范围内广泛征集作品，以大学生为目标群体开展的公益广告大赛也不在少数。2018 年 7 月，湖南省第五届大学生公益广告大赛正式举行；2018 年 11 月，天津市大学生公益广告设计大赛正式开赛。开展大学生群体的公益广告大赛，是努力盘活公益广告在大学生群体之中的认可度和影响力的创意之举，不仅可以为公益广告的创新转换发展视角，还可以运用大学生群体的热情与活力，让公益广告的主题内容更具辨识度和趣味性。此外，广告学专业的相关学生积极参赛，也有利于丰富高校公益广告教育的教学实践，让公益广告教育在高校间更好地"开枝散叶"。

无独有偶，市级政府部门也在立足自身城市特色的基础上，推进公益广告的持续发展。为了更好地为公益广告大赛凝结人力物力，市级政府部门多与当地传媒集团、报社、广播电视台等传媒机构合作，同时联手市环保局、旅游局、通信管理局，为大赛的如期举行提供保障。2018 年 1 月，由中共厦门市委宣传部、中共厦门市委文明办主办、厦门报业传媒集团承办的 2018 年"弘扬时代新风"公益广告征集大赛举行，大赛在平面作品的基础上增加了短视频类作品，顺应了短视频在如今碎片化的社交时代里迅速蔓延的发展态势；2018 年 5 月，南京市委宣传部、市文明办、市工商局、市文广新局联合举办 2018 南京市第三届金梧桐公益广告创意设计大赛，通过围绕"南京城市红色文化""中国传统节日"等主题，传承与弘扬中华民族优秀传统文化，展现南京市良好的精神风貌，打造南京市和谐文明城市的形象名片；深圳市委宣传部、市场监管委、文体旅游局、城市管理局、交通运输委员会、通信管理局主办，深圳广播电影电视集团承办，深圳报业集团协办的 2018 第十三届设计之都（中国·深圳）公益广告大赛于 2018 年 10 月正式举行，大赛特设公益化的商业广告作品征集环节，利用创意化元素实现公益营销，同时借助深圳一线城市的平台和资源优势，助力公益理念与社会的深度融合。

三、社会力量赋予公益广告新活力

2018 年是互联网技术长足发展且不断优化的一年，也是公益广告大幅进步和跨界融合的一年。借此东风，各大平台及各家公司不仅作为参与者积极参加由政府及行业组织举办的各大赛事和公益项目，赢得了诸多赛事奖项和良好的企业声誉，引领了公益广告发展在业界的新风向；而且作为组织者能够充分抓住机遇，结合企业自身的固有优势，探索具有鲜明特色的公益项目，在给企业自身带来更多商业价值和转型契机的同时还促进了社会的良性循环与和谐发展。此外，网络受众在这其中也扮演着不可或缺的重要角色，从其参与的认知到态度，再到其行为，可以明显看到大众观念的点滴改变。在传统公益广告稳步发展的态势下，借助政府部门的政策支持和行业组织的积极引领，稳扎稳打，不断创新，朝着良好的方向发展，产生深远的社会影响，实现人民生活日渐美好的愿望当在不远。

（一）企业发力助推公益广告新征程

随着互联网技术以及数字技术的飞速发展，基于数字营销传播时代的行业壁垒大多被打破，跨界与融合的同时也促进了公益广告进一步的创新。各类企业以天马行空的创意结合最新的技术手段，积极主动参加各大赛事及扶持项目，并开创性地启动依托其母体公司的数字公益项目，不仅使得企业自身能够彰显其社会责任感，还促进了公益广告的长足进步。

无论是各省、自治区、直辖市以及市级政府举办的具有当地特色的公益广告大赛，还是中央部委以及行业组织主办的主题公益广告大赛，都有各类企业积极响应和精彩表现的身影，各类企业获得等级奖项及重点扶持项目的比重也稳中有进，且呈现出逐年增长的良好态势。（见表 1）

表 1　2015～2018 年四年广播电视公益广告扶
持项目各公司所获项目数量统计表

年　度 项目类别	一类项目	二类项目	三类项目	合　　计
2015 年	0	0	11	11
2016 年	0	1	3	4
2017 年	0	3	3	6
2018 年	1	5	9	15
合　计	1	9	26	36

尤其值得说明的是，在 2018 年广播电视公益广告扶持项目评审结果中，互联网行业中的北京字节跳动网络（今日头条）技术有限公司获得了一类扶持项目，这是近四年广播电视公益广告扶持项目评审中，企业第一次获得一类扶持项目，而且该年度各类企业获得的二类扶持项目的数量也为近四年之最，这也足见各类企业对于公益广告的重视。

数字营销传播时代中的广告营销产业之间不断的打破、跨界与融合，借助数字技术的东风，各大互联网公司也在不断地实现着数字公益项目的落地、推进及发展。腾讯公益分别在 2018 年 4 月和 6 月推出和举办了"行为公益季"项目和"我是创益人"2018 公益广告大赛。所谓"行为公益季"，是腾讯公益继其首个公益品牌项目"99 公益日"之外的又一个连接企业、用户和公益组织的全民参与型互联网公益项目。本年度首个行为公益季的主题为"走路就是做公益",企业方(消费者/员工)、广大网民可通过捐赠自己的微信运动、QQ运动步数做公益。① 而"我是创益人"2019公益广告大赛则由腾讯基金会和腾讯广告联合主办,以关注"人"和关注"社会"这两个板块,聚焦儿童青少年、老人、妇女、特殊人群、生态环境、艺术文化,以及社会创新七大话题。与2017年不同的是,2018年第二届"我是创益人"大赛为参赛者提供了更多元的社交广告资源和更广泛的技术支持。② 这一年微博微公益也分别在组织结构、运营模式、运营活动和公益传播这四方面有所创新。尤其在2018年11月,微博微公益得到了中国社会福利基金会、中华儿慈会、天使妈妈基金会等基金会的支持,并且与《人民日报》、央视新闻、中国新闻网等央媒及梨视频、《新京报》我们视频等新媒体合作,针对社会新闻中急需救助的个体开展快速募捐活动,并且创新性地使用蓝色标签,通过这样的方式降低微博网友、大V参与捐款的门槛,取得了良好的筹款效果和社会反响。该年度微博微公益的社会公益筹款项目共上线31个,共筹款超过420万元,捐款人次超过20万。其中捐款人次超过10 000元的项目共6个,捐款人次超过3 000元的项目共20个。③ 在这一年里,阿里巴巴也发布了《2017~2018年社会责任报告》,秉承"公益心态、商业手法"的理念,用平台和技术为公益赋能,让公众可以随时随地参与公益,真正让公益成为生活的一部分:超过四分之一的中国人通过"公益宝贝"留下了爱的印迹;2 980位走失儿童通过"团圆"系统找到了回家的路;5 552万棵梭梭树、沙柳、胡杨扎根荒漠,让戈壁滩生机盎然……经历了几年的蛰伏与发展,阿里巴巴已经形成了独具特色的公益模式,公益元素深深地植根于生态系统的各个业务产品中,"公益宝贝""团圆系统""蚂蚁森林"等公益产品不断升级,解决社会问题,推动社会进步。④ 除此之外,凤凰网公益还发布了《2018公益保护地年度报告》,公布了2018年全国各地公益保护地的调研结果;云南省体育

① 腾讯公益:《走起! 腾讯公益2018年"行为公益季"报名开始啦》,https://gongyi.qq.com/a/20180402/016917.html.

② 百度百科:《"我是创益人"2018公益广告大赛报名进行时》,http://baijiahao.baidu.com/s? id=1602491434015616867&wfr=spider&for=pc.

③ 新浪网:《新浪微公益2018年度运营报告》,https://gongyi.sina.com.cn/gyzx/qt/2019-04-11/doc-ihvhiqax1681146.shtml.

④ 知识库.阿里巴巴集团:《2017—2018年社会责任报告》,https://www.useit.cn/thread-20353-1-1.html.

彩票管理中心也发布了《中国体育彩票 2018 年社会责任报告（云南省）》，该报告聚焦 2018 年云南体彩在责任彩票建设、党建、公益金的筹集与使用、团队管理与建设、发展责任以及环境保护六个方面的内容，生动详实地向公众展示了云南体彩 2018 年所履行的社会责任及各项工作所取得的成绩。各大平台和互联网公司通过开展公益广告大赛和启动公益项目的方式引领公益广告的创新发展迈上新台阶，这不仅能够为公益广告事业提供资金、技术和人才支持，还可以充分调动社会大众热情参与的积极性，更好地夯实公益广告的群众基础并搭建社会平台。

（二）受众参与引发公益广告新期待

从传播学效果研究的角度看，传播者发出的信息经媒介传至受众而引起受众的变化，一般依其发生的逻辑顺序或表现阶段可以分为三个层面：外部信息作用于人们的知觉和记忆系统，引起人们知识量的增加和认知结构的变化，属于认知层面上的效果；作用于人们的观念或价值体系而引起情绪或感情的变化，属于心理和态度层面上的效果；这些变化通过人们的言行表现出来，即成为行动层面上的效果。[1] 从认知到态度再到行动，是知与不知、喜欢与否、做与不做三个层面的过程，是一个效果的累积、深化和扩大的过程。所以，公益广告作品能否得到受众的喜爱和认可，是否能够产生实效的影响力，即改变受众的观念，进而真正形成深远的社会影响，需要我们重视受众的反应与行为，且尤应关注网络受众。

一方面越来越多的以个人为单位的受众群体参与到各行政单位、各类型、各主题的公益广告大赛当中，取得了可喜的成绩。以政府相关部门最高级别的 2018 年广播电视公益广告扶持项目评审（国家广播电视总局主办）结果和行业组织最高奖项的 2018 年中国公益广告黄河奖（中国广告协会主办）获奖情况为例，在 2018 年广播电视公益广告扶持项目评审中，以个人为单位的参评作品接连获得了一个一类扶持项目和一个三类扶持项目，在历年广播电视公益广告扶持项目评审中，这是前所未有的现象。在当今移动互联网时代的背景下，这无疑体现出受众群体对于公益广告的热情参与，同时也为广告内容的高质量提供了可靠保障。

---

① 郭庆光：《传播学教程（第 2 版）》，中国人民大学出版社 2011 年版。

　　另一方面，即使不在创作者行列之内，受众群体对于公益广告的热情在各类网站、门户及社交媒体上也是有所凸显的。经笔者多方观察发现，网络受众群体对当今各大视频网站上传的公益广告视频发表评论的热情尤甚。因此，从几大视频网站中选择了具有代表性的——优酷视频网站（中国五大视频网站之一）和 bilibili 弹幕网（年轻用户群体相对居多），分别选择 41 个和 26 个公益广告作品作为评论文本分析对象，利用 Python 软件编写代码，抓取所选的 67 个公益广告作品的评论信息，包括作品名称、平台播放量（加总播放量）、评论总数、评论人 ID、评论时间以及评论内容等。共计抓取评论文本 70 581 条，1 322 366 字。然后对评论中完全无意义的内容进行了筛选和剔除，再利用 NodeXL 进行词频和聚类分析，然后将选出的评论词以词频降序排列，选取前 300 个词作为研究文本。（见表 2）

**表 2　互联网视频公益广告下方评论
词频和聚类分析表（取前 20 个）**

互联网视频公益广告下方评论词频和聚类分析表		
序　号	关　键　词	关键词词频（次）
1	爸爸	2 461
2	公益广告	2 330
3	父母	2 113
4	可爱	1 832
5	感动	1 447
6	回家	1 211
7	老人	1 074
8	孩子	1 011
9	死法	940
10	妈妈	910
11	快乐	834
12	感人	762
13	老师	746
14	清新	710

续表

互联网视频公益广告下方评论词频和聚类分析表		
15	儿子	666
16	口味	647
17	错过	620
18	谢谢	562
19	创意	555
20	父亲节	542

注：第 9 个关键词"死法"一词来自李奥贝纳交通广告"蠢蠢的死法"，系可爱类型的公益广告。

对高频次出现的词语进行聚类分析发现：在主题创作上，网络受众一般会更喜欢家庭亲情类型的公益广告；在风格表现上，网络受众一般会更喜爱清新的、可爱的、感人的以及有创意的公益广告，这也从某种程度上为当今移动互联网背景下公益广告的设计制作和社交传播指明了方向。

四、公益广告创作百花齐放，精品层出不穷

2018 年我国公益广告创作百花齐放，产生了不少优质精品。"黄河奖""广播电视公益广告扶持项目"等高水平赛事和专项活动的举办，催生了大量优质公益广告作品。总体来看，2018 年，我国的公益广告作品呈现出如下显著特征：

（一）选题契合主流价值观

2018 年，公益广告作品选题以亲情、乐业奉献、传统文化、爱心救助、生态保护、人生抱负等角度为主。其中，亲情是广受追捧的选题。古往今来，文人墨客对亲情的吟咏从未停止，从曾经的诗词歌赋到如今的影视作品，形式不断更迭但主题依旧恒永。所以，公益广告多以"亲情"为选题，这既是社会土壤下的历史必然，也是使公益广告达到寓理于情、提升作品影响力的制胜法宝，更是对社会主义核心价值观的追寻和践行。以广播电视公益广告扶持项目优秀作品《父亲的旅程》为例，在该作品中，

作者以细腻的笔触,讲述了一位远居深山的父亲跋山涉水,不远千里来到城市,探望其因工作而不能回家过年的儿子的故事。该片在春晚现场首播后迅速在各类媒体平台及社交网络引发关注,广受好评。春节期间,央视17个频道主要时段安排播出2000余次,总时长超过1200分钟。平凡之中饱含深情的亲情主题,正是该作品引发共鸣,获得成功的关键。

2018年黄河奖获奖作品《连结世界 扣近彼此》,以几个彼此独立的"扣扣子"场景为主线,通过"扣子"来呈现东西方文化的交融。一粒扣子在西方女郎试穿东方旗袍时连结了技艺,预示中国传统手工走向世界;在东西方芭蕾舞者互相帮助时连结了友情,彰显了民心相通方能互助共赢的信条。作品结尾处以"一带一路 让生活更美好"作结,展现了我国高举和平发展的旗帜,积极发展与沿线国家的经济合作伙伴关系的诚心,以及共同打造政治互信、经济融合、文化包容的利益共同体、命运共同体和责任共同体的信心和决心。

除了上述作品之外,另有其他公益广告佳品。如2018年广播电视公益广告扶持项目一类作品《早一分钟 多一份可能》讲述了爱心人士帮助患有阿尔茨海默病的走失老人返家的故事,凸显了和谐友善的价值观;黄河奖金奖作品《年轻党员的朋友圈》讲述了几位年轻党员在扶贫路上做出的贡献,是爱岗敬业的真实写照。上述作品的选题虽不尽相同,但均具有较强的社会性,植根于深厚的社会基础,从不同角度、不同层面体现了对社会主义核心价值观的践行,契合主流价值导向。

(二)创意制作更显巧妙

2018年,无论是公益广告平面作品还是公益广告短片,在创意制作层面都有了显著的提高,创意更显巧妙新颖。

中国文明网收录的平面作品《安全带和绷带,你选哪一条?》构思精巧,作品通过对比手法,凸显"行车系安全带"的重要意义,为观者营造一定程度的紧张感,进而促进其形成文明驾驶的意识。作品幽默、传神,创意十分精妙(见图1)。作品《绿色生活 点滴做起》也十分富有创意,作品以一台打印机为关键点,输入端是真实的树木,输出端却是打印在纸张上的树木图影,以此暗示"纸张的源头是木材",作品略带讽刺意味,进而激发观者节约纸张、保护生态平衡的使命。(见图2)

图 1　平面作品《安全带和　　　　图 2　平面作品《绿色
　　　　绷带，你选哪一条》　　　　　　　　生活点滴做起》

　　除平面作品外，公益短片也饶有特色。短片《太极不太急》入围 2018 年公益广告黄河奖，该短片选用年度最热门的"嘻哈"题材，通过颇具特色的歌词，传达了"不要太急，重拾本心，做回自己"的理念，既迎合了年轻人的口味，又融合了传统元素，可谓创意无限。

　　2018 年，我国公益广告作品在创意原点巧妙性、表现形式新颖性、画面精美度及声乐契合程度等方面均有了明显的提升，好作品层出不穷，在情感、态度与行动层面都具有较强的影响力和良好的教化功能真正发挥了公益广告的价值导向作用。

五、公益广告理论研究愈加深入

　　2018 年，全国各高校加大公益广告领域的科研投入，及时总结公益广告实践成果。深入探讨公益广告理论，产生了一批高质量的科研项目和研究成果。

（一）科研项目实现新突破

2018 年 9 月 12 日，中国传媒大学和群坡教授负责的《广播电视公益广告扶持项目效果评估研究》通过 2018 年度国家广播电视总局部级社科研究项目评审，正式立项；9 月 19 日，全国哲学社会科学工作办公室对外公布了《2018 年国家社科基金后期资助项目立项名单》，其中，"新闻学与传播学"有 16 项，中国传媒大学广告学院初广志教授负责的《公益广告的运行机制与传播效果研究》名列其中；2018 年 12 月，由暨南大学公益传播研究中心发布的《广东广电公益广告创作短板研究报告》通过广东省广电局组织的专家验收。

各级别公益广告科研项目或立项，或通过验收，从一定程度上反映了全国公益广告科研水平有了一定的提高，所研究的问题逐渐深入公益广告实践的核心问题，这些项目的开展，必将对探讨我国公益广告运行机制的创新、指导我国公益工作的实践产生积极的推动作用。

（二）学术成果呈现新态势

以"公益广告"为关键词，检索获得 2018 年收录于中国知网（CNKI）的公益广告研究论文数据。结果显示，2018 年共有 411 篇相关中文文献收录于中国知网，对上述文献进行整理并运用 Cite Space 软件的知识图谱进行可视化分析后，可明显发现，2018 年我国公益广告理论研究呈现出多角度、跨学科、逐渐深入的特点。

第一，通过研究者共现图来看。如图 3 所示，每一个节点代表一位研究者，节点之间的连线则代表研究者之间的共现关系。由图可知，节点间连线相对比较少，这说明研究者之间并未形成明显的研究关联，表明我国公益广告在理论研究层面并未形成较有影响力的学术共同体。该结果一定程度上暴露出我国公益广告研究缺少体系化理论构建的问题，显示出我国公益广告的理论研究水平尚有提升空间。但比之 2016 年，该情况已有明显改善，表明我国公益广告的理论研究逐年深入，呈现出良好的发展状态。

第二，从研究机构的分布来看。如图 4 所示，每一个节点代表一个研究机构，节点之间的连线则代表研究机构之间的共现关系。整体来看，华东地区研究机构合作关系较强，以上海师范大学与上海交通大学为典型，上海社会科学院与中国广播电影电视社会组织联合会也存在合作关系。但整体来看，我国公益广告理论研究者的研究机构分布依旧比较分散，研究

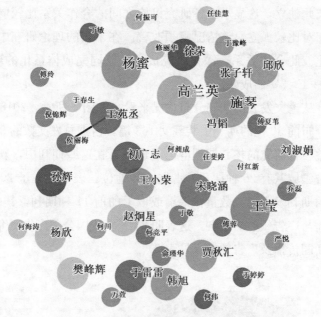

图 3　2018 年公益广告研究作者共现图

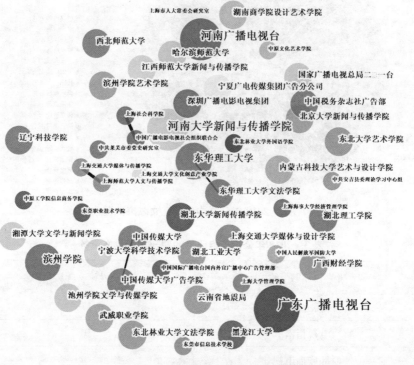

图 4　2018 年公益广告研究机构分布与关联图

机构之间彼此独立，这显示出各研究机构之间的合作关系比较弱，理论研究的成果相对比较孤立，该情况亟须改善。在未来的理论研究中，各研究机构应强化彼此合作关系，深化研究成果，共同完成体系化的理论建构，以取得"1+1>2"的成效。

第三，从论文发表的期刊分布状况来看。如图5所示，2018年，公益广告研究分布前30位的期刊中共载文163篇，占据总发文数的39.7%，这显示出公益广告研究的核心期刊群已经形成。在这些期刊中，新闻传播领域有与广告领域共有25种期刊，占据主导地位。表1列举了2018年公益广告研究的期刊发表论文数量在7篇或以上的前11种期刊，其中10种均为新闻传播与广告领域的期刊，这表明2018年我国公益广告研究的主要期刊集中于新闻传播及广告领域（见表3）。

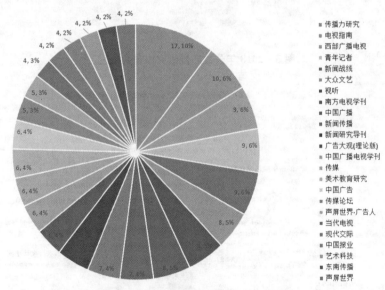

图5　2018年公益广告研究文献来源图

表3　2018年公益广告研究的期刊发表论文篇数

期　刊　名　称	发表论文篇数
传播力研究	17
电视指南	10
西部广播电视	9

续表

期　刊　名　称	发表论文篇数
青年记者	9
新闻战线	9
大众文艺	8
试听	8
南方电视学刊	8
中国广播	7
新闻传播	7
新闻研究导刊	7

第四，从关键词共现情况来看。通过 Cite Space 软件对 2018 年公益广告研究关键词进行可视化呈现，如图 6 所示，每一个节点代表一个研究热点，节点的位置揭示该关键词的核心程度，而每个节点处圆圈的大小则代

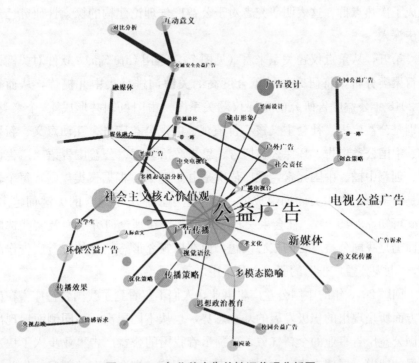

图 6　2018 年公益广告关键词共现分析图

表关键词出现的频次高低。除此之外，还有一个关键指标是边数，即关键词之间的连线数量，只要关键词在同一篇文章中出现过，两者之间就会有一条连线，连线的粗细程度则阐释二者之间的紧密程度。通过对共现图的观察和分析，可以发现 2018 年公益广告研究情况如下：

首先，在 2018 年公益广告关键词共现分析图中可以直观获知：我国公益广告的理论研究呈现出跨学科态势。虽然新闻传播学与广告学仍为主要研究视野，但其中也包括了社会学、教育学、法学、营销学等领域的研究内容。这充分显示公益广告自身具有丰富、多元的属性，也说明我国公益广告理论研究具有多维度、多视域、跨学科的特色。

其次，如图 6 所示，以关键词"公益广告"为核心节点，形成了以"电视公益广告""平面广告""户外广告"为主的主要节点群及以"环保公益广告""校园公益广告""交通安全公益广告"为主的次要节点群，这表明 2018 年我国公益广告的研究以媒介形态划分的作品为重点，同时也注重作品在内容层面的划分。

最后，图中关键词"多模态隐喻""多模态话语分析""视觉语法"亦形成了次热点群，这表明研究者对于公益广告理论建构的探索性研究已经逐步深入。

第五，从重点议题关系来看（见图 7），运用 Cite Space 软件对关键词进行聚类分析，将研究领域重合度高的关键词进行集中并提炼，从而得到 2018 年公益广告研究的重要议题关系图。由图可知共形成 12 个聚类，分别是公益广告、社会主义核心价值观、电视公益广告、互动意义、新媒体、中国公益广告、环保公益广告、思想政治教育、公益广告语、广告设计、创意中插、中国元素，顺序依次是由 0 至 11。根据聚类规则，每个聚类是由多个紧密相关的词组成的，数字越小，聚类中包含的关键词越多。由此可知，2018 年，"社会主义核心价值观"在理论研究层面及实践选题层面仍是我国公益广告的核心议题，而在以媒介形态划分的公益广告作品中，"电视公益广告"的研究亦是重中之重。

回顾 2018 年的中国公益广告事业，人们不仅看到了我国公益广告在诸多方面所呈现出的积极发展的基本态势，也从不同层次、不同侧面展现出我国公益广告事业的全新气象，更预示着我国的公益广告事业步入了快速发展的轨道。展望未来，人们完全有理由相信，在全国有关部门、相关行

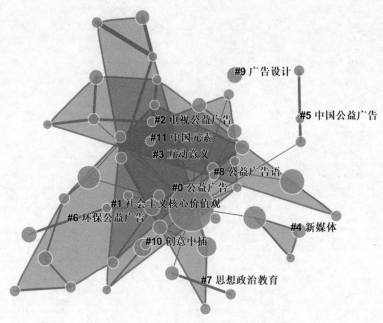

图 7　2018 年公益广告重点议题关系图

业、各级党政机关、高等院校、企事业单位的共同推动下，我国的公益广告事业，必将在公益广告运行机制体制创新、公益广告的中国话语建构、精神文明建设、社会主义核心价值观传播等方面，发挥积极而独特的作用。

下 篇

公共表达：在技术赋能下
展现主体社会责任

数字化时代下公益广告传播创新

段淳林　吴　曦[*]

2016 年，习近平总书记在新闻舆论工作座谈会上指出："广告宣传也要讲导向。"这也是党的最高领导人首次提出广告宣传的重要导向作用。因此，以倡导社会道德规范为主的公益广告更需要发挥正确的价值导向作用，利用数字化技术手段、创意性的传播内容传递充满正能量的社会价值观念。

一、前言：数字化经济时代的来临

当下，新一轮的科技革命与产业革命正在迅速兴起，其中，移动互联网技术、云计算、大数据、人工智能、区块链等核心技术正成为全新的技术领域。截至 2021 年 3 月底，我国已累计建设 5G 基站 81.9 万个，独立组网模式的 5G 网络已覆盖所有地级市，5G 终端连接数已达 2.6 亿，为 5G 应用推广与数字经济的发展夯实了基础。

与我国传统经济依赖"铁-公-基"（即铁路、公路、基础设施建设）不同，数字技术所带来的数字经济更加强调"云-网-端"，新兴的数字经济替换旧实体经济是必然趋势。尤其是疫情的到来，进一步加快了我国发展数字经济的脚步。疫情期间，以在线教育、互联网医疗、直播电商远程办公

* 段淳林，华南理工大学新闻与传播学院教授，博士生导师，广东省新媒体与品牌传播创新应用重点实验室主任，华南理工大学品牌研究所所长，广东省大数据与计算广告工程技术研究中心主任，武汉大学广告学博士。吴曦，华南理工大学新闻与传播学院硕士研究生。

视频娱乐等一系列新业态模式为代表的数字经济发展势头强劲,为中国经济复苏注入一剂强心针。

2020年3月11日,十三届全国人大四次会议表决通过了关于国民经济和社会发展第十四个五年规划和2035年远景目标纲要的决议。该纲要着重指出,加快数字化发展,建设数字中国,实现数字化转型驱动生产方式的变革是我国目前乃至未来的重要任务之一。

促进数字技术与实体经济的融合,打造数字经济新优势,具体实践于以下三个方面,一是加强关键数字技术创新应用,以高端芯片、人工智能、操作系统等领域为出发点与落脚点,进一步加快我国前沿技术的创新发展;二是推动数字产业化,构建基于5G技术的产业生态,在交通、医疗、物流等领域实现全链路智能化,促进共享经济与平台经济的平稳发展;三是推动产业数字化转型,即以数据赋能产业链的全面转型。进一步培育与推行柔性化制造、个性定制等新兴产业模式,加快农业、制造业与服务业的数字化改造。

二、公益广告在数字化背景下面临机遇与挑战

（一）机遇一：公益广告数字化突破时空限制

数字媒体的出现弥补了传统媒体在时间与空间上的缺憾,同时为公益广告提供了更广阔的发展平台。在传统媒体时代,公益广告的传播是具有时差的单向流通,传播者与接受者之间存在着天然的壁垒。并且,传统媒体时代的公益广告在覆盖范围上受到时间与地域的限制,而其信息容量又不可避免地受到传统媒体时间与版面的限制。

数字媒体时代下的公益广告则打破了固有的单向传播模式,取而代之的是即时反馈与互动双向乃至多向沟通模式,传播者可以基于受传者的反馈,及时调整传播内容。此外,数字媒体技术加持下的公益广告在其覆盖范围上摆脱了时空的桎梏,受众可以随时随地接收公益广告信息,且其信息容量不再拘泥于杂志版面或者电视时间的限制。

（二）机遇二：数字化技术促进广告创意的融合

究其根本,公益广告是不以营利为目的的一种广告类型,因此,广告

创意仍然是衡量该广告好坏的重要标准之一。数字化技术的飞速进步，为公益广告的创意表现提供了更多可供探索的方向与空间。如今，越来越多的公益广告不再囿于二维画面，而是在动画元素、影像装置、交互设计乃至程序化创意中进行了更多可贵尝试。可以说，数字化技术推动了更多优秀的公益广告作品出现在大众面前。

此前由百度主导的公益项目 See You Again, Kathmandu（重现加德满都）就创新性地利用了大数据分析及人工智能技术，该项目鼓励用户上传地震前的加德满都实景图片，通过大数据与智能路径分析，计算出拍摄地点与最佳展示路径，之后对照片信息和数据进行抓取和运算，最后使用三维建模技术高度复原建筑细节、整体结构与空间关系。不仅是加德满都，百度团队在该项目开展后的一年时间里，已实现了全国范围内 20 多个著名古建筑的还原，包括秦始皇兵马俑、灵山大佛、布达拉宫等，为人类历史遗产创建了珍贵的数字档案馆。

（三）机遇三：数字化技术为用户的参与提供了可能

数字技术不仅仅为公益广告带来了传播方式与内容的变化，还降低了人们参与公益传播的门槛，进而扩大了公益传播的主体。随着社交媒体的广泛使用，用户越来越多地参与到内容的创作与发布，这为公益传播带来了全新的活力。

除此以外，数字化技术也为公众参与公益项目提供了渠道与平台。根据腾讯释出数据，截至 2021 年 5 月中旬，腾讯公益平台筹款总额已经达到 118.88 亿元，通过腾讯公益平台进行捐赠的用户也超过了 4.5 亿人次，2020 年捐赠人数达到 1.17 亿人次。而由腾讯主导的"99 公益日"也跻身成为我国规模最大的公益活动，这显示出，在数字化媒体的赋能下，公众参与公益活动的热度不断增长，公益活动的参与门槛不断降低。

（四）挑战一：年轻人成为公益广告的传播主体

如今，90 后、00 后为主的年轻人已经成为公益广告的接收主体与传播主体。与此同时，互联网企业的迅速发展带来了媒体领域的重组，尤其是短视频平台的崛起，将本就稀缺的受众注意力资源再次分化，小众传播时代已然来临。在此背景下，公益广告的传播无疑面临着碎片化时代的巨大挑战。腾讯营销洞察（TMI）携手人民网研究院发布的《95后年轻人注意力洞察报告》显示，[①] 当下年轻受众可自主支配注意力的时段呈现碎片化分布，在有限的时间里，年轻人在多场景里争分夺秒地上网，因此，数字化时代的公益广告如何在短时间内获取年轻受众的目光已成为所有传播者无法回避的一个现实问题。

（五）挑战二：公益机构数字化公益传播意识不强

公益广告的传播依托于公益组织的强大的用户数据支撑。近年来，以腾讯公益、微公益等为代表的互联网公益平台已经承担起传播与筹款双重任务。腾讯公益发布的一项调研数据显示，88%的受访公益组织都已开通了包括微信公众号、抖音短视频等在内的社交媒体账号。公益项目的互联网创新传播已成为从业者的共识。然而，公益机构在面临数字化转型时，仍然存在着数字化根基不牢固的沉疴。

公益项目的运作是一个连续且系统的过程，在运作的不同环节，其使用的工具有所区别，因此公益机构的运营数据散落在不同的平台中，极易导致公益机构在项目发起、广告传播、资金筹措等环节之间的数据沟通不畅。

（六）挑战三：公益数字化产品及服务尚不完善

目前，公益数字化供应商可分为产品供应商及服务供应商。前者指的是专业的公益数字化产品，例如，灵析、哈公益、恩友财务等公益专用应用；后者则为公益组织提供的数字化规划等服务，例如腾讯公益、阿里巴巴公益等公益募捐平台，蚂蚁链、腾讯领御等区块链平台以及简道云、轻流等无代码平台。

然而，根据腾讯基金会与腾讯研究院发布的《2021公益数字化研究报告》提供的数据来看，[②] 目前我国的公益基金会已接近8 000家，但是公益数字化供应商仅有十余家。公益产品"供不应求"且质量良莠不齐成为公益数字化亟待解决的难题之一。

---

① 腾讯营销洞察、人民网研究院：《95后年轻人注意力洞察报告》，2021年。
② 腾讯基金会、腾讯研究院：《2021公益数字化研究报告》，2021年。

三、公益广告的数字传播创新

（一）传播主体创新：互联网企业主导下全民参与格局初现

我国最早的公益广告诞生于 1986 年，经过三十多年的发展，我国公益广告的传播主体已从媒体主导阶段逐渐转向多元主体共同参与的全新阶段。

1986 年，旱灾影响城乡居民的生活用水和工农业的发展，与此同时，该年也是"七五计划"实施的第一年，工业用水猛然增加，为了号召居民警惕水资源危机，减少水源浪费，贵阳电视台制作了中国第一支电视公益广告《节约用水》。[①] 这标志着我国公益广告的诞生。起步阶段的公益广告是纯粹的公益性质，传播主体以官方媒体为主，传播内容上以社会性话题为主。

1996 年，"中华好风尚"主题公益广告月正式举办，这标志着由政府主导下的全国性电视公益广告活动的全面展开。2001 年，公益广告活动的热潮在全国大范围掀起，因此，这一年也被称作为"公益广告年"。

发展阶段的公益广告仍然是由政府为主导的，但是比起起步期来说，该阶段的公益广告呈现出系列化的特点。

2001 年底，中国加入世界贸易组织，这意味着中国经济发展迈入了一个全新的阶段，与此同时，人们在物质生活基本得到满足后，开始对精神文明生活产生巨大需求。在此背景下，中国公益广告的参与主体逐渐变得多元化，形成了"政府主导＋事件驱动＋企业媒体多方参与"的新格局。

2011 年 10 月，党的十七届六中全会提出了"文化强国"战略，致力于建设社会主义文化强国。媒介的快速发展促使新媒体时代的到来，媒介融合推动着公益广告内涵与外延的深刻改变。而在 2012 年，广告产业"十二五"规划明确提出大力发展公益广告事业的要求，完善公益广告的扶持政策，这标志着我国公益广告就此迈入了多元主体共建的发展阶段。

---

① 倪宁：《试论公益广告及其传播》，《新闻界》2000 年第 3 期。

如今的公益广告，已经打破了原有电视公益广告传播模式，而演变成全民参与的多样化传播新格局，[①] 它不仅在传播策略上呈现出多样化趋势，在传播理念上也演化成催生全民公益理念的产生。与此同时，相比于之前，如今的公益广告有了政治政策的保障，其主题也更倾向于对社会主义核心价值观的培育。

新媒体时代的到来给以往的广告营销带来了深刻的改变，这种改变在公益广告传播上首先体现为传播主体的变化。在以报纸、电视为主的传统媒体时代，公益广告活动的策划及执行通常由政府主导，比如上文提及的"中华好风尚"主题公益广告月。随着公益传播的概念逐渐深入人心，各种社会组织及企业纷纷加入公益广告传播的行列之中。尤其是互联网企业，逐渐成为公益传播的主导力量之一。

腾讯公益作为目前中国首屈一指的互联网公益平台，就曾提出数字公益生态的蓝图，在其规划的中国公益数字化生态图谱中，数字化产品服务供应商与政府成为公益链条上的关键环节。具体而言，政府通过发布政策引领公益事业健康发展，纵向提升公益深度。各大数字化产品服务商将持续为公益机构提供专业支持，横向拓展公益广度。在此基础上，公众积极履行监督者的职责，促进公益事业的公平开展。

（二）传播技术创新：数字技术助力跨渠道整合传播

1. 精准化：建立私域关系，精准洞察促进复捐与黏性

数字化技术及大数据平台的在公益项目上的普遍应用，促使公益组织与捐赠人之间建立起私域关系。通过数据共享，公益组织及平台不再只是向捐赠人推送标准化的信息，而是从千篇一律的公益信息中筛选出个性化、针对性强的信息进行推送，以维系与捐赠人之间的关系。数字化平台通过标记捐赠人特征，实现对受众的精准洞察，进一步缓解捐赠人潜在流失、复捐率低等问题。

谷歌慈善项目 Charity：Water 是公益平台实现精准触达的典型案例之一。Charity：Water 是一个非营利性组织，它为发展中国家的人们提供清洁的饮用水。在过去的 11 年，它已资助了超过 24 500 个项目，为超过 700

① 郝雨、李夕冉：《智媒时代公益广告传播方式路径再创新》，《中国编辑》2019 年第 8 期。

万人提供了安全用水。该组织在谷歌慈善的帮助下，利用智能媒体显著提升了公益转化率，首先，Charity：Water 会基于现有捐助者的行为偏好制定相似群体的用户画像，并对该相似群体进行 Facebook 视频广告投放，紧接着使用谷歌 Ad Grants 增加搜索展示数量，提升品牌曝光率。为了进一步提高组织的公信力，增加捐赠人的信任，该公益组织还使用 Google 地图标示捐款使用所在地，并向捐赠人邮寄 GPS 坐标与照片，方便捐助者跟踪捐款去向。在公益信息投放完毕后，他们会基于不同策略的投放，使用 Facebook Pixel 分析不同策略的人群广告点击与捐赠情况，优化投放策略。在数字化技术的帮助下，2017 年 11～12 月投放后，Charity：Water 的广告支出回报率较以往提升了 5 倍，这一年内有 1.5 万人获得了干净的水资源。

2. 平台化：数字平台全链路服务，降低公益数字化门槛

以往，公益行业内的产品及服务提供者往往是游离在公益生态之外的"独立"个体。而数字化技术的普及和应用，推动了公益平台的诞生与发展，它们正在将整个公益领域重塑为相互串联的生态系统。无论是产品供应商，抑或是政府机构，乃至捐赠者个人，都正在成为公益数字化建设的重要组成部分。公益平台机构的有效实践既为公益组织提供了强有力的数据支撑，又为普罗大众参与公益事业提供了便携的渠道。

阿里巴巴的新未来高中生助学计划就是依托于数字公益平台而诞生的"链上"助学项目。该计划由中国扶贫基金会发起，旨在帮助贫困地区家庭的高中生，为他们提供经济资助。这是阿里巴巴提出"链上公益计划"后第一个落地的项目，也是数字平台全链路式服务的成功实践。

以往，缺乏"公益链"支撑的助学项目需要先通过中国扶贫基金会将将善款汇至地方教育部门，再由地方教育部门将其转至对应的项目学校，最后通过学校老师发放到受益学生手上，整个过程至少需要花费一个月的时间。如今，"上链"之后的高中生助学计划只需将受益人名单录入平台，由中国扶贫基金会复核后，受益人便可通过人脸识别直接领取善款，而这个过程仅仅只需三天。平台化的公益数字化服务，真正做到了点对点的精准助贫。①

---

① 中国残疾人联合会、阿里巴巴集团：《2019 阿里巴巴公益助残报告》，2019 年。

3. 高效化：数据洞察助力精准评估，有效推动项目改善

广告效果评估是广告业界亘古不变的重要课题，公益传播同样面临着投放事后评估。数字化技术有效解决了以往公益广告评估难的问题，通过媒体端、落地页及 APP 等平台的监测数据，项目数据管理平台可以精准洞察公益项目广告投放的转化率，进而实现对公益广告的监测与评估。

目前，许多互联网公司也在积极探索公益传播的新模式，试图以技术开启公益的新时代。以腾讯为例，自 2015 年起，腾讯公益联合联合国内的慈善组织、知名企业、明星名人、传播机构等力量，共同推出了"99 全民网络公益日"活动。如今，"99 公益日"已经成为中国参与人数最多、影响力最广、场景最多元的全民公益行动日。腾讯公益为该活动提供了全链路的服务支持，包括项目管理、平台发布、移动支付、社交传播等功能。其中，项目管理可以使机构随时随地公开善款使用情况，让公益活动更加透明化，善款去处更加可追溯。一站式的公益项目服务可以使公益信息实现全平台发布，同步线上传播与募款。腾讯公益所支持的移动支付功能使筹款更加高效率与便捷化。

在数字技术的帮助下，腾讯公益全面优化了平台显示的操作流程，进行全面提速，使慈善组织线上操作效率提升了 1～2 倍，为我国开展"互联网＋公益"助力慈善事业提供了有效的借鉴。

（三）传播内容创新：数字技术赋能广告创意，公民崛起促进内容多样化

1. 多渠道整合传播，社交性凸显

随着媒介技术的革新，个体逐渐拥有内容制作的权利。以往"单向性"的公益传播模式已经被"双向性"甚至是"多向性"所取代。[①] 因此，用户在公益传播中不仅仅是参与者，更是传播者。这是数字化时代所带来的去中心化、社交化与平等化的重要体现。用户在参与公益传播的过程中，会进行传播内容的二次创作，生成 UGC 内容，在媒体平台上进行发

---

① 夏佳鑫、杨为方：《什么是公益传播——数字传播时代的公益传播概念研究》，《广告大观（理论版）》2020 年第 4 期。

布，从而鼓舞更多的人加入该公益活动之中。可以说，数字化技术让公益广告实现了裂变式、病毒式传播。

阿里巴巴的蚂蚁森林活动是全民共同参与的社交性公益传播创新实践。蚂蚁森林是支付宝在2016年推出的一款互联网环保公益项目，旨在鼓励社会大众选择绿色生活方式，如步行或骑自行车代替开车，选择公交出行、网上办事等低碳减排方式。支付宝通过联合阿里巴巴旗下的各大平台，记录用户的行走步数、购买行为等，然后以"能量"的方式量化记录相关低碳行为。当用户累积的"能量"达到一定数量时，蚂蚁森林会为其提供虚拟种树的机会，当树木长成后，支付宝会联合公益合作伙伴在荒漠化地区种植一棵真实的树木，并且会为该用户授予证书。

在社交媒体高度发达的今天，人们进行二次传播的驱动力可以分为以下三种，一是功能性驱动，即信息对于用户来说具有实用性。二是分享性驱动，用户会将自己感兴趣的话题以分享的姿态传播给同好者，以此形成自己独有的圈层话题。[1] 三是社交性驱动，即用户为了满足自己的社交需求，建构展演身份形象而进行的传播行为。蚂蚁森林以证书作为参与奖励，鼓励用户在参与过后通过证书进行分享与传播。用户不仅能够得到内心的满足，还可以构建自我的理想道德身份，完成身份认同。这种仪式化的公益奖励机制丰富了公益广告的传播内容，整合了公益行为与社交功能，满足了用户的情感需求。

2. 技术与创意结合，娱乐性凸显

媒介技术的进步导致了信息过载现象，人们为了适应瞬息万变的信息时代，不得不以"碎片化"的方式接受各种信息，因此，注意力成为当下各大传播主体相互争夺的稀缺品。公益广告作为广告的组成部分，同样需要立足于用户需求，以娱乐性、社交性的传播内容，增强用户的参与兴趣，让用户以更主动的姿态投身到慈善活动中。

如今，不少公益项目都前仆后继地使用微信小程序、H5技术、全景式卡片广告等手段以增强广告创意。以中国银联与央视新闻携手发起的"诗歌长河"公益活动为例，该活动以大山里的孩子为主角，展现他们朴

---

[1] 郗芙蓉、杨雪：《新媒体时代公益传播的路径探索——以"蚂蚁森林"为例》，《传媒》2020年第7期。

实且纯真的才华。这场公益直播获得了央视新闻微博、抖音、快手及央视新闻客户端的四方支持,直播观看总人数近 3 000 万。中国银联更是在张家界悬崖上挂了一条近百米的诗歌瀑"布",收集了从古至今的诗词名篇和山区孩子们的诗歌,成了"有温度的装置艺术"。直播现场还邀请到了实力唱作歌手松柏以及民族音乐人阿朵,通过名人效应增加公益传播的覆盖面。

3. 公益广告内容聚焦:网络微公益成为主流

社交化裂变式公益传播的实现,同时离不开公益参与门槛的降低,也就是"微公益"的产生。所谓微公益,就是指从微小的公益事件入手,注重积少成多。① 微公益有别于以往大兴土木的公益活动,其公益目的往往较为聚焦且实际。比如"免费午餐"公益活动、腾讯公益为大山儿童捐献冬衣活动等。这些微公益活动参与门槛较低,且平台覆盖率较高,参与者所花的时间成本与金钱成本较少,同时,参与后用户可获得自我满足感,并提高社会认同度。这使得微公益这种全新的公益形式逐渐成为网络公益的主要方式,使得公益广告的裂变传播成为可能。

以腾讯"益行家"活动为例,用户通过微信运动及手 Q 运动,可以将自己每天的行走步数捐出,由企业和慈善组织为扶贫项目捐款,该活动上线一个月的时间,网友捐献步数就高达 376 亿步,截至 2020 年 5 月,腾讯公益上捐献步数活动共有 11 亿人次参与,捐献金额超过了 11 亿元,腾讯公益也凭借此活动成为全球最大的运动捐步公益平台。②

四、结语

科技的发展及新媒体的进步对于公益广告传播来说是一个巨大的机遇与挑战。在数字媒体技术的支持下,公益广告在其传播主体、传播方式、传播内容上都有所创新,这赋予了公益广告更多的可能性,同时增强了公益广告的传播效力。但是,公益广告的非营利性是其区别于商业

---

① 李中星:《新媒体语境下微公益传播路径及动力机制初探》,《卫星电视与宽带多媒体》2020 年第 7 期。

② 腾讯公益、腾讯研究院:《面向"后脱贫时代"的互联网探索,2019—2020 腾讯扶贫年度报告》,2020 年。

广告的根本特点，非营利性给予公益广告天然的公信力与号召力。但是，随着娱乐化、社交化公益广告的出现，其商业价值逐渐被企业看到，如何不被利益所裹挟，规避公信力丧失、严肃性消解等潜在风险，发展具有活力的长期性公益文化事业，是广告从业者乃至整个社会亟须思考的重要问题。

公益组织微博影响力实证研究[*]

杨先顺　路珍珍^{**}

随着互联网的迅速普及，社会化媒体在人们生活中的重要性愈发突出。微博凭借其双向互动、即时传达、广泛覆盖等特性，充分展现了其他传统媒体所无法媲美的优越性与独特性，吸引了大量受众的自发关注。微博作为能够实现信息传递、接收与交流的媒介，为大众提供了相对自由、多元包容的公共场域、缓解社会焦虑的重要载体以及每一个平凡个体发声的重要平台。公益组织微博作为微博的重要组成部分和信息传播的重要形式，在整合社会资源、发布正能量信息、展现"玻璃口袋"等方面发挥了重要作用。

2011 年，以"免费午餐"为代表的全民公益紧乘微博的技术之风，将公益理念从精英阶层组成的正式化组织扩展到了每一个普通个体，充分展示着信息时代的显著特征，众人宣称"微公益"时代来临。同年，公益组织的社会信任遭受重挫，一些著名的公益组织惊现丑闻，我国公益事业面临着空前的挑战。在此背景下，大量的公益组织开通了自己的微博账号，及时对公益项目、募集资金、执行情况等进行宣传，主动公开财务状况，让各参与方均能够快速了解公益组织的运营现状，提高透明度。曹桂全等学者认为"慈善组织微博运营状况的好坏直接关系到其影响力的大小"。^①对公益组织微博影响力的评价研究具有非常重要的指导意义，其价值在

＊　本文原刊于《现代广告（学刊）》2022 年第 1 期。
＊＊　杨先顺，暨南大学新闻与传播学院教授、媒体国家级实验教学示范中心主任、博士生导师、暨南大学传播与国家治理研究院院长。路珍珍，暨南大学新闻与传播学院硕士研究生。

①　赵阿敏、曹桂全：《慈善组织微博影响力评价研究——基于 17 家全国公募基金会官方微博的实证研究》，《情报杂志》2013 年第 10 期。

于：微博是公益组织对外发布信息，实现与受众双向沟通的主要途径。喻国明等学者认为："微博影响力的动力机制内生于微博作为信息服务平台所激发的内容协同生产及基于用户社会关系网络打通的信息通路，其本质是对信息资源的凝聚力和整合力。"① 对公益组织微博影响力进行综合评估与分析，有助于全方位地了解公益组织微博目前的总体概况，从而提升公益组织微博的发展能力，实现良性循环；对公益组织的微博影响力进行具体讨论及排序，有助于公益组织客观认知自身优缺点及在总体中自己所处位置，能够有针对性地进行微博内容更新及运营优化。

本研究通过归纳已有研究成果及对微博用户行为进行深入的观察与分析，建立起公益组织微博影响力评价指标体系，选取 18 个公益组织的微博为分析样本，采用因子分析法和聚类分析法对公益组织微博影响力进行整体讨论与评估，为公益组织微博的运营优化提供建议，为提高社会影响力提供科学依据。

一、文献综述

目前，学术界对于政府、智库等主体在微博影响力方面的研究较多，而对公益组织微博影响力的研究则较为匮乏。已有成果对本文具有宝贵的参考价值，笔者将从微博影响力指标体系建设和具体评价方法两方面对现有文献进行归纳总结。

（一）关于微博影响力评价指标

微博最早产生于国外，国外学者对该领域的相关研究开始较早，对微博影响力的研究也更为成熟。当前，对于微博影响力的探索主要从两个维度进行：一是按行为主体进行划分，分为发布者行为与接收者行为，发布者行为包括原创微博、转发微博、关注其他用户等，接收者行为包括留言、转发、点赞等；二是按照影响因素的具体表现形式，不同的学者提炼后将其划分为活跃性、关注性、互动性、整合性等多个指标。

---

① 喻国明、欧亚、张佰明，等：《微博：一种新传播形态的考察——影响力模型和社会性应用》，人民日报出版社 2011 年版。

Cha 等学者从用户角度出发，通过搜集推特（Twitter）数据，对被跟随（Indegree）、转推（Retweets）和提及（Mentions）3 个指标的影响展开了详细分析。[①] Danah Boyd 等人的研究进一步细化了影响因素，文中指出微博影响力应该包括发布、回复、转推、被转推、跟随、被跟随 6 个方面。[②] 随着微博在我国的快速兴起及影响力的不断扩大，国内学者也开始对该领域展开探索。赵阿敏等通过对用户行为进行挖掘与归纳，将微博中的用户行为分为关注度、活跃性等 4 个一级指标以及粉丝数、关注数、转发数等 10 个二级指标；[③] 叶均玲等结合武汉市政务微博的发展现状，建立了建设力、创新力、影响力及服务力 4 个一级指标及发博数、是否认证、地方粉丝数等 15 个二级指标；[④] 张兆阳等对新型冠状病毒肺炎疫情的媒体微博影响力进行了研究，建立了活跃度等 4 个一级指标，@数、被@数等 10 个二级指标；[⑤] 陈明亮等从媒介影响力形成的 4 个环节（接触、认知、说服、二次传播）出发，构建了由"微博主是否实名认证""粉丝质量指数""粉丝互动率"等 8 个指标构成的评价体系。[⑥]

（二）微博影响力评价方法

根据已有研究成果，笔者对微博影响力评估方法进行系统梳理，可概括为下述三种：第一，Page Rank 及在其基础上形成的评价方法。Page Rank 是谷歌系统用以识别页面级别及其重要程度的手段之一。[⑦] Jianshu Weng 等学者将这一识别网页的方法迁移到微博影响力的研究中，根据

---

① Meeyoung Cha, Hamed Haddadi, Fabricio Benevenuto, et al. "Measuring User Influence in Twitter: The Million Follower Fallacy". *The Association for the Advancement of Artificial Intelligence*, 2010, pp. 11-13.

② Danah Boyd, Scott Golder, Gilad Lotan. Tweet, "Tweet, Retweet: Conversational Aspects of Retweeting on Twitter", *43rd Hawaii International Conference on Systems Sciences*, 2010, pp. 4-10.

③ 赵阿敏、曹桂全：《政务微博影响力评价与比较实证研究——基于因子分析和聚类分析》，《情报杂志》2014 年第 3 期。

④ 叶均玲、郑佩佩、苏比努尔·玉素甫，等：《武汉市政务微博传播效果评价与优化研究》，《情报探索》2020 年第 12 期。

⑤ 张兆阳、吕妍、罗思琪，等：《突发公共卫生事件背景下微博影响力评价——以 20 家主流媒体微博为例》，《信息资源管理学报》2021 年第 11 期。

⑥ 陈明亮、邱婷婷、谢莹：《微博主影响力评价指标体系的科学构建》，《浙江大学学报（人文社会科学版）》2014 年第 2 期。

⑦ Jain U., Mishra A., Jaganathan B., et al. "Study and analysis of category based PageRank method", *Wireless Netw*, 2021, pp. 5461-5476.

PageRank 的方法，基于话题的相似属性，设计出一款适用于每一个独立微博用户的评价方式。[1] Danah Boyd 等学者更深层次的拓展了该方法，发展为 TU Rank。李军等学者在 TU Rank 方法的成果上，针对国内微博使用现状，对 TU rank 进行了本土化改造，提出了微博影响力评价模型 WU Rank。[2] 第二，斯皮尔曼等级相关系数法。Cha 等学者采用该方法，对研究结果两两之间对照分析并计算得分，形成综合排名；Shaozhi Ye, S. Felix Wu 运用该方法，研究发现回复数是微博影响力最为稳定的影响因子。[3] 第三，主成分分析及因子分析评价法。郝晓玲等人利用获取的企业微博数据，采用该方法，析出了五种企业微博影响力的影响公因子，在此基础上形成了百家企业微博影响力排名；[4] 高莹等学者采用此类方法对山东省 17 个城市的政务微博影响力进行了研究。[5]

二、指标体系设计

（一）评价策略流程

笔者通过阅读文献及与专业人士展开讨论，初步拟定了评价指标集，按照各指标的影响维度及类别属性构建评价指标体系。针对现有指标，邀请专家进行访谈，并收集数据进行预调查，以期发现问题并及时修改。各维度一二级指标经过不断地调整完善，最终建立评价指标体系。利用数据收集软件 python 进行数据抓取，对已收集数据中的错误、重复、不完整、相互矛盾的数据进行筛选，以保证其一致性与有效性。在此基础上进行因子分析与聚类分析，析出公因子，以计算综合得分及排名。最后，进行公益组织微博影响力分析与评价，并选取影响力最高的公益组织微博展开具体讨论，针对公益组织微博运营优化提供参考建议。

---

[1]　Jianshu Weng, En Peng Lim, Jing Jiang, et al. "Twitterrank: Finding Topic-sensitive Influential Twitterers", *Third ACM International Conference on Web Search and Data Mining*, 2010, pp. 7 - 9.

[2]　李军、陈震、黄霁崴：《微博影响力评价研究》，《信息网络安全》2012 年第 3 期。

[3]　Shaozhi Ye, S. Felix Wu. "Measuring Message Propagation and Social Influence on Twitter.com", *Proceedings of the 2nd International Conference on Social Informatics*, 2010, pp. 223 - 228.

[4]　郝晓玲、陈轶杰：《企业微博影响力指数研究》，《情报杂志》2013 年第 7 期。

[5]　高莹、王晓：《基于因子分析和聚类分析的政务微博影响力研究——以山东省 17 个城市公安政务微博为例》，《情报探索》2020 年第 11 期。

（二）评价模型指标体系的确定

在文献阅读及讨论的基础之上，依据评价指标体系构建的原则，提出包含 5 个一级维度、13 个二级维度的评价指标集。邀请八位学界业界专家，其中包括三位从事或曾经从事过该领域研究的高校教师、三位公益组织负责人和两位微博运营专员，针对现有指标，提供意见。

1. 一级指标的筛选

评价模型一级指标由关注度、活跃度、忠诚度、互动性及创新度 5 个维度构成，根据专家意见，以上 5 个维度能够满足公益组织微博影响力评估的需求。

2. 二级指标的筛选

二级指标是在已形成的一级指标的框架之下，对一级指标具体含义的拓展与补充。

关注度维度：原有指标可满足研究需求，不做改变。

活跃度维度：研究时间跨度适中（三个月），月更数与日更数为总微博数的月平均数及日平均数，研究意义重叠，可删除。

忠诚度维度：专家建议删除铁粉数，因微博平台信息呈现形式，铁粉数具体数据难以准确采集，易成为噪音数据。

互动性维度：原有指标可满足研究需求，不做改变。

创新性维度：专家对原创微博是否能够体现微博内容的创新性及其与微博影响力之间是否存在必然联系持怀疑态度。笔者收集 18 个微博数据进行预调查，发现难以析出该因子，进一步与其他因子进行相关性分析，不具有显著相关性，故删除。

根据专家意见进行修改后，发现创新性维度与活跃性维度各有 1 个二级指标，原创话题数的数量亦可反映微博活跃度，故将其转移至活跃度维度。

评价指标及具体释义如表 1 所示：

表 1 评价指标及其具体释义

一级指标	二级指标	指标阐释
关注度	转发数	转发数指公益组织微博内容被其他用户转发的数量，数量越多，信息传播越广泛。
	评论数	评论数指公益组织微博内容被其他用户评论的数目，评论行为需要受众更主动的介入，体现了信息传播的深度。

续表

一级指标	二级指标	指　标　阐　释
关注度	点赞数	点赞数指公益组织微博内容被其他用户点赞的数目，体现了信息传播的深度。
	关注数	关注数指公益组织微博关注其他微博账号的数目。公益组织获取的信息量随着关注数目的增加而增加。
活跃度	微博数	微博数指公益组织发布博文数目的总和，其中分为原创内容与转发内容。微博数反映了公益组织网络表现的活跃度。微博数越多，则网络表现越活跃。
	原创话题数	原创话题数指公益组织微博首创的话题数目，公益组织是其话题主持人或话题贡献度排名第一。原创话题以"＃＃"的形式呈现，将碎片化的内容有效整合。
忠诚度	粉丝数	粉丝数指关注公益组织微博账号的其他微博用户的数量总和，展现了公益组织微博的受众基础。
	活跃粉丝数	活跃粉丝数指 30 天内与公益组织微博互动达到 2 次及以上的用户数目，反映了粉丝黏性。
互动性	@数	@数指公益组织发布微博时，主动@其他用户的博文数目。@用户并发布后，对方会看见此条信息并查看。
	被@数	被@数指公益组织被其他用户@的微博数目。

三、数据来源及研究方法

（一）数据来源

我国公益组织微博数量庞大，涵盖的领域较为广泛，且微博运营状况差异巨大。为了保证研究对象的可比性及数据的真实性、准确性与权威性，本文以实名认证、加"V"标志、粉丝数大于一万为筛选标准，选取同一水平的公益组织微博数据具体分析。最终选取了中国宋庆龄基金会、中国红十字基金会、深圳壹基金基金会等 18 个公益组织微博为研究对象，运用 python 软件进行数据抓取，以 2021 年 2 月 25 日至 2021 年 5 月 25 日期间的数据作为样本。

表 2　18 家公益组织微博数据（2021 年 2 月 25 日至 5 月 25 日）

公益组织名称	转发数	评论数	点赞数	关注数	微博数	粉丝数	活粉数	@数	被@数	原创话题数
中国宋庆龄基金会	55	27	366	553	83	56 468	2	0	2	1
中国红十字基金会	2 641	1 001	4 295	1 156	94	573 524	3	20	7	9
深圳壹基金基金会	65 797	14 600	47 742	1 396	160	2 188 154	100	50	213	16
中国扶贫基金会	210 182	12 340	158 104	2 611	135	1 424 329	21	119	313	15
中国青少年发展基金会	20 248	7 791	46 638	432	134	700 042	75	61	74	5
中国青年志愿者协会	1 532	708	8 379	339	143	4 795 180	243	0	3	3
中华环境保护基金会	9 035	4 350	22 355	114	38	60 558	10	22	23	1
中国人口福利基金会	3 300	2 820	7 319	675	126	389 533	7	45	21	8
中国发展研究基金会	239	118	468	272	68	316 903	6	5	2	4
真爱梦想公益基金会	16 534	5 300	8 859	873	89	158 393	6	27	25	3
中国妇女发展基金会	3 586	3 317	20 193	1 487	291	638 604	30	53	42	5
中华社会救助基金会	11 084	4 789	13 490	787	310	684 646	28	47	51	4
中华思源工程扶贫基金会	13 260	5 038	37 671	336	60	277 857	280	23	19	3
中国绿化基金会	77 375	22 022	98 946	1 461	96	425 962	312	59	61	3
中国互联网发展基金会	7	1	10	111	144	81 650	0	6	3	1
儿童希望救助基金会	48 601	11 017	17 879	946	27	16 359	362	1	3	2
姚基金公益基金会	94	71	479	692	60	187 846	16	23	14	3
中国少年儿童基金会	15 783	74	1 150	418	134	836 113	57	16	4	8

（二）分析方法

因子分析法。因子分析法是统计分析中重要的研究方法，其核心思想是从多个不同影响因子中提取公因子以降低原始数据维度，将较多具有内在联系的指标转变为具有更强概括力与解释力且数量较少的总结性指标。总结性指标即公因子，可以更加真实全面地展现变量之间的依属关系，由公因子替代原始变量进行后续研究，可以赋予因子变量更强的描述力及解释力，同时能够更加清晰的展现原始数据特征。[①] 本文采用该方法，从归纳及专家访谈后所得的公益组织微博影响力的 10 项二级评估指标中提取出 3 个公因子，从而对公益组织微博影响力进行综合分析与评估。

聚类分析方法。聚类分析的核心思想是将相关性较强的变量归类成群，以了解其内部结构，具体操作是在样本之间定义距离，各变量之间设定相似系数，经过界定的距离与相似系数则分别展现了样本与变量之间的相似程度；此种方法不会先天设定类别属性，所有的讨论与分析均以最原始的数据为起点，以数据本身的特征属性为依据，将其划分为多个迥异的簇，减少人为因素的影响，尽可能真实客观地反映变量间的内生关系；被归置到同一簇中的因子内部属性一致，具有较强的相似性；被归置到不同簇中的因子，则反之。[②] 本文采用此方法，将 18 家公益组织微博，按照因子分析所提取的公因子的内部属性切割划分，以寻求样本间的差异与勾连，进而讨论其异同。

四、公益组织微博影响力比较分析过程

对已获取的数据分别进行因子分析和聚类分析。

（一）因子分析

1. 指标相关性及适用性检验

数据是否适合进行因子分析，需要对样本的适用性及指标的相关性进

[①] 赵喜林、李德宜、龚谊承：《应用数理统计与 SPSS 操作》，武汉大学出版社 2014 年版。
[②] 赵喜林、李德宜、龚谊承：《应用数理统计与 SPSS 操作》，武汉大学出版社 2014 年版。

行检验，检验工具为 KMO 样本测度法和 Bartlett 球形检验法，前者检验样本的适用性，后者检验样本的独立性。检验数据显示，KMO 值＝0.689＞0.6，符合条件。Bartlett 球形检验近似卡方统计值为 153.512，显著性水平 P 值＝0.000＜0.05，因此拒绝原假设，表明变量之间具有相关性，不完全独立。综合以上结果，本文数据宜采用因子分析法进行分析。

表 3　相关系数 KMO 和 Bartlett 的检验结果

取样足够度的 Kaiser-Meyer-Olkin 度量		.689
Bartlett 的球形度检验	近似卡方	153.512
	df	45
	Sig.	.000

2. 提取公因子

按照因子特征值是否大于 1 及累计贡献率是否大于 85％，对公因子进行整合划分。由表 2 可知，第一公因子 F1、第二公因子 F2 及第三公因子 F3 特征值分别为 5.084、1.985、1.578，均大于 1。3 个公因子的方差贡献率依次为 52.842％、17.849％、15.779％，累计方差贡献率达 86.471％，即 3 个公因子反映了原始变量 86.471％的信息，说明析出的公因子可以较为全面准确地代表原始数据绝大部分信息，数据完整性较强。通过 Kaiser 标准化的正交旋转法，建立公因子载荷矩阵，旋转在 5 次迭代后收敛，使各个变量在某一公因子上产生较高载荷。

表 4　旋转后公因子载荷矩阵、特征值、贡献率、累计贡献率

指　　标	公　因　子		
	F1	F2	F3
转发数	.934	.182	.010
被@数	.930	−.079	.206
点赞数	.924	.257	−.007
@数	.918	−1.83	.070
关注数	.891	−.026	.107
评论数	.715	−2.50	.354

续表

指　　标	公　因　子		
	F1	F2	F3
活跃粉丝数	.015	.947	−.058
粉丝数	.055	.915	.125
微博数	.164	.230	.782
原创话题数	.354	−.488	.719
特征值	5.084	1.985	1.578
方差贡献率	52.842	17.849	15.779
累计贡献率	52.842	70.691	86.471

　　公因子 F1 对公益组织微博影响力的贡献率为 52.842％，在三个公因子中排名第一，说明影响最大。由表 4 可知，该公因子在转发数、被@数、点赞数、@数、关注数、评论数上载荷较高。转发数、点赞数、评论数反映了受众对于公益组织微博内容的关注程度，展现了受众单方面与公益组织微博互动的情况，关注数、@数、被@数则反映了公益组织与受众之间的双向互动情况。据此，我们将该公因子命名为"互动因子"。

　　公因子 F2 对公益组织微博影响力的贡献率为 17.849％，低于公因子 F1 的贡献率，说明影响一般。该公因子在活跃粉丝数、粉丝数上载荷较高。粉丝数与活跃粉丝数反映了公益组织的群众基础及粉丝黏性。据此，我们将该公因子命名为"粉丝因子"。

表 5　18 家公益组织微博影响力因子得分及排名

	F1 因子得分	排名	F2 因子得分	排名	F3 因子得分	排名	综合得分	排名
中国扶贫基金会	1.7	1	−0.07	10	0.01	6	1.64	1
深圳壹基金基金会	0.63	2	0.01	5	0.19	2	0.84	2
中国绿化基金会	0.58	3	0.35	1	−0.09	13	0.83	3
儿童希望救助基金会	−0.12	10	0.35	1	−0.11	17	0.12	4
中国青少年发展基金会	0.13	4	−0.01	7	−0.01	7	0.1	5
中国青年志愿者协会协会	−0.63	18	0.23	3	0.41	1	0.02	6

续表

	F1 因子得分	排名	F2 因子得分	排名	F3 因子得分	排名	综合得分	排名
中国妇女发展基金会	0.08	5	−0.2	18	0.1	4	−0.01	7
中华思源工程扶贫基金会	−0.19	11	0.21	4	−0.06	11	−0.04	8
中华社会救助基金会	−0.03	6	−0.18	17	0.12	3	−0.09	9
中国人口福利基金会	−0.05	7	−0.13	16	−0.02	9	−0.21	10
中国红十字基金会	−0.1	9	−0.12	15	−0.01	7	−0.23	11
上海真爱梦想公益基金会	−0.08	8	−0.05	8	−0.1	14	−0.24	12
中国少年儿童基金会	−0.26	14	−0.08	13	0.05	5	−0.29	13
中华环境保护基金会	−0.23	12	0	6	−0.15	18	−0.38	14
姚基金基金会	−0.25	13	−0.07	10	−0.1	14	−0.42	15
中国发展研究基金会	−0.37	15	−0.06	9	−0.07	12	−0.51	16
中国宋庆龄基金会	−0.38	16	−0.07	7	−0.1	14	−0.54	17
中国互联网发展基金会	−0.43	17	−0.1	14	−0.05	10	−0.58	18

公因子 F3 对公益组织微博影响力的贡献率为 15.779%，贡献率最低，说明影响最小。该公因子在微博数与原创话题数上载荷较高，微博数与原创话题数均是公益组织微博作为行为主体主动发布的信息，体现了其活跃程度。据此，我们将该公因子命名为"活跃因子"。

3. 因子得分及讨论

依据上述步骤所得结果，笔者采纳原始变量因子得分系数和标准化值，利用回归的思维推导得出各因子得分并进行排名。以 3 个公因子的方差贡献率 52.842%、17.849%、15.779% 为权重，构建公益组织微博影响力综合因子得分函数：F＝F1 * 0.528 42＋F2 * 0.178 49＋F3 * 0.157 79，据此函数，可求得各公因子的综合得分。根据各因子得分及综合得分，即可计算出各公益组织微博影响力得分及排名，如表 5 所示，分数越高代表在该方面表现越好。我们对表 5 所示数据进行讨论：

根据"互动因子"F1 得分排名可知，排在前五位的是中国扶贫基金会、深圳壹基金基金会、中国绿化基金会、中国青少年发展基金会、中国妇女发展基金会。这 5 家公益组织微博与受众的互动程度较高，能够充分利用@与被@的功能，实现与受众的直接对话，及时高效地发布项目动态，吸引受众关注，拉近彼此之间的距离。

对"粉丝因子"F2进行分析，排名前五的公益组织分别是：中国绿化基金会、儿童希望救助基金会、中国青年志愿者协会、中国思源工程扶贫基金会、深圳壹基金基金会。表明这五家公益组织微博粉丝质量较高，粉丝能够积极主动地与公益组织微博进行互动，两者之间黏性较强。

对"活跃因子"F3进行分析，中国青年志愿者协会、深圳壹基金基金会、中华社会救助基金会、中国妇女发展基金会、中国少年儿童基金会排在前五位，说明这些基金会发布信息更频繁，信息公开度较高，网络表现更活跃。

对18家公益组织微博影响力的综合得分及排名进行分析，发现整体发展不均衡。前五名公益组织微博分别是：中国扶贫基金会、深圳壹基金基金会、中国绿化基金会、儿童希望救助基金会、中国青少年发展基金会。具体分析单个公因子的得分及排名，发现前五名公益组织微博主要分为以下三种类型：第一种是3个公因子的得分和排名均位居前列，如深圳壹基金基金会；第二种是有1个公因子排名较前，其余公因子排名位于中等偏后，优势公因子强势将综合得分及排名拉入前列，如中国扶贫基金会、中国绿化基金会和儿童希望救助基金会；第三种是各公因子的排名和得分都位于中上水平，因子之间差异不大，如中国青少年发展基金会。不论是上述哪种情况，五家公益组织的微博影响力均属于较高水平，表明微博总体建设良好。排名靠后的五家公益组织分别是中华环境保护基金会、姚基金基金会、中国发展研究基金会、中国宋庆龄基金会、中国互联网发展基金会，五家微博在"互动因子""粉丝因子""活跃因子"三方面表现都较为欠缺，受众对其关注度较低，粉丝质量堪忧，双向互动不足，整体微博影响力水平低。此类公益组织微博需要大力加强优质内容生产，加强微博行为管理和受众关系建设，才能够有效地提高影响力水平。

（二）基于因子分析结果的聚类分析过程

1. 确定类别数目

为了更加深入地探究各公益组织之间微博影响力水平的异同，我们将因子分析过程中提取的3个公因子作为自变量，对18家公益组织的微博进行聚类分析，采用 ward 聚类法，距离度量为欧几里得距离，并将结果以树状图的形式展现。为了展现更优聚类数，我们对 2～6 个类别的聚类进行分析讨论。各类别中包含的基金会个数如表 6 所示：

表 6   各聚类类别中包含的公益组织微博个数

类别数目	1	2	3	4	5	6
2 Clusters	4	14				
3 Clusters	3	1	14			
4 Clusters	3	1	1	13		
5 Clusters	3	1	1	7	6	
6 Clusters	3	1	1	1	6	6

观察表 6 可以发现，若将 18 个公益组织微博划分成两类，则类别太少，无法得出各类之间的具体差异，将样本划分为 3 类或 4 类时，发现有一类中含有 13 或 14 项，说明此时聚类效果不佳。若将样本划分为 6 类，则 2、3、4 类中的基金会个数均为 1，样本量较少，难以发现其共性，亦会影响分析。综上，本文认为将 18 个公益组织微博划分成 5 类较为合适。

2. 聚类结果分析

运用 SPSS25.0 对 18 家公益组织的微博分成 5 类，输出 18 家公益组织微博影响力谱系图，如图 1 所示：

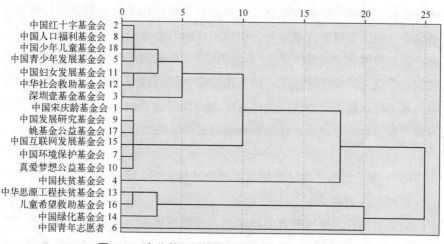

图 1   18 家公益组织微博影响力聚类分析谱系图

　　结合因子分析中 3 个公因子的均值报告（见表 7）可知，聚类效果较好，可以总结特点如下：

　　第一类：强势领先型。此类仅有中国扶贫基金会一家，该公益组织在影响最大的互动因子 F1 上排名第一；粉丝因子 F2、活跃因子 F3 上则表现相对逊色，分别位居第六、第十，属中等偏上水平。但在互动因子 F1 上表现突出，互动程度高，获得了巨大的优势，使得其综合排名位于前列，与第二名的深圳壹基金基金会拉开距离。之后应该重点从提高粉丝质量入手，吸引优质粉丝，提高黏性。

　　第二类：综合中等型。此类公益组织微博主要包括中国绿化基金会、儿童希望救助基金会、中华思源工程扶贫基金会。前两者在粉丝因子 F2 上并列第一名，中华思源工程扶贫基金会则位列第四，可见该类公益组织微博粉丝质量较高，黏性较强。但在互动因子和活跃因子上的表现则稍逊一筹，儿童希望救助基金会和中华思源工程扶贫基金会的 F1 和 F3 公因子排名均在前十之后，儿童希望救助基金会的活跃因子更是位居倒数第二。表明该类公益组织与受众互动较少，网络表现乏力。之后应着重从增加与受众之间的双向互动及提高信息发布频次入手，来增强自身微博影响力。

　　第三类：黑马型。该类公益组织微博仅有中国青年志愿者协会一家。该组织在影响力相对较小的活跃因子 F3、粉丝因子 F2 上，分居第一、第三，说明粉丝忠诚度较高，较为活跃，中国青年志愿者本身也积极发博，网络表现较佳。但是在影响力最大的互动因子 F1 上则表现平庸。该组织之后应多生产优质内容，通过各种方式吸引受众互动，提高关注度，从综合排名来看，有望实现快速赶超。

　　第四类：均衡发展型。该类主要包括中国红十字基金会、深圳壹基金基金会、中国青少年发展基金会、中国人口福利基金会、中国妇女发展基金会、中国社会救助基金会、中国少年儿童基金会。该类公益组织至少有两个公因子均处于同一水平，没有明显偏废。之后应该重点关注排名靠后的公因子，对症下药。

　　第五类：综合偏后型。该类主要包括中国宋庆龄基金会、姚基金公益基金会、中国发展研究基金会、中国互联网发展基金会、中国环境保护基金会、真爱梦想公益基金会。该类微博在 3 个公因子的排名及综合排名上均处于靠后位置，微博个数多且较为密集。该类公益组织在微博影响力水平提升上，任重道远。

表7   公因子均值报告

公因子	Cluster				
	强势领先型	综合中等型	黑马型	均衡发展型	综合偏后型
互动因子	1.19 885	−.31 107	.17 032	3.21 080	−1.18 779
粉丝因子	.07 056	−.53 296	1.79 307	−.43 424	1.37 994
活跃因子	1.39 711	−.21 030	−.65 514	.08 588	3.00 602

（三）高影响力微博代表：中国扶贫基金会

中国扶贫基金会微博属于强度领先型，在18个公益组织微博中综合得分排名第一。探究中国扶贫基金会微博运营的特点，能够为其他微博运营提供启示，提高公益组织微博的整体影响力。

中国扶贫基金会自2009年开通微博以来，截至2021年5月25日已有143万粉丝，共发布12 178条微博，关注其他微博用户2 612人次。每条微博的平均转发量达1 665次，平均点赞量达1 171次。在整个公益组织微博生态中具备较强的影响力。对该公益组织的微博运营特点总结如下：

内容生产方面，一方面紧跟时事，创新话题。快速跟进社会热点事件的报道与援助。云南漾濞地震发生半小时内，中国扶贫基金会开设"紧急驰援云南地震"话题专栏，及时公布救援物资支援情况，并对现场情况第一时间跟进报道，成为了受众的重要信源。儿童节前期开设"活水计划""做孩子的光"等热点话题，微博阅读量达3 158万次，讨论量达15万次。"镜头下的春节""每日益讯""爱加餐"等热门话题年均阅读量破千万，一系列优质话题的开设，形成了中国扶贫基金会微博话题的品牌效应。另一方面，持续产出优质内容。中国扶贫基金会指导拍摄的短片《三年又四月》聚焦于留守儿童心理健康问题，对社会问题的深刻洞察，使其获得了受众广泛的关注，开设的话题"三年又四月"微博阅读量达5 000万次，位于微博话题榜前列。同时设立科普专栏，定期进行安全知识科普，发布频率较稳定，形成了一定的话题效应。

受众互动方面。明星入驻，热度持续发酵。中国扶贫基金会邀请白宇、吴昕、王一博等关注度较高的明星为公益项目宣传大使，积极发挥偶像效应，使公益理念深入人心。第一时间发布粉丝后援会捐款情况，公开透明，激发受众参与热情。粉丝自愿进行二次传播，效果显著。2021 年 5 月 26 日，基金会携手王一博粉丝后援会支援云南地震灾区，基金会将捐款账单截图及捐赠证书在微博发布，发布半小时内，此条微博被转发 2 564 次，评论 1 072 次并点赞 8 000 多次。

粉丝建设方面。中国扶贫基金会积极回应粉丝反馈及需求，粉丝忠诚度较高。发布内容一致性较强，多为呼吁受众参与公益项目、公开活动相关信息和积极向上价值观的传递，内容观点明确，活跃粉丝较多。

五、总结

笔者通过对公益组织微博用户行为的观察与总结，在文献阅读的基础上，初步构建了公益组织微博影响力评价指标集，邀请学界、业界专家参加访谈及预调查，确定了活跃度、关注度、忠诚性、互动性 4 个一级指标，转发数、评论数、点赞数、关注数等 10 个二级指标，构建了公益组织微博影响力评价指标体系。以 18 家公益组织微博为研究样本，利用统计学的因子分析及聚类分析方法对公益组织微博影响力水平进行比较研究，得出了影响公益组织微博影响力的 3 个公因子，即互动因子、粉丝因子和活跃因子，并通过各因子的得分来计算综合得分，再以此为依据进行各因子排序及综合排序。在此基础上，将公益组织微博划分为五类进行聚类分析，分别将其总结为：强势领先型、综合中等型、黑马型、均衡发展型、综合偏后型。并选取影响力得分排名第一的中国扶贫基金会微博进行具体分析，以期给其他微博运营以启示。

本文对研究结果进行分析，发现公益组织微博影响力呈现如下特征：① 公益组织微博影响力水平参差不齐。第一名与最后一名的综合得分差值为 2.22。对于运作较佳，网络表现优秀的公益组织应当不断发展，寻找新的突破；对于发展缓慢、短板突出的公益组织微博，应当积极主动地分析自身状况，发挥优势，改正劣势，向优秀的公益组织微博学习，奋起直追。② 具有较大影响力的公益组织微博数量偏少。将 18 家公益组织微博影响力进行梯度划分，相应可划分为五级。第一级 1 个，第二级 1 个，第三级 3 个，第四级 6 个，第五级 7 个。这一梯度分布并不合理，底层数量过于庞大，之后应该努力减少底层数量，增加中层、高层数量，使之趋向于纺锤形的良性分布结构。

本文的研究价值在于：① 能够补充和拓展公益组织微博影响力的相关研究；② 在已有指标体系的基础之上，引入了原创话题数、活跃粉丝数等多项指标，使其更加全面、完整；③ 运用因子分析法与聚类分析法进行实证分析，并选取影响力最大的公益组织微博进行具体讨论，验证了评价指标的科学性以及所用方法的合理性。

当下我们正处在一个全新的交流时代，公益组织微博作为公益组织与大众沟通交流的桥梁，在其自身品牌形象建设方面发挥着举足轻重的作用。根据上述研究，我们建议：公益组织微博要充分利用微博信息传播的即时性，无限延展的可能性，环环嵌套、相互交织的社会网络关系等巨大优势，从内容、互动、粉丝建设三方面入手，有的放矢，提升影响力。

内容方面，首先，除了提升内容质量之外，也要注重内容传达方式的多样化，努力提升视觉效果。众所周知，新媒体产品正在大量涌现，注意力经济兴起，以往的内容表现方式已经不足以满足受众日益增长的多样化的需求。公益组织微博应综合运用图文、视频、话题、投票等形式传达信息，给受众更加丰富立体的直观感受。其次，要专题化操作，形成品牌效应。公益组织微博在发布重要活动时，要摒弃新闻稿式的通报方式，增加亲和力和人情味，设置原创话题，以话题点为中心，发散探索更多元的角度，将碎片内容整合呈现。最后要注重内容策划，对于可预见的社会热点事件，要提高敏感度，主动制造话题，提前策划活动流程，创新宣传角度，催生受众行动力。

互动方面，首先要实现选择性"点对点"与策略化"多对多"的整合协同。无疑，社会化媒体是多对多的传播，多对多传播模式可以引导粉丝共同参与某个话题的讨论，实现粉丝之间的有效沟通；同时，以公益组织微博集群为阵地，各司其职，能够极大地降低互动压力。但对于个别的点对点的以私信形式呈现的优质互动，亦可经过筛选，以截图的形式发布，以点带面，提高互动效率。其次，尝试建立传受双方都可以接受的互动机制，并将其公之于众，达成合意。最后，灵活变通，创新沟通方式，营造全员互动氛围，提高受众参与感。用丰富互动的方法，幽默、吸睛的内容，吸引用户自发参与；进一步完善典型的互动行为，对于精彩的互动过程，要通过"评论"＋"转发"的方式进行二次扩散。亦可开设互动专栏，收集受众留言及反馈并及时回复，使之趋于完善，合力创造理性、和谐的互动环境。

粉丝建设方面，首先要凸显运营团队的人格化以提高粉丝黏性。大多数公益组织微博账号都有专业的团队负责统筹运营。团队协调强调规则与秩序，而个人表现则凸显个性与主张。在当下的快节奏生活、工业化大规模生产的背景之下，个性化、人性化似乎具有天然的亲和力，人们更容易受其影响，被其打动。团队协调与个人表现，两者相比，团队则明显人性化不足，应当创造机会让运营团队公开亮相，使受众真真切切地感受到团队背后的个人魅力。可以在微博主页面开设新板块，专用于刊登运营团队的相关信息并及时更新。细小的改变，却能极大地加深受众对公益组织的了解，更能够有效化解之前以机构形式呈现的冰冷感，提高粉丝黏性。其次，娱乐化时代，偶像效应明显，邀请明星进行宣传能够极大地提升传播效果，提高粉丝活跃度；但同时也要注意明星的一次性宣传与公益理念持续性传播之间的矛盾，并严格遴选德艺双馨的明星。最后，要保持较为稳定的发博频率，保持内容的一致性，培养受众阅读习惯，实现微博传播系统和社会系统的同频共振。

基于主体-对象-过程模型的
国家广告传播体系构建研究[*]

徐屹丰　姜智彬^{**}

改革开放以来，中国在高速发展的同时不断面临国际环境的新问题与新挑战。开展公共外交、加强对外传播是中国营造有利于发展的外部环境，应对和化解崛起困境的重要举措。在这样的背景下，国家广告逐渐进入我们的视野。通过广告的方式有利于把被动应对改为主动传播和积极推广，构建正面和积极的国家形象。

国家广告并不是新兴事物，但我国在这方面的探索和尝试仅仅十年有余，不论在实践领域还是理论研究层面都处于起步阶段。在实践领域，自2009年中国第一支广告片在海外发布以来，所有国家广告均以相互独立的、不定期投放的形式出现，尚未形成系统的运作机制；在理论层面，现有研究停留在个案分析和传播内容的建议方面，鲜少涉及实施准则、运作机制、体系建设等系统性问题。此外，随着全媒体时代的到来和智能技术的飞速革新，广告从内容呈现、传播渠道、运作方式等各个方面发生着巨大变化，广告的功能和内涵也被重新认识和定义。在此背景下，不仅需要在理论层面回答国家广告"是什么""为什么"的问题，也要在策略层面回答"怎么办"的问题。

---

* 本文原刊于《新闻爱好者》2021年第12期。本文系2018国家社科基金一般项目"人工智能重构下的广告运作流程研究"（项目编号：18BXW105）、2019年度上海外国语大学校级重大科研项目"人工智能驱动的广告变革与发展研究"研究成果。
** 徐屹丰，上海外国语大学讲师、博士。姜智彬，上海外国语大学教授、博士生导师。

一、传播体系：国家广告发展的战略转向

国家广告伴随行业发展和国际社会变革逐渐被人们所认知。我们首先要明确的问题是国家广告是什么？有什么作用？在此基础上，对中国国家广告的发展和现阶段问题进行梳理，进而分析构建我国国家广告传播体系的意义。

（一）国家广告的涵义和功能

国内外学者对于国家广告的概念界定并没有相对一致的定论。在对国家广告含义理解的角度上，国外学者偏重于商业逻辑层面，而国内学者多从职能和作用的层面对国家广告进行阐释。目前国家广告的概念还普遍存在对"国家营销""国家形象广告""国家品牌塑造"等名词混淆使用的情况。笔者在《大国崛起与话语权力视域下的国家广告及其边界》一文中考量了媒介技术革新中广告内涵的变化，以传播主体、受众及其媒体行为、主体与受众的互动目标为要素对国家广告进行了定义："由国家政府及其相关机构作为出资人，有组织地介入国外受众的各类媒介行为，形成国家信息与国外受众的联结和互动，从而影响国外受众对信源国家的认知、态度和行为。"[①] 本文使用上述国家广告概念进行研究。

从国家广告含义出发，其功能和作用是相对多元的，可以归纳为以下六点：第一，塑造国家形象。国家形象指的是关于一个国家"存在于受众意识层面的、具有共享性的事件和体验的总和"。[②] 而建立和维护这种意识层面经验的重要方式就是通过广告传播。第二，进行政治宣传。国家的政治立场、外交政策也有对外进行传播的需求。国家可通过广告的形式将带有政治思想的内容传播给外国受众，也可直接通过广告宣传国家的对外政策。第三，推广旅游资源。旅游推广一直是国家广告的一项重要任务，也能为国家带来直接的推广效果和旅游收入。从二十世纪初开始，就有国家利用广告进行本国旅游资源的推广，冷战结束后这种现象变得十分普遍。

---

① 姜智彬、徐屹丰：《大国崛起与话语权力视域下的国家广告及其边界》，《广告大观（理论版）》2019 年第 10 期。

② 史安斌：《国家形象构建与媒介事件营销》，《国际公关》2011 年第 2 期。

第四，促进商贸往来。企业品牌与国家形象存在双向促进的关系，以国家为主体进行一国经济政策、产业、企业的推广，可以与跨国企业的商业推广形成互补。而商贸促进的广告还往往与一些重大事件、重大经济政策推行相结合。第五，宣传重大事件。在一国举办重大活动或发生重大事件时，国家广告承担在世界范围内进行传播推广的任务。第六，实施危机应对。在有关国家的危机事件发生后，投放国家广告对受损的国家形象进行修复也是一种有效可行的方式。

（二）我国国家广告的发展现状和问题

中国在国家广告方面进行实践的时间并不长，比较受人关注的是 2009 年在 CNN 投放的广告《中国制造》和为了配合前国家主席胡锦涛访美于 2011 年初在纽约曼哈顿广场上投放的视频广告《人物篇》。这几次国家广告活动在国内外都引起了不小的关注，但其影响力没能得到持续和扩散。近几年，我国国家广告的新媒体传播主要依赖旗舰媒体在海外平台和社交网络的拓展，如 2017 年的《中国进入新时代》和 2018 年的《中国一分钟》等。但由于主流媒体的海外受众群相对固定和狭窄，这些宣传片作为"国家广告"的传播效果是比较有限的。

当前，复杂的外交环境和国际舆论环境要求我们的对外传播活动更加灵活、精准和长效，明确问题的症结所在是对策研究的基础。现阶段我国国家广告发展遇到的问题主要有以下四个方面：

1. 广告诉求单一

国家广告可以实现国家形象、政治、经济、旅游、商贸等信息的对外沟通，但从我国以往的国家广告传播实践来看，广告诉求相对单一，几乎都试图展现大而全的国家形象，不利于国家广告传播目标的实现。一方面，广告缺乏具体的"兴趣点"，很难在信息爆炸的时代吸引受众的关注，这会使传播效果大打折扣；另一方面，即使受众关注到了广告内容，也只是留下肤浅和片面的国家印象，并不能使国家广告的多元功能得以实现。

2. 缺乏战略规划

我国的国家广告传播活动从无到有，取得了长足进步，但目前国家广告传播活动的"系统性"还很不足，"今天做一个大的活动，明天做一套宣传片，后天开一个新的卫星电视频道，缺乏统一的规划和战略构想"。[①]深层次传播效果的达成必然要求一定的时间积累，否则无法完成从认知、情感到态度的转化。如果国家广告活动之间缺乏联系，就无法形成合力，广告效果难以持续。

3. 外部联动不足

国家广告传播的战略目标是要改变国际受众的认知和态度，进而改善国家发展的国际环境。因此从更大的视角来看，国家广告是国家整体对外传播战略和公共外交事业的组成部分。目前我国的国家广告传播活动，与国家政策和外交活动有一定互动，比如配合领导人互访、"一带一路"倡议进行投放等。但总体上与公共外交或对外传播的其他手段缺乏联动，传播力量单薄。

4. 反馈机制欠缺

伴随媒介环境的变革，广告经历着从单向传播到双向互动的发展过程，但从我国的国家广告传播活动来看，单向思维仍然比较明显。在传播媒介层面，户外媒体、电视媒体依然是国家广告投放选择的主流，这类大众媒介本身缺乏互动性，在信息流上依旧是单向的。单向传播不仅容易造成"居高临下"的受众心理感受，也不利于二次传播，不能很好地起到沟通交流的作用。而在受众反馈收集和分析层面也没有形成机制，这对于国家广告传播的效果研究和策略提升形成制约。

对于国家广告的现存问题，仅从传播策略、内容选择、表现手法等执行层面是无法解决的，需要从更高的角度调整组织结构，统筹相关资源，梳理运作机制。

（三）进行国家广告体系化建设的意义

体系泛指一定范围内或同类的事物按照一定的秩序和内部联系组合而成的整体，是不同系统组成的系统。[②]构建我国的国家广告传播体系，是对国家广告传播进行组织架构和运行机制层面的结构化设计，有利于从长

---

① 国务院新闻办公室网站：《从"宣传"到"传播"中国迈入"公关时代"》，http://www.scio.gov.cn/ztk/xwfb/20/9/Document/849975/849975.htm，浏览时间：2020 年 3 月 3 日。
② 刘宽：《漫谈体系与标准化》，《标准化助力供给侧结构性改革与创新——第十三届中国标准化论坛论文集》2016 年 10 月。

期和整体上改善国家广告传播现状。本文将国家广告传播体系定义为：为实现国家对外传播目标，按照一定组织结构和规范秩序建立的，由若干子系统组成的有机整体。

国家广告传播体系作为一个系统，有整体性、动态性、开放性、适应性等系统论原理的基本特征，对于改善我国国家广告传播现状具有以下意义：

1. 从片面诉求到整体关照

对国家广告进行体系化建设，有利于从整体上把握国家广告传播活动。系统建设要求设立统一的国家广告传播管理机构，在组织架构上保障体系运行。管理机构既可以根据战略目标对一定时期内、一定区域内的国家广告活动进行设计和规划，形成具有多元诉求的国家广告传播整体策略，也可以统筹国家广告相关资源和媒介投放策略，推进整体和立体的国家广告传播。

2. 从单一策划到战略规划

一个国家要传递的信息和期望塑造的形象是复杂和多面的，不能要求通过一次大规模的对外传播活动改变其在国际受众心中的认知。认知和态度的改变需要传播者与受众建立长期联系，而体系化建设可以对国家广告传播进行更长远的战略设计和规划，建立广告活动之间的内在联系，使之形成合力。近邻韩国从二十世纪末开始，通过一系列的国家广告活动塑造国家形象。从最初的旅游宣传、传统文化展示，到后续展现现代科技实力和流行文化，韩国的国家广告活动持续而有序地为传递国家信息、塑造国家形象助力。

3. 从独立封闭到开放多样

开展国家对外传播工作不能只靠小部分人进行封闭运作，而是要动员社会各界的力量，为达成对外传播战略目标而努力。国家广告作为对外传播系统中的一部分不能封闭运行，需要发挥系统的开放性优势，积极与新闻报道、商业品牌推广、文化交流活动等其他传播手段结合起来。2003年，日本开始实施"观光立国战略"，外务省通过政策和资金引导半官方机构、组织、企业和志愿者全方位地参与国家形象广告战略，时任日本首相的小泉纯一郎也出现在旅游广告中。此外，日本还结合影视动漫等文化产品输出、外文网站建设，辅以旅游政策调整，全方位推动了本国旅游业的发展。

4. 从单向思维到动态平衡

从系统结构层面保障国家广告传播的信息反馈机制，不仅可以使反馈信息为决策者提供决策支持，也可以成为具体国家广告策略形成机制中的输入变量。完善反馈机制，一方面使国家广告思维从单向传播向双向沟通转变，以积极应对环境变化对国家广告提出的新挑战和新要求。另一方面也能使国家广告传播系统根据系统运行状态和效果进行自我调整和优化。

二、政策、环境与技术：国家广告传播体系的现实性

体系化建设对提升我国国家广告传播效果，改善对外传播质量，推进公共外交事业有积极意义，但体系构建同样需要巨大的投入和多方面的支持。本文从政策、环境、技术三个层面分析构建我国国家广告传播体系的现实性。

（一）政策层面：我国对外传播力度持续加大

党的十五届五中全会首次提出了"走出去"战略，在党的十八大和十九大报告中也强调了"提升中国文化软实力""讲好中国故事"，我国逐渐开始从国家战略层面看待对外传播事业。在对外传播实践层面，中国也持续加大投入，不断摸索新的形式，比如设立主流媒体海外分支机构，在海外社交媒体平台开设媒体账号等。据《纽约时报》报道，2009 年前后，我国各级政府几年间在对外传播方面的投入增大，包括开通小时滚动播出的有线新闻频道等。[1] 国家广告传播体系作为对外传播战略工程的一种补充，具有了新闻报道所不具备的传播特性，但需要强有力的政策支持和经费投入。因此发挥我国的制度优势，从国家层面对国家广告对外传播进行体系化建设，是有充分理由和充足能力的。

（二）环境层面：全媒体时代话语垄断被打破

在大众传媒时代，西方传统媒体往往打着所谓民主和自由的旗号，通

---

[1]　董海涛：《全球化语境下我国对外传播中的平衡策略研究》，武汉大学 2012 年博士学位论文。

过其传播资源长期控制国际舆论场，达到他们的报道目的和政治目的。而在国际涉华舆论引导层面，我国具有"客场"劣势，新闻的报道权力属于国外媒体，国家对于国际涉华舆论的客观性缺少施加影响的话语能力。伴随全媒体时代的到来，网络媒体特别是网络社交媒体打破了传播主体壁垒，使国际舆论场成为相对开放的公共传播场域，容纳作为行动者的各国媒介机构和个人，使之形成相互联系的线上社会网络。[①] 这种同等的参与地位在社交媒体时代以互动的方式得以实现。全球媒介的体系性变革带给对外传播新的机遇，国家广告传播如能充分适应媒体深度融合和媒介系统智能化发展，就能丰富以全媒体为基础的国际传播体系，优化国际传播叙事。

（三）技术层面：人工智能赋能广告传播

随着人工智能技术不断融入广告产业，广告的内涵与外延得到扩展。人工智能技术正在重构广告传播生态，推动广告产业的平台化与融合化升级。[②] 国家广告传播体系的建立同样需要智能技术的支持。首先，以大数据为底层技术的数据挖掘与分析系统，能使国家广告传播根据区域与国别的不同，因地制宜地选择媒介渠道，整合跨渠道的互动体验。其次，由于计算技术的大规模运用和数字广告市场需求不断扩大，购买数字媒介流量的方式正在从直接合约购买转变成自动竞价购买，大大节约了媒介购买的时间成本和人力成本，为国家广告传播的媒介拓展和形式拓展提供可能性。最后，借助智能化技术可实时监测用户与广告信息之间的所有接触点，还原受众从广告曝光到转化的全链路完整数据，为国家广告传播体系的效果检测和优化提供依据。

三、主体、对象与过程：国家广告传播体系的系统性

国家广告传播体系是一个复杂系统，体现在高阶数、多回路和非线性

---

① 韦路、丁方舟：《社会化媒体时代的全球传播图景：基于 Twitter 媒介机构账号的社会网络分析》，《浙江大学学报（人文社会科学版）》2015 年第 11 期。
② 姜智彬、郭钦颖：《广告智能投放：基于主体-对象-过程的系统模型》，《当代传播》2020年第 5 期。

三个特征上。系统的阶数是指系统内的状态变量数目，国家广告传播体系在参与主体类型、运作方式、广告目标、评估标准等层面都是多元变量，有高阶数的特性；从信息回路的角度看，系统要处理的不仅是广告信息的传递，还包括政策目标、舆论环境、国别区域环境等多维信息；在系统运作逻辑上，国家广告传播体系内变量的高阶数和信息的多回路决定了其非线性的结构特点。因此，并不能单纯从传播学或广告学角度用经典传播流程模式来概括国家广告传播体系。

在体系建构的具体逻辑上，本文以社会治理领域的主体-对象-过程分析模型为基础，这个分析模型分别从主体-对象-过程视角出发提出治理方案，并探讨三个子系统之间的互动关系，以适应国家广告传播体系复杂系统的特性。在整体结构中，主体维度对应主体互动系统，对象维度对应信息分析系统，过程维度对应传播流程系统（见图1）。三个子系统的关系不是简单的组合关系，而是互为依存和互为建构的关系。主体互动系统决定了体系目标、治理模式和运作机制，信息分析系统为体系运行和优化提供支撑，传播流程系统是体系的落地。

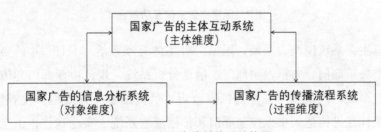

图1　国家广告传播体系结构图

（一）国家广告主体互动系统的构建

国家行为体针对国际形势的变化进行的向外界传递信息、知识、价值的行为，都能在一定程度上影响国际社会规范结构，构建国家身份，最终关系国家利益的实现与否。国家广告的本质是与国外公众的观念互动，具备公共外交属性，因此国家广告一定是服务于国家战略需求的，要与我国舆论舆情状况、外交政策相匹配和适应。但国家广告的传播始终要面对的是政策导向性与传播有效性之间的平衡问题：如果政策对传播运作限制过多，那么广告传播活动将不会适应环境的变化，从而影响传播效果；而政策对传播运作的控制失效，国家广告战略目标同样得不到有效实施。

　　国家广告的主体互动系统是从国家政府和多元参与主体间的互动机制理解国家广告传播体系治理。该子系统的结构逻辑借鉴斯塔福德·比尔（Stafford Beer）提出的生存系统模型。该模型强调在系统运行过程中协调资源的能力，有利于解决国家广告政策导向性与传播有效性的平衡问题。

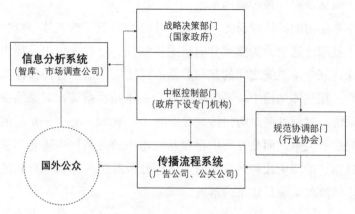

图 2　国家广告主体互动系统

　　以生存系统模型为框架，国家广告主体互动系统（见图 2）的要素包含战略决策部门、中枢控制部门、信息分析系统、规范协调部门和传播流程系统。战略决策部门主体为国家政府，负责国家广告战略和发展规划，将政策性意见传达到中枢控制部门和传播流程系统去实施运作；信息分析系统主体为智库（高校、研究院等）和企业（咨询公司、市场调查公司等），汇集中枢控制部门和规范协调部门的内部信息与系统所面临的整体外部环境信息，捕捉系统面临的所有机遇和挑战，对组织的现有状况提供评判依据，预测未来面临的情况等，为战略决策部门提供信息支撑；中枢控制部门主体为政府下设专门机构，确保战略决策部门和规范协调部门的战略布局和制度条例得到顺利实施，对传播流程系统的运行进行监督和管理；规范协调部门主体为行业协会（中国广告协会、公共外交协会等），为传播流程系统的具体运作规定其行为方式，以及有关传播流程系统各个部分在信息沟通、资源利用、利益分配等方面横向协调的规则与制度；传播流程系统主体为企业（广告公司、公关公司等），需要面对复杂多变的外部环境，完成适合自己的诉求确认、内容创作及媒介投放过程。

主体互动系统的运作机理可归纳为以下三点：

1. 以协调稽核为管理方式，保持战略一致性

国家广告的传播效果需要战略决策部门和中枢控制部门从系统整体高度进行绩效考核，及时发现传播缺口，调整传播方式和方向，提高传播流程系统的传播效率，管理部门协调传播流程主体之间、传播流程主体与整个体系之间的发展战略。在传播内容和手段的创新上，需要整个系统的协同创新，减少国家广告传播的不确定性和随机性。

2. 授权责于中枢控制部门，形成创新动力

在国家广告运作的管理上，战略决策部门要充分授权中枢控制部门。中枢控制部门主体虽为政府下设机构，但需具备较强的国际传播、公共关系知识体系和运作经验，能够承担实现体系自我组织、自我适应、自我演化的责任。中枢控制部门需通过信息系统获取外部环境变化和机遇，进行传播实体间的冲突管理，形成创新传播集群。

3. 规范系统控制，形成可持续的传播体系

国家广告传播在运作层面涉及不同地区、不同媒介，因此传播流程中涉及参与主体数量众多，需要在信息、资源、利益等方面充分横向协调。规范协调部门可通过行业守则和契约形式规范企业在具体广告活动中的行为，并平衡其资源分配，促进传播体系的可持续发展。另外，由于国家广告传播在国际舆论和外交政策层面的高风险特性，在传播过程中容易遇到危机，需要系统从整体高度进行资源调配、风险分担和战略布局。规范协调部门通过应对方案和应对流程的制定对风险应对予以指导。

（二）国家广告信息分析系统的构建

国家广告信息分析系统在整体体系中起到至关重要的作用。首先，它对国际和特定地区舆论环境的监测和评估为战略决策部门和中枢控制部门的决策提供支持，并对不同国别区域的国家广告诉求生成提供依据；其次，通过信息分析系统对目标受众特征和行为进行测量、收集、分析和报告，为传播流程系统的内容生产和投放提供数据支撑；最后，信息分析系统对国家广告进行微观、中观、宏观的效果评估，促进体系的可持续运行和自我优化。

国家广告的诉求多样，受众范围广，效果评估维度多元，要实现相关信息收集与分析必须借助大数据与智能科学手段。信息维度层面包含两层，一层是国别区域维度，一层是信息类型维度。来自不同国别区域的环境监测信息、受众分析信息、效果评估信息，将通过系统的动态数据集成与分析，服务于整体国家广告传播体系。（见图3）

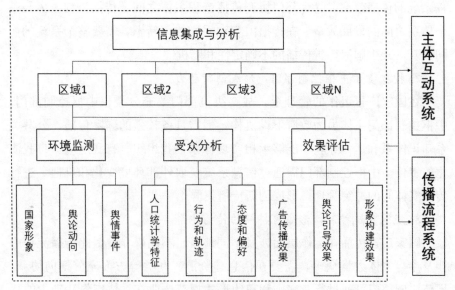

图3   国家广告信息分析系统

1. 环境监测系统的运作机制

这里的"环境"，指的是国际社会环境、国际舆论环境以及国家广告的传播环境，上述环境的情况决定了国家广告活动的战略目标和诉求定位，也对广告内容呈现和传播策略产生影响。

从信息构成上，环境监测包括国家形象评估、国际舆论监测和舆情事件预警。国家形象是社会公众对一国的印象、看法、评价的综合反映，其中又包含了经济形象、安全形象、文化形象、政府形象和国民形象等。[①]但国家形象并不完全是一种客观展现，它在某种程度上是被塑造的，和公众的主观认知、情感、态度有密切关系。因此对不同区域的公众进行国家形象长期系统的收集分析是国家广告信息分析系统目标制定及评价的基

---

① 杨冬云：《国家形象的构成要素与国家软实力》，《湘潭大学学报（哲社社会科学版）》2008年第5期。

础。而国际舆论和舆情的监测预警，则为具体国家广告活动诉求提供方向。利用国家广告，可在国际舆论监测的基础上创造性地推导出舆论客体，强化舆论源，营造舆论场，从而应对舆情事件，引导国际舆论。

在技术手段上，从互联网时代的"统计分析"走向大数据时代的"精准分析"，很大程度地减少了人的工作量，使动态化、全球化的数据收集和分析得以实现。目前分布式网络爬虫技术已比较成熟，用以实时采集媒介端口数据。自然语言识别技术可根据语义语料库、词性标注库、情感词库和已有的风险评价标准对舆论走向和舆情事件进行风险分析和趋势分析。

在环境监测领域的参与主体层面，由于国家形象和舆情信息与国家安全有密切联系，主要应由高校、研究所等智库单位组成。可依托现有研究中心，如清华大学国家形象传播研究中心等，建立信息动态传递机制，实现数据的互通共享。

2. 受众分析系统的运作机制

受众分析系统的结构逻辑与商业广告类似，在新媒体时代通过用户基本信息、网络轨迹判断其态度和行为偏好。将受众态度和偏好的分析结果应用于传播流程系统中，提升国家广告的传播效率和效果。

在信息构成的层面，人口统计学信息包括了受众的基础属性，展示了基本人物信息、地理属性、年龄、受教育水平、宗教信仰、收入水平等。相较于商业广告，国家广告在人口统计学信息中的权重配比有一定差异，比如收入水平的显著降低，受教育水平、宗教信仰等社会属性的显著升高。受众的行为轨迹信息需要通过数据挖掘获取，包含类目比较多元化，包括浏览行为、网络社交行为、购物行为，甚至使用的设备和平台信息等。受众行为轨迹对于判断其对特定事物的认知、态度和行为倾向有重要作用。在对前两类信息进行收集的基础上，则需要通过交叉和聚类分析等手段赋予数据意义，明确受众的态度倾向和媒介使用习惯等，通过传播流程系统所需要的既定分类指标来快速地将用户进行分类。

在技术层面上，传统的问卷、访谈等方式会耗费巨大人力物力且效率低下，可将重心转移至新媒体受众研究，尤其是网络社交媒体受众。首先对重点网络社交媒体平台的用户国别信息、个性特征、行为轨迹进行深入挖掘，建立数据分析框架。然后采用深度分析技术，提出基于多端数据挖掘的用户洞察方法，建立受众的用户画像，通过标签化对受众态度、需求进行预测分析。

在受众分析系统的参与主体层面，可充分运用商业化操作，与国内外市场调查公司和数据分析公司合作，依靠如 PERSONA 模型等较为成熟的商业客户研究模型进行受众分析研究，并接受体系框架内中枢控制部门的稽核与评估。由于受众研究和广告流程系统有密切关联，其中部分数据研究工作可由传播流程系统中的公司主体来完成。

3. 效果评估系统的运作机制

国家广告传播在宏观上注重战略布局，微观上追求效率与效果。效果评估体系不仅要考察具体广告传播活动的反馈，也要着眼国家战略和具体事实之间的动态关系。

在指标体系建设上，效果评估系统主要分为微观、中观、宏观三个层面。微观层面从受众角度出发，通过受众的行为反馈考察用户认知、兴趣、情感等层面的变化，以此评估广告的传播效果；中观层面，主要指标围绕一个区域或一个阶段内的舆论走向和舆情发展，结合具体国家广告活动的目标和传播情况，测量广告在舆论引导中的作用；在宏观层面主要考察的是长期的、动态的国家形象评估，这部分与环境监测系统中的国家形象研究形成联动。

在技术手段上，依然需要运用数据挖掘技术收集文本信息指标和受众反馈指标的相关数据。对于收集到的数据信息，要用关键字进行筛选，比如评估对特定舆情的应对效果，需通过相关字词搜索实现整合量化，得到更精准和直观的分析呈现。依托指标体系对应的分析结果，研究特定国家和区域的舆情走向，为后续国家广告传播策略的制定和广告内容的诉求定位提供数据支撑。

在效果评估系统的参与主体层面，可采用企业和智库协同的方式，采用市场化的评估模型进行国家广告在传播效果上的测量，结合高校、研究所对舆论舆情和国家形象的跟踪研究，形成国家广告传播效果的微观、中观、宏观评价体系。

（三）国家广告传播流程系统的构建

传播流程系统（见图 4）依据主体互动系统的战略目标和诉求指示，

结合信息分析系统的受众和效果研究数据，形成国家广告的具体传播策略，依据媒介类型进行内容生产和实施投放行为。这是国家广告战略的具体实施阶段，其各个环节与外部环境的联系紧密，并以协作方式执行直接与传播目的相关的任务。在全媒体时代，不同媒介类型的广告传播流程有明显差异，国家广告也需要根据传统媒体或网络媒体的特性区分传播流程。

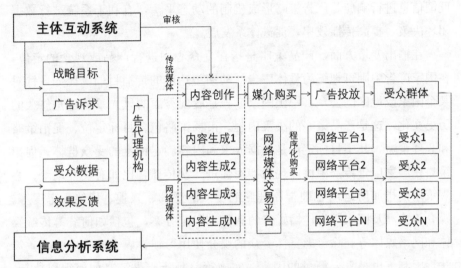

图 4　国家广告传播流程系统

从国家广告传播体系整体来看，传播流程系统必须以整个组织的一部分来运行，为此，战略决策部门需要对其进行发展策略的规划，同时需要中枢控制部门进行传播过程的管理与核查，并运用规范协调部门的运作，进行规范与风险控制。而在地区研究、受众研究、媒介研究和效果研究等层面，需要信息分析系统的协同与支持。

1. 广告策略的形成机制

策略形成是广告流程体系中的核心环节，其中的输入变量包括战略目标、广告诉求、受众数据、效果反馈，输出变量则为产品策略、市场策略、媒介策略和实施策略。输入变量中，战略目标和广告诉求来源于主体互动系统。在当代国际社会中，国家的外交环境、国际舆论环境常常处于快速变化之中，如何与公共外交策略、总体国际传播策略相协调，真正为国家利益服务，是国家广告传播体系的核心利益诉求。因此，与整体目标保持一致，与主体互动系统的动态要求保持协同，是广告策略制定的重要基点。广告诉求是中枢控制部门根据总体宣传战略、区域外交方针和实际传播需求制定的地区性的、中短期的传播期望，而非具体广告活动的诉求信息，是广告内容策略形成的重要依据。受众数据、效果反馈变量来自信息分析系统，这两项变量主要影响国家广告的受众策略、媒介策略和投放策略。在广告策略形成机制中，要保持动态优化特性，就需要不断对效果反馈信息进行响应。广告策略形成机制的动态平衡，有利于系统进行数据闭环决策，提高传播效率，促进体系发展。

在输出变量方面，产品策略是指在受众心中进行产品或观念的定位，在国家广告中则可理解为具体广告活动期望达成的传播目的。比如，针对某个国家或地区的公众，中国国家广告是展现秀丽的风光景色还是悠久的历史文化，这是产品策略的决策内容。市场策略包含目标定位、促销策略和心理策略，其中目标定位是根据诉求和内容确定锁定的受众群体；促销策略在国家广告传播中可体现为如何促进二次传播，比如有奖互动等；心理策略则指如何运用心理学原理影响受众的感知、兴趣、情绪、态度等。媒介策略涉及国家广告传播媒介的选择和匹配方案，包括如何统筹传统媒体和网络媒体等。除考虑目标受众的媒介使用习惯，媒介的权威性、政策法规限制等也是需要衡量的因素。实施策略是指广告策略如何得以执行，如具体广告的投放时序、投放密度、排期时限等。决定广告策略输出变量的因素除了输入变量以外，输出变量间也是相互影响的，产品策略、市场策略、媒介策略和实施策略需要相互协同和匹配，才能使策略最优化。比如针对不同受众，需要选择不同内容呈现方式，执行合适的媒介策略和实施策略。此外，国家广告传播在不同国家和地区要适应当地传媒现状，不论是市场、文化、宗教或法规差异，都会对实际传播效果产生影响。

2. 依托传统媒体的传播流程

从 2000 年至 2021 年的 20 年中，广告业态的变化日新月异，传统媒体的影响力虽然在全球范围内都有所减弱，但凭借其作为信源的权威性，依然可以作为国家广告传播的重要平台。依托传统媒体的传播流程，主要结构源于拉斯韦尔的"5W"大众传播过程模型，在创作内容后，选择和购买媒介资源，进行广告投放，最后到达受众。

广告内容方面，依托传统大众媒体传播的国家广告在诉求和视听元素选择上要重点考量对象国普遍公众的认知水平和态度倾向，产生尽可能广泛的认同度和影响力。另一方面，很多国家和地区的民众都是多民族构成、多宗教信仰的，要在广告内容中避免民族、宗教、文化冲突带来的风险，因此传播内容需要通过主体互动系统内中枢控制部门的严格审核。

在媒介选择上，要协同海外大众化媒体和专业性媒体资源。这里的"大众化"和"专业性"是根据媒介目标受众群体来区分的。大众化媒体具备较大的受众覆盖面和受众体量，对于一般社会问题的舆论导向有较强的影响力；而专业性媒体则针对某一个或几个细分受众市场，如财经、旅游、文化、政治等，对特定领域的舆情舆论有更强的引导能力。国家广告应根据广告诉求和内容，对大众化媒体和专业性媒体间有所取舍或侧重。国家广告的诉求内容正逐步由单一的国家形象宣传丰富的具体诉求，因此专业性海外媒介应越来越受重视。

而在投放策略上，要与广告诉求和内容密切联动。比如与世博会、奥运会等大型活动关联的国家广告，需要在一段时间内进行比较集中的投放，投放渠道上也要考虑时空交叉和多元组合。而如国家形象、旅游宣传等类型的国家广告，则可以在较长的时间范围内进行规律投放，产生潜移默化的效果。另外在投放策略的制定上，国家广告要注意与其他公共外交手段、对外传播活动的联动，形成立体传播效应。

3. 依托网络媒体的传播流程

国际舆论场上，我国在海外具有客观的"客场"劣势，依托主流媒体进行的传播工作受到多方面的制约，而网络媒体恰恰能够应对这样的"客场"劣势，有效提升国际舆论引导的效率和效果。依托网络媒体进行国家广告传播，在流程上更多体现了信息技术的特点——个性化、智能化与动态化。

首先是个性化的广告创意生成和内容创作。一方面，通过与目标地区本土广告代理机构合作，依据此前制定的广告策略，进行本土化和个性化的广告创意和内容制作，尽可能减少跨文化冲突，提升传播效果。另一方面也要关注人工智能技术在广告内容生成方面的应用。我国阿里巴巴研发的鹿班系统，通过对结果视觉预期的描述和对生成过程进行控制，对标签化和结构化的图像、语言、标识等视觉元素进行智能组合，可创作海量的个性化广告内容。系统通过分解优秀作品、专业设计师的视觉评估以及投放反馈，进行系统能力学习和自我优化。但对国家广告来说，不论是人工创作还是机器创作的广告内容，都需要通过主体互动系统的审核，避免可能的负面影响。

其次是基于国别/受众差异的组合投放。在明确了媒介策略和投放策略以后，结合海外相关媒介数据，对策略内广告投放触点进行组合设计。在具体媒介购买过程方面，目前多数国家采用的是实时竞价模式，即媒介记录用户信息，并将这些用户数据和媒介使用信息输送给数据处理中心（DMP），对这些数据进行分类整理后放到互联网广告交易平台（ad exchange）上进行交易。传播流程系统中，由广告代理公司通过指标体系测算的辅助，进行媒介资源的竞价购买。

最后是基于受众反馈的动态优化。对于国家广告传播体系来说，由于国际环境和舆论舆情是在不断变化发展的，所以不仅要在环境分析的基础上制定传播决策方案，更要及时跟踪决策，收集反馈，不断完善调整传播方案，对国家广告传播过程实施动态控制，实现国家广告数据闭环决策。与传统媒体广告不同，网络广告投放后可以实时获取一部分反馈信息，广告流程系统根据广告投放后受众的实时反馈数据，以及信息分析系统提供的广告目标受众或群体行为变量，采用机器学习方法抽取数据并融合数据特征，可以一方面即时优化广告传播流程，另一方面形成应对策略的规则表达，反馈给主体互动系统和信息分析系统，为整体体系的优化提供依据。

四、结语

综上所述，在全媒体时代，我国的国家广告要顺应国际舆论环境和媒介技术环境，进行体系化建设，在结构上保障广告传播与我国对外传播策略和外交政策的一致性，并与其他公共外交手段形成联动。要充分关注大数据、人工智能等技术在广告相关领域的运用，通过机制化手段将技术引入国家广告传播，增强科学性和系统性。

本文旨在为我国国家广告发展提供一种具有前瞻性的、可持续的方案，但并不表示主张在目前的国际环境下在全球范围内大规模和全方位投放国家广告。在具体实践中，应注意意识形态冲突、种族主义等问题，尤其是在外交关系相对复杂的国家和区域，需谨慎投放国家广告，还要注重与其他公共外交手段的协作配合。

目前国家广告传播体系的有效性尚无法得到验证，有待理论的丰富和实践的检验。但国家广告作为对外传播的一种重要手段，理应得到更多的学术关注和实践尝试，使其发挥更强大的作用。

突发公共卫生事件中基于
社交媒体的政府风险沟通
——新西兰的个案研究[*]

应　铭　初广志[**]

一、研究背景

2020 年初开始，一场突如其来的疫情开始向全球蔓延。新冠肺炎疫情是百年来全球发生的最严重的传染病大流行，至今没有得到全面的控制。[①]

这次全球性公共卫生事件，是对各个国家和地区政府治理能力的重大考验。其中，如何向全体国民普及防疫知识，倡导正确的行为方式，消除心理恐慌，增进相互理解，树立必胜信心，是政府部门进行风险沟通时所必须面对的问题。

风险沟通（risk communication）一词，也被译为"风险传播"，20 世纪 70 年代由美国环保署首任署长威廉·卢克希斯（William Ruckelshaus）提出。[②] 1989 年，美国风险认知与沟通委员会等机构将其定义为"个人、

　＊　本文系国家社科基金重大项目"新中国公益广告发展史"（项目编号：20&ZD328）的阶段性成果。

　＊＊　应铭，中国传媒大学广告学院博士研究生。初广志，中国传媒大学广告学院教授。
　①　凤凰网：新冠肺炎 COVID‐19 全球疫情实时动态，https://news.ifeng.com/c/special/7uLj4F83Cqm，浏览时间：2021 年 9 月 17 日。

　②　Govello, V., Peters, R., McCallum, D. "The Determinants of Trust and Credibility in Environmental Risk Communication." *Risk Analysis*, 1997, 17, pp. 43. 转引自林爱珺、吴转转：《风险沟通研究述评》，《现代传播（中国传媒大学学报）》2011 年第 3 期。

团体、机构间交换信息和意见的互动过程"。① Peter Sandman 认为在风险管理中，政府、专家与大众或媒体由于各自所处的角度不同，对风险有不同的认知，进而产生不同的预防风险行为。② 为有效地预防和降低风险，需要应用风险沟通的策略加强政府与媒体的沟通、专家与大众的沟通，统一对风险的认知，取得相互信任。

从研究取向上看，风险传播更多吸收了心理学的理论，关注个体受众的心理认知，强调交流和对话——在这个意义上，国内学者较少使用"风险传播"，较多使用"风险沟通"。③ 林爱珺等认为，国内的风险沟通研究，孕育于风险社会和危机传播研究，自 2005 年起与社会学、心理学、管理学研究相互渗透，关注风险传播，并呈现出多学科交叉的趋势，主要关注三个方面：基于媒体责任与传播策略、基于政府应急管理、基于公众认知与媒介素养的风险沟通研究。④

随着世界进入了风险社会，重大突发性风险的形式日趋多样、复杂，风险沟通理论也随之不断发展，正在成为传播学领域的重要研究主题。风险沟通理论在决策制定、风险管理等领域越来越多地受到重视。⑤

另一方面，新技术背景下大众传播、网络传播、自传播和智能传播等多种传播机制交错叠加的融合传播的复杂格局，导致信息传播的无序和失控，进而出现了"信息疫情"，为民众带来过度的恐惧、焦虑情绪；会导致人们无法做出正确的判断，盲从假信息，进行错误行动；令人们之间产生误解，加剧种族之间的对立和冲突；甚至已成为很多社会问题的根源与导火索。⑥ 聂静虹等学者发现，突发公共卫生事件中谣言传播具有传播途径多元化、传播内容细碎化、传播速度实时化、传播动机复杂化、传播范

---

① Committee on Risk Perception and Communication，National Research Council，*Improving Risk Communication*，Washington，D. C.：National Academy Press，1989，pp. 21.

② Sandman P. M.．*Responding to community outrage: Strategies for Effective Risk Communication*，New York：America Industrial Hygiene Assosiation，1993.

③ 贾鹤鹏、苗伟山：《科学传播、风险传播与健康传播的理论溯源及其对中国传播学研究的启示》，《国际新闻界》2017 年第 2 期。

④ 林爱珺、吴转转：《风险沟通研究述评》，《现代传播（中国传媒大学学报）》2011 年第 3 期。

⑤ Stovic，P.．"Perceived risk，trust，and democracy"，*Risk analysis*，1997（6），pp. 675 – 682.

⑥ 方兴东、谷潇、徐忠良：《〈信疫〉（Infodemic）的根源，规律及治理对策——新技术背景下国际信息传播秩序的失控与重建》，《新闻与写作》2020 年第 6 期。

围全球化等特点。① 由此可见，治理"信息疫情"也成为疫情防控不可或缺的重要环节。而社交媒体打开了沟通的双向渠道，政府能够直接、高效地与公众互动，也为社会教育、社会动员提供了新方式。

在突发公共卫生事件中，良好的政府风险沟通策略能够促进公众参与，理性认知风险，对抗信息疫情，进而推进对突发卫生公共事件的治理。因此，分析成功的风险沟通实践经验有助于完善突发公共卫生事件的应急管理机制与风险沟通策略，并补充新媒体环境中政府风险沟通的相关研究。本文以新西兰政府基于社交媒体的风险沟通实践为个案，试图回答以下两个问题：

（1）政府在突发公共卫生事件的风险沟通中应扮演什么角色？

（2）突发公共卫生事件中，政府应如何有效地进行风险沟通？

二、文献综述

在突发公共卫生事件中风险沟通相关研究中，学者们更多关注了主流媒体的表现，而对于政府的风险沟通重视不够，只有部分学者关注了新闻发布制度。② 其中，张志安发现疫情期间政府的新闻发布在新闻发言人的行为表现、疫情信息的专业供给、公共传播的价值表达等方面存在不足，因而需要调整新闻发布过程中行政逻辑与专业逻辑之间的关系，平衡国家与公众、行政机构与专业机构之间权力。

对于新媒体环境中政府风险沟通，个案研究居多。这些研究主要分析"上海外滩踩踏事件""7·21"北京特大暴雨灾害事件等不同的重大公共事件中政府新媒体的沟通表现，发现存在的问题并提出应对之策，但多采用公共管理策略的视角，较少涉及具体的沟通策略及内容表现。近几年，一些学者开始关注政务微博、微信公众号、抖音等政务新媒体的传播现

---

① 聂静虹、马梦婕：《突发公共卫生事件中的谣言传播与治理》，《新闻与写作》2020年第4期。

② 如侯迎忠、杜明曦：《入场、转场与退场：重大公共卫生事件的政府新闻发布机制创新——以广东疫情防控系列新闻发布为例》，《现代传播（中国传媒大学学报）》2020年第9期；麦尚文、梅琳：《公共危机事件中的新闻发布与舆论引导》，《青年记者》2020年第7期；张志安、冉桢：《"风险的社会放大"视角下危机事件的风险沟通研究——以新冠疫情中的政府新闻发布为例》，《新闻界》2020年第6期。

状。张宇和王建成考察了"上海外滩踩踏事件"事件中政务微博的表现。[①]孙帅和周毅分析了"7·21"北京特大暴雨灾害事件中的"北京发布"的响应，发现存在议程设置与舆论关注契合度逐步降低，回复数量偏低等问题。[②] 姜景比较了政务抖音和政务微博面向突发公共卫生事件中的信息传播。[③] 陈世英等发现地方政务微博响应较慢，议题设置缺乏主导，交互意识和策略均有待增强。[④] 禹卫华和黄阳坤分析了 31 个省区市卫健委开办的政务微信在新冠疫情期间的响应机制、议题分布与定位，发现存在着协同化程度不足、议题竞争力偏弱等问题。[⑤]

此外，李月琳和王姗姗比较了国际环境中风险沟通，研究了新冠肺炎疫情期间国家卫健委、美国疾控中心和新加坡卫生部官网、以及世界卫生组织等不同国家及组织的卫生部门的信息发布特征。[⑥]

还有学者思考了社会化媒体对于政府风险沟通的意义，认为政府应直面社会化媒体带来机遇和挑战，将其有效纳入应急管理和危机传播与风险沟通体系。[⑦] 通过观察疫情期间的新媒体，彭兰对于社交媒体作为一种公共传播渠道进行了思考，探讨了媒体和平台应该如何作为。[⑧]

三、研究方案

本文选取 2020 年新冠疫情间新西兰政府在社交媒体的风险沟通作为个案。该国政府以较快的速度遏制了疫情的发展，得到国民的认可。通过

---

① 张宇、王建成：《突发事件中政府信息发布机制存在的问题及对策研究——基于 2015 年"上海外滩踩踏事件"的案例研究》，《情报杂志》2015 年第 5 期。
② 孙帅、周毅：《政务微博对突发事件的响应研究——以"7·21"北京特大暴雨灾害事件中的"北京发布"响应表现为个案》，《电子政务》2013 年第 5 期。
③ 姜景、王文韬：《面向突发公共事件舆情的政务抖音研究——兼与政务微博的比较》，《情报杂志》2020 年第 1 期。
④ 陈世英、黄宸、陈强等：《突发事件中地方政务微博群信息发布策略研究——以"8·12"天津港特大火灾爆炸事故为例》，《情报杂志》2016 年第 12 期。
⑤ 禹卫华、黄阳坤：《重大突发公共卫生事件的政务传播：响应，议题与定位》，《新闻与传播评论》2020 年第 5 期。
⑥ 李月琳、王姗姗：《面向突发公共卫生事件的相关信息发布特征分析》，《图书与情报》2020 年第 1 期。
⑦ 许静：《社会化媒体对政府危机传播与风险沟通的机遇与挑战》，《南京社会科学》2013 年第 5 期。
⑧ 彭兰：《我们需要建构什么样的公共信息传播？——对新冠疫情间新媒体传播的反思》，《新闻界》2020 年第 5 期。

采取及时和严格的封闭措施,新西兰于 2020 年 4 月将疫情有所控制,疫情严重时最高日新增病例数量仅为 89。在民意调查中,国民对政府处理新冠疫情的方式支持度高达 87%,是日本和法国的两倍;对于政府的信息沟通满意度高达 92%;政府(37%)超过电视(18%)被选为最信赖的信息来源,而在几乎所有的 G7 国家中,电视都是比政府更值得信任的来源。① 新西兰卫生部长表示,政府沟通是新西兰疫情防控成功的核心原因之一。新西兰经验也得到了世界卫生组织的赞扬和 BBC 等媒体报道。② 因此,新西兰的政府风险沟通实践具有代表性。

新西兰风险沟通策略基于国家行动计划的要求而被提出,这一计划明确了公共信息管理(PIM)的优先事项,包含战略传播、准备信息、与公众共享信息、与媒体共享信息、倡导行为变化等,以及向受影响的人和社区提供不同支持类型和如何获得支持的建议,并规定由总理、卫生部长、所有的政府机构负责人、民防应急管理指挥及警察局官员担任官方发言人。风险沟通采用的渠道有新闻发布会、电视、广播、报纸(印刷和线上)、社交媒体、户外广告、NZ COVID Tracer APP 等,同时引导公众访问政府的新冠疫情主页(COVID19.govt. nz),力图全方位传递清晰和一致的信息,帮助国民了解正确的行为方式及其原因。这个一站式主页以灵活的模块设计面向不同的群体,全面呈现重要信息,主要包括:对于四级警报系统的介绍;对旅游者的帮助;健康防护知识与帮助;对企业和雇员的帮助;日常生活指导;更新及其他资源等。

(一)研究对象选择

在新冠疫情期间新西兰政府的风险沟通实践中,社交媒体是主要沟通渠道之一。本文选取 Facebook 中的 Unite Against COVID - 19 主页作为样本来源。这是因为在新西兰,Facebook 是用户数量最多、市场占有率最高的社交媒体。2021 年的数据表明,73.3% 的新西兰人使用 Facebook。③

---

① Colmar Brunton, COVID TIMES, https://www. colmarbrunton. co. nz/wp-content/uploads/2019/05/COVID-Times-3-July-2020.pdf,202007.

② BBC, How did New Zealand become Covid-19 free? Retrieved from https://www. bbc. com/news/world-asia-53274085,20200710.

③ NapoleonCat, Facebook users in New Zealand, Retrieved from https://napoleoncat. com/stats/facebook-users-in-new _ zealand/2021/02.

（二）时间选择

取样时间为 2020 年 3 月 17 日（主页建立时间）至 2021 年 1 月 31 日，共 320 天。

（三）样本选择

对 Unite Against COVID‑19 Facebook 主页的帖子进行抓取，具体包含发帖时间、帖子内容、点赞数、转发数、评论数等。共抓取了 704 条帖子，其中图文帖 542 条、视频帖 162 条。

（四）总体状况

主页发帖频率相对稳定。在 320 天中，仅有 26 天未发帖，其余时间每天至少发布一条内容，平均每日发帖数 2.2 条，日发帖最高达 9 条。每日发帖频率的高低与新西兰新增确诊趋势有较强相关性（见图 1），反映出政府在风险沟通过程中对疫情动态的适应性调整。

四、政府风险沟通的多重角色

通过对 705 个样本内容进行主题分析发现，Unite Against COVID‑19主页的总体内容议程分布对应着政府防控工作小组的多重角色维度。

第一重维度是权威发布者，表现为权威信息的及时发布；第二重维度是教育引导者，表现为知识的普及、对积极有效行为的倡导、对消极舆论和行为的引导等；第三重维度是情感陪伴者，表现为帮助公众消解孤独和提供娱乐，认真倾听公众的想法和问题，与公众共情并鼓励团结，激励公众意志，庆祝防控成果等。

支撑这些角色定位和表现的，是主页运营者的服务意识和能力，能够整体把握风险沟通设计并与公众互动，为公众答疑解惑、提供解决方案等。

新西兰政府在对自身进行多重角色定位的基础上，以不同的话语方式在不同的情境中与公众进行沟通，逐步在公众心中建立信任感，进而动员公众共同防控疫情。

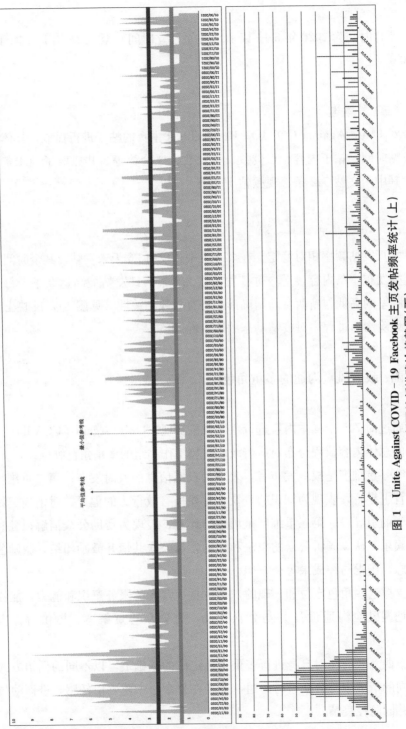

图 1　Unite Against COVID – 19 Facebook 主页发帖频率统计（上）
新西兰新增确诊率趋势图（下）

表 1　社交媒体中政府风险沟通角色行为

沟通角色	主　　题	信　息　内　容	表现方式
权威发布者角色	RNZ 直播	总理或卫生部部长发布信息	图文（主要形式）、直播等
	警报级别变更	警报级别提升至 4 级，4 级警报级别你需要注意的有……	
	疫情信息	今日新增病例及详细情况；今日需知重要通知来自总理的信息	
	政策变更及解释	如：基础工作者如何安置自己的孩子？COVID‐19 问答直播	
教育引导者角色	公益内容	明星呼吁等不同形式	动画、短视频等
	APP 使用	NZ COVID Tracer app 使用教学、技巧、推广等	
	行为引导	防护知识普及（洗手、保持社交距离等以动画的形式呈现）	
	舆论引导	患者歧视言论引导	
	特别内容策划	警察创意系列势不可挡的夏天系列	
情感陪伴者角色	情感互动	呼吁联系鼓励团结庆祝成果感谢配合节日互动	图文、视频等

（一）权威发布者

这种角色主要体现在信息型内容的生成与发布中，延续了传统新闻报道的客观和真实的原则。其中"RNZ 直播"是对政府疫情信息发布的新媒体同步直播；"警报级别变更"是对警报级别及该级别下注意事项的告知（设置警报级别是为公众容易区分疫情严重程度，及在不同级别下对应的行为指南），以符合主视觉设计的图片呈现；"疫情更新"是每日的固定内容，描述病例状态及详情，已采取的措施，跟进此前的病例情况，在图片中提示时间、新增病例数、活跃病例数和总病例数,并直观展现和解释出行、离境、聚会等相关政策随警报级别变更时的调整。此外,通过" COVID‑19 问答"或以每日一问的方式解释公众可能的疑问,并通过图片进行展示。

(二)教育引导者

这种角色主要体现在知识普及、行为倡导内容的生成与发布中。这类内容发挥着公益广告的功能,试图影响公众的态度和行为,主要包括:名人呼吁或其他形式的公益内容;通过符合主题的动画设计传达主要的防护知识;不良舆论的引导;特别策划系列内容,如针对疫情的"警察创意系列"、倡导以共同抗疫来迎接夏天的"势不可挡的夏天系列"等。除了图文帖,这类内容还更多地使用短视频来表现,诉诸多样化的创意形式以影响公众。

(三)情感陪伴者

这种角色主要体现在主页与公众的情感互动内容中。通过设置号召团结、庆祝防控成果、感谢配合、节日互动等话题,保持情感上的沟通。情感沟通帖和其他内容相比,话语表达有较大的区别,主页的人性化与亲和力在这一类型内容中得以体现。例如,每天发布的简短问候——"晚安,新西兰",就表达出一种温馨和关爱之情。

倾听也是情感陪伴者角色的体现方式之一,包括对回复帖中公众关心问题的解释与跟进,对其他用户内容资源进行整合等。当回复速度跟不上大量的评论时,主页维护者会发帖解释,希望公众理解,并说明会逐步回复网友的问题。此外,通过采纳和转发关键意见领袖(KOL)以第一视角生产的内容,鼓励用户生产内容,促进了官民舆论场的融合。

权威发布者、教育引导者、情感陪伴者三重角色各司其职,相辅相成。公众在不同类型信息接受过程中感受到信息与心理需求的满足,进而产生对主页维护者的信任感及沟通意愿。而服务意识和能力,成为达成风险沟通效果的关键因素。主页维护者通过互动来洞察公众在疫情期间的需求,进而将其体现在风险沟通的设计及动态调整中。例如,政府响应疫情相关措施及政策的及时公开、解释、提醒,采用了直观的视觉体系与清晰的警报层级,为特殊人群提供具有针对性的信息及帮助等。

服务最直观地体现在对公众的评论回复中。评论是点赞（态度）、转发、评论三种互动方式中信息量最大的一种，也是主页与公众能够一对一进行沟通的方式，评论互动是官民舆论场互通的重要渠道。研究抓取了评论量在 1 000 以上的 27 条帖子，共计 810 条评论。网友的评论多为与疫情相关的疑问，希望通过评论的方式得到主页的回复。如网友奥拉提问："如果有人离开奥克兰参加家庭活动，聚会的人数限制是多少？"主页的回复是："你好，奥拉，从周四起奥克兰人可以参加 100 人以上聚会，但其他限制仍然有效。我们建议离开自己所在区域仍保持原地区的警报级别下的行为规定……如果您有感冒或流感症状，请不要出行……。"在 810 条评论中，主页回复了 404 条，其他网友回复了 393 条。总体上看，主页评论体现了高回复率、专业性和人性化。主页回复评论基本以 Kia ora 开头，Kia ora 是毛利语中的问候语——"你好"，原义带有"祝你健康"的含义。主页在回复中自称"We"，针对疫情中网友在各种的情境中出现的各种问题答疑解惑，交流鼓励。此外，表情（emoji）的高频使用也体现出更加人性化的交流。

五、政府与公众风险沟通的效果

通过分析发现，Unite Against COVID‐19 Facebook 主页具有较高且稳定的互动量。样本的点赞、评论、转发量中位数分别为 412、129、76。其中，文字内容帖有非常稳定的互动，多数帖子的评论数超过转发数。视频帖的观众较为稳定，日常稳定在数万的观看量，平均值 7.75 万，中位数为 2.27 万，其中有三条帖子的观看量超出 50 万人次。"央视新闻"的微博粉丝数量为 1.21 亿。[①] 与 Unite Against COVID‐19 主页的 26 万粉丝数量相比，虽然粉丝数量为前者的 465 倍，但"央视新闻"热门帖的点赞量也仅为数万，评论与转发量数千。由此可见，Unite Against COVID‐19 Facebook 主页的互动程度较高。具体分析如下：

（一）深层次的互动意愿较高

在社交媒体平台，互动方式主要有点赞（态度）、转发、评论三种。

---

① 数据取样时间为 2021 年 8 月 20 日。

统计显示，新西兰政府新冠疫情主页发帖的点赞量平均值为 796（其中排在前 20％帖子 147 条，点赞量在 1 000 以上）；转发量的平均值为 153（其中排在前 20％帖子 141 条，转发量在 165 以上；转发量大于 1 000 的有 17条）；评论量平均值为 231（其中排在前 20％帖子 142 条；评论量在 304 以上；评论量大于 1 000 的有 27 条）。

　　一般来说，在三种互动方式中，互动数量从低到高依次为评论、转发、点赞。但是上述分析发现，对于原帖的评论量通常大于转发量。这说明当重大公共事件发生时，公众会产生较强的沟通意愿，并积极参与互动。

（二）互动趋势同步于疫情趋势

　　研究发现，疫情处于拐点时的互动量高。这是因为，在疫情日趋严重的情况下，风险与不安给人们带来了极大的信息需求与心理需求，因此公众互动参与意愿最高。而政府风险沟通能帮助正确认知信息疫情中被放大的风险，减少恐慌情绪。[①] 相比之下，在疫情进入缓和期时，互动量明显减少。

　　研究者又对采用不同互动方式的互动量位居前 20％的热点内容进行了主题分析，这些内容涉及的主题具体如表 2 所示。以高点赞帖为例，体现权威发布者角色的内容涉及警报级别变更，每日疫情动态、疫苗、核酸检测等相关疫情信息，重要疫情政策的变化及解释；体现教育引导者角色的内容涉及对不良舆论的引导、防护及相关行为引导，公益内容；体现情感陪伴者角色的内容涉及多种主页与公众互动。

（三）角色互动方式偏好

　　总体而言，体现三种角色定位的高互动帖重合度较高，通常高赞帖的转发量与评论量也较高，这点从互动量时间序列的同步趋势中也可以直观地观察到。此外，对于体现不同角色的帖子内容，公众表现出不同的互动行为倾向。

---

① 张志安、冉桢：《"风险的社会放大"视角下危机事件的风险沟通研究——以新冠疫情中的政府新闻发布为例》，《新闻界》2020 年第 6 期。

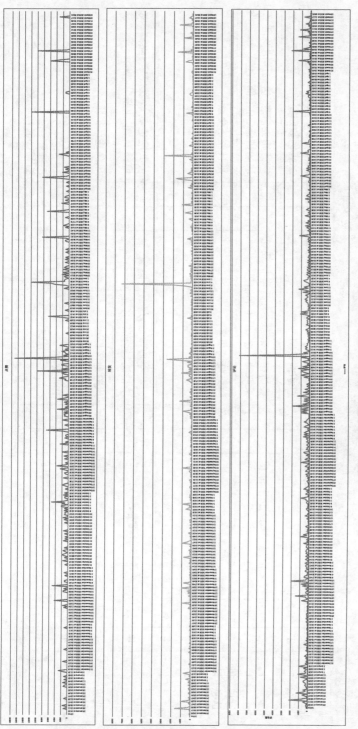

图 2　互动量时间序列（点赞、转发、评论）

表 2 三种互动方式热点内容（互动量前 20%）主题分析

以权威发布者角色进行的互动

分类	高赞帖（数量）	高赞帖 热点内容	数	高转发帖（数量）	高转发帖 热点内容	数	高评帖（数量）	高评帖 热点内容	数
警报级别变更	18	警报级别变更及行为指南		19	警报级别变更及行为指南		15	警报级别变更及行为指南	
		总病例数归零	1		总病例数归零	1		总病例数归零	
疫情信息	85	疫情相关信息（来自卫生部信息，讣告等）	21	61	疫情相关信息（病例详情及已采取的措施、卫生部信息）	14	85	疫情相关信息（病例详情及已采取的措施、卫生部信息）	27
		每日疫情更新	58		每日疫情更新	43		每日疫情更新	55
		疫苗计划信息告知	3		疫苗计划信息告知	3		疫苗计划信息告知	3
		核酸检测情况	2						
政策变更及解释	16	公共交通戴口罩规定，隔离	12	28	公共交通戴口罩规定、隔离、离境检测、远程教育等	22	21	公共交通戴口罩规定、隔离、离境检测、企业张贴二维码等	14
		风险地区提示	3		风险地区提示	4		风险地区提示	4
		回应公众关切的问题（COVID-19 问答）	1		回应公众关切的问题（COVID-19问答）	2		回应公众关切的问题（COVID-19问答）	1
								直播（问答）	2
数量总计	119			108			121		

续表

以教育引导者角色进行的互动

类别	内容	组1	组2	组3
舆论引导	对患者歧视的舆论引导	1	1	1
行为引导	致敬一线隔离工作人员，警示违规行为	1	2	1
行为引导	鼓励核酸检测	1	1	1
行为引导	倡导APP的使用	4	4	2
行为引导	行动指南（制作口罩、弱势群体帮助、网站介绍、心理帮助通道等）		9	
行为引导	行动指南（每日须知，一线工作者帮助等）			6
行为引导	倡导戴口罩		1	
行为引导	名人倡导		1	
公益内容	鼓励本土经济复苏	1	1	1
公益内容	警察系列创意短视频		1	
数量总计		8	12	12

以情感陪伴者角色进行的互动

类别	内容	组1	组2	组3
情感互动	庆祝活跃病例归零	20	12	9
情感互动	悼念去世患者	2	2	1

续表

情感互动	20	2	感谢国民的努力（主动检测）	1	感谢国民的努力（主动检测）	1	感谢国民的努力（主动检测）
		1	鼓励（加强联系等）	2	鼓励（加强联系等）	3	鼓励（加强联系等）
		4	节日互动（手语周）	3	节日互动（复活节、新年）	2	节日互动（复活节、新年）
		1	太平洋地区其他民族的故事	12	太平洋地区其他民族的故事	9	向网友解释主页回复速度
		5	隔离中的故事	1	一线工作介绍（隔离工作者）		
		4	互动（激励国民团结等）	1	互动（如隔离中的线上互动）		
数量总计	12			12		9	

（1）偏好用点赞与情感陪伴者角色互动。点赞量在前 20％ 而转发量与评论量靠后的帖子共 30 条。相对而言，以情感陪伴者角色发布的内容在转发和评论偏好帖中仅有 2 条。这表明，公众更愿意用表达态度的方式与情感陪伴者角色互动，这也是最低门槛、低负担的互动方式。

（2）偏好用转发与教育引导型角色互动。转发量在前 20％，而点赞量排名靠后的帖子共 14 条，其中知识普及、行为倡导内容最多（9 条）。而在点赞偏好帖中则没有这方面内容，评论偏好帖也仅为 2 条。可见，公众希望通过转发告知亲友关键政策的变化、针对特定人群的帮助信息和支持、哪些行为有利于疫情中的防护，以及 APP 如何使用等信息，帮助他人度过危急时刻。

（3）偏好用评论及点赞与权威发布者角色互动。评论量在前 20％，而点赞量与转发量排名靠后的帖子共 33 条，其中多为重要且信息量较大的内容，如疫情拐点时的信息发布，以及少数邀请评论互动的内容。点赞偏好帖中权威发布者角色的内容也较多，共 21 条。评论偏好帖中的信息则更复杂，因为公众需要解答疑问，表达观点；其中评论量超过 5 000 的内容出现在疫情第二轮爆发——8 月 11 日奥克兰的警报级别变更。相比而言，与权威发布者角色互动的点赞（态度）偏好帖信息更明确，如疫情好转（积极情绪明显）、讣告（消极情绪明显）。

总体上，Unite Against COVID‐19 Facebook 主页反映出，突发公共卫生事件中新西兰政府与公众在社交媒体中的互动效果良好，公众在不同情境下面对不同的政府角色和沟通行为，产生沟通意愿，并通过不同的互动方式与政府沟通。通过互动，政府也实现了对公众的社会教育和社会动员，调动了公众参与疫情应对的积极性。

六、结论与讨论

（一）新西兰政府风险沟通的经验

新西兰政府以社交媒体为平台，通过不同内容的创作、发布，塑造了三重角色维度，与公众进行积极的互动。每一角色维度的专业性呈现，以及服务性功能的发挥，都对实现风险沟通目标发挥了至关重要的作用。

表 3　内容互动偏好

角色内容	点赞偏好帖	数量	小计	转发偏好帖	数量	小计	评论偏好帖	数量	小计
权威发布者相关角色内容	警报级别及行为提醒	1		政策(远程教育相关等)	1		政策	1	
	每日疫情更新	15		回应关心的问题	3	4	直播(问答)	2	
	疫情相关信息(讣告)	1	21				疫情相关信息(来自卫生部)	10	
	疫情相关信息(来自卫生部)	2					每日须知	1	30
	核酸检测情况	2					每日疫情更新	14	
							每日疫情更新(病例详情)	2	
教育引导者相关角色内容			0	倡导 APP 和二维码			疫情行为引导	1	2
				视频 行为指南(行为指南)	1		行动指南(一线工作者帮助)	1	
				视频 隔离(一线工作状况)	1				
				视频 警察系列	1				
				视频 行为指南(名人)	1	9			
				视频 行为指南(如何制作口罩)	1				
				行动指南(弱势群体帮助)	1				
				行动指南(网站介绍)	1				
				行动指南(心理帮助通道)	1				
情感陪伴者相关角色内容	感谢国民	1		节日	1	1	解释主页回复速度	1	1
	隔离工作人员的工作故事	2							
	隔离中的故事	3	9						
	互动	1							
	节日	2							

1. 专业性

（1）权威发布者角色的专业性。

这种专业性体现在信息发布中的及时性、透明度、直观性。将疫情相关信息、政策、举措等第一时间真实、详细、全面地告知公众，发挥了官方信息的引导作用，避免了官方声音的边缘化，发挥了议程设置功能。值得注意的是，新闻发布本不是政府的专业职能，由于外部环境和主动发布信息的内在动力，政府成为新闻业的新行动者，[①] 但是行政管理与新闻媒体存在差异，把握好行政沟通与风险沟通差异是这一角色专业性的核心。权威发布者角色的话语体系中也应用了公关的原则，例如通过确诊病例更新的内容帖及时提供政府目前掌握的情况及采取的措施，并随着疫情变化适当调整信息量。

对社会化媒体传播规律的适应，塑造了权威发布者角色行为的独特性。兼具权威性和专业性的总理与卫生部部长作为新闻发言人，通过直播的形式每日发布疫情相关信息，产生了较好的议程设置效果。及时、持续、权威的风险沟通也能够与其他渠道的非权威信息对冲，缓解公众的信息饥渴和恐慌心理，逐步建立官方渠道的公信力与影响力。

（2）教育引导者角色的专业性。

这种角色的专业性来源于对不同劝服方式的应用，包括意见领袖的短视频、动画、vlog、创意视频、传统公益广告片等多样化的表现手段的使用。教育引导者角色虽然试图改变公众态度或行为，但仍然表现出较强的亲和力和弱距离感，例如警察以普通人的身份通过电话纠正母亲关于疫情的错误认知。又如，通过弹唱劝服公众接受核酸检测，通过 Rap 和身体表演激励公众等形式。在防护行为引导动画中，采用了与风险沟通视觉系统相同的风格，画面简洁、直观，制作快速、简单，且方便不同类型的受众理解。

教育引导者角色对主导价值观的倡导也非常重要，在对患者发表歧视言论，以及不配合隔离管理的行为发生后，主页维护者发帖倡导良好的舆论环境与行为，维护网络空间的秩序。

---

① 张志安、汤敏：《新新闻生态系统：中国新闻业的新行动者与结构重塑》，《新闻与写作》2018 年第 3 期。

（3）情感陪伴者角色的专业性。

陪伴角色在对于处于隔离状态的人们有着重要的意义。他们对社交媒体的依赖程度更高，不仅希望获取最新的信息，更希望保持与他人的联系，以排解隔离中的疏离感。因此，情感议程的设置是陪伴角色重要的功能。在重要疫情节点进行情感激励，如病例数归零时的庆祝内容，有效地调节了社会情绪。此外，通过制造互动仪式感，如将隔离中不可见的一线工作与普通生活移入台前，在复活节号召公众在隔离中完成特殊的游戏互动，用 vlog 展现不同民族人民的工作生活场景和趣事等方式，拉近政府与公众的距离。这样，公众在想象的共同体中感受到了关注、重视、团结、激励，产生了集体情绪共鸣。

2. 服务性

服务性除了体现在评论的高回复率、人性化之外，还包括根据公众的疑问、关注与需求的及时反映和沟通方式的调整，具体有以下三点：

（1）及时公开、解释、提醒政府响应疫情的相关措施及政策。疫情的高风险、不确定性导致政府应对的措施和政策会随着疫情转变而转变，为了让公众及时了解政策动态变更，主页维护者会将政策的变更第一时间发帖告知。

（2）采用直观的视觉体系与清晰的警报层级，方便不同素养的公众都能理解政策。政府联合专业机构进行沟通设计，其中 Unite Against COVID-19 的视觉设计由 Clemenger BBDO 承担，在统一标识下构建了识别系统，使政府关于新冠肺炎疫情的所有的信息识别性更高。在主页维护者和公众的沟通中，视觉设计在图片和视频中得到了一致的体现。同时，尽可能地将所有信息以可视化的方式呈现，方便公众识别和快速获取重要信息。此外，设计简单、直观的分级警报及行为系统，可以使公众在警报级别上调和下调时，自动联想到相应的可为及不可为的行为。

（3）为特殊人群提供具有针对性的信息及帮助。将在疫情期间的注意事项、应急求助方式告知一线工作者、残障人士、老弱病残等需要照料的人群，并将针对不同人群的信息分类呈现在政府疫情信息网站中，方便不同人群快速获取信息。

值得一提的是，新西兰政府的风险沟通策略力求保持三重角色之间的平衡，并在疫情发展的不同阶段各有侧重。在风险升级阶段，权威发布者角色保证信息更新及时准确；在风险缓和阶段，教育引导者角色通过多样化的方式引导公众不松懈防护，情感陪伴者角色保持与公众的情感联系。其中，服务功能贯穿风险沟通的全程，动态关注公众的反馈及需求变化，并及时反映在后续沟通中。

（二）新西兰政府风险沟通实践的局限

新西兰风险沟通实践是在其国家应急管理机制的引导下，由政府工作小组对风险沟通策略设计并执行的。新西兰为一院制的君主立宪制国家，与相对集中的政治制度相一致，新西兰的应急管理机制强调 AoG（ALL of Government）的统一协调，实现灵活快速反应。① 基于新西兰政府信息公开文件中的国家行动指南及相关披露文件可以还原新西兰国家应急管理机制，② 该机制在疫情中有一定的调整。2020 年 3 月 6 日，新西兰 AoG 系统和结构启动，包括启动国家危机管理中心。国家危机管理中心按照国家卫生应急预案建立的框架和流程行事，并发布了国家行动计划来应对 COVID‐19 危机。整个响应组织结构分为三个层级：国家安全系统管理与战略决策、协调与响应决策、地方与区域响应。③

Unite Against COVID‐19 的做法已被部分国家和地区的模仿。例如，澳大利亚昆士兰州在得到新西兰政府的许可后，使用了新的配色重新设计。

随着高传染性的"德尔塔"引发的新一轮疫情，新西兰提升警戒级别至 4 级，Unite Against COVID‐19 主页也同时强化了对接种疫苗的沟通。疫情尚未结束，基于社交媒体的风险沟通将继续在疫情中发挥作用。

但风险沟通策略于不同国家的适应性需要进一步考虑，因此新西兰风

---

① BROMFIELD N, MCCONNELL A. "Two routes to precarious success：Australia, New Zealand, COVID‐19 and the politics of crisis governance", *International Review of Administrative Sciences*，2021，87（3），pp. 518-535.

② National Action Plan 2.0, Retrieved from https：//covid19.govt. nz/updates-and-resources/legislation-and-key-documents/

③ 第一层级由内阁设立的部长级小组负责；第二层级由政府总指挥与卫生部、民防应急管理部长、战略执行指挥、AoG 全政府战略和政策组成的技术顾问小组负责，国家危机管理中心设立了一个行动指挥中心，负责日常行动监督和协调包含卫生、福利、民防应急管理、供应链与基础设施、经济、国际、法律和秩序紧急服务、教育、边界、工作场所等 10 个支柱组工作。政府总指挥作为前两个层级（国家安全系统和行动和战略响应）之间的指挥；第三层级地方民防应急管理小组根据国家层面的指示，协调地方层面的响应。

险沟通实践的不足与局限需要关注。

1. 信息多样性不足

Unite Against COVID-19沟通为新西兰官方疫情信息平台,采用多种媒体渠道以一致的核心信息与新西兰民众沟通。这一策略存在着包容性不足问题。有媒体指出,政府在非英语媒体渠道的投入不足,且沟通早期与毛利族和太平洋地区民众的互动不足,而这些人实际上更容易感染。这一问题在后续虽然得到了改善,但面对多样化的受众环境,仍有可能继续出现。

2. 增加政府的疫情响应工作难度和工作量

新西兰政府是风险沟通中的主体,从政府AoG(All of Government)应急管理响应模式观察可知,该策略对政府部门的架构、工作方式、灵活度有较高的要求。公共服务机构需要良好的流动性和较小的规模,使临时搭建工作小组成为可能;同时还要求工作人员有足够的专业素养处理好行政沟通与风险沟通的差异,快速响应疫情。如果临时工作小组专业性与配合度不够,将会造成风险扩大化。另外,Facebook和Instagram主页在沟通互动中,高频地发帖,且政府工作人员回应了4万多条评论,可见互动工作量对疫情期间的政府是巨大的挑战。

(三)对我国政府机构进行风险沟通的启示

我国的应急指挥体系以中央为核心,国家卫生健康委员会是应急工作的最高行动指挥机构,各级卫生健康委员会是疾病控制的主导机构,包含"国家—省—市—县"四个层级,国务院是突发公共卫生事件应急工作的最高行政领导机构。[①]

疫情期间我国风险沟通形成以政府权威发布,主流媒体全方位传播、专业媒体和自媒体多样化呈现的态势。政府以国务院联防联控机制新闻发布会为主要手段,及时传递国家疫情防控的进展、政策举措与防护知识。各级地方政府以发布会、通告、疫情防控公众服务平台、政务公开、基层融媒体中心等渠道凸显地方疫情形势。国家层面和地方层面的新闻发布形

---

① 穆林娟、陆晓雅、赵苓君:《中外公共卫生应急管理体系对比研究》,《财务管理研究》2020年第4期。

成有效互补，共同发挥作用。各地政府及卫生部门的机构媒体首次在权威发布中发挥重要的作用。① 主流媒体仍是政府沟通主要渠道，发挥出媒体喉舌角色与社会公器角色的双重作用。② 新华社、《人民日报》和中央广播电视总台为代表的主流媒体作为政府沟通的辅助，在风险沟通中承担了重要的职责。对于党中央、国务院重大决策部署进行实时追踪、权威解读；以多样化的形式和丰富的内容搭建了全媒体的传播矩阵。在中国政府抗击本次疫情的过程中，社交媒体被普遍应用，政务机构媒体账号数量显著增长，2020 年仅在微博平台上政务机构账号数量就超过 14 万个。③ 这些沟通尝试体现出适应新媒体传播规律、应对信息疫情的理念。面对这场新中国成立以来我国遭遇的传播速度最快、感染范围最广、防控难度最大的重大突发公共卫生事件，党和政府坚持人民至上，生命至上，迅速打响疫情防控的人民战争、总体战、阻击战，取得了全国抗疫斗争重大战略成果。在此基础上，统筹推进疫情防控和经济社会发展工作，抓紧恢复生产生活秩序，取得显著成效。④

我国与新西兰社交媒体风险沟通机制的主要差异有三个方面。首先，我国将主流媒体作为主要沟通渠道，而新西兰在疫情期间的风险沟通对于政府的依赖程度较高；其次，中新两国政府的社交媒体沟通分别采取机构媒体策略（官方机构为沟通主体，如卫健委）和疫情独立主页沟通策略（为应对疫情专门开设主页账号）；最后，我国的新闻发布以疫情联防联控主要部门负责人为发言人；新西兰以总理为新闻发布主要发言人进行每日信息沟通。

虽然两国政府的风险沟通策略各具特色，但是新西兰政府在社会化媒体平台上的实践还是可以给我们一些启示：

（1）更新观念，重视风险沟通。单一依赖行政逻辑的新闻发布难以适应易变性、不确定性、复杂性与模糊性日益凸显的风险社会。⑤ 为此，政

---

① 即党和国家机构等创办和运营的微博、微信、今日头条等社交平台官方账号。
② 周榕：《我国公共危机传播中的媒介角色研究》，武汉大学 2013 年博士学位论文。
③ 新浪微博：《微博 2020 用户发展报告》，https：//data. weibo. com/report/reportDetail? id=456，浏览时间：2020 年 3 月 12 日。
④ 新华社：《习近平：在全国抗击新冠肺炎疫情表彰大会上的讲话》，https：//baijiahao. baidu. com/s? id=1677257093527450498&wfr=spider&for=pc，浏览时间：2020 年 9 月 8 日。
⑤ 张志安、冉桢：《"风险的社会放大"视角下危机事件的风险沟通研究——以新冠疫情中的政府新闻发布为例》，《新闻界》2020 年第 6 期。

府有关部门应该转变观念,从危机传播转为风险沟通。因为在中文语境中,危机传播旨在化解危机维护形象,侧重对危机的管理和控制;而风险沟通更加强调传播者的主动行为 。①

(2)拓展传播角色,鼓励双向互动。强化传播中的服务意识,将角色定位从权威发布者拓展到教育引导者、情感陪伴者等多重身份,从单向的发布转为双向对话,将公众看做风险共同治理者而非信息接收者。② 将普及防疫知识,倡导正确的行为方式,消除心理恐慌,增进相互理解,树立必胜信心等都纳入传播目标之中,通过不同内容和形式,回应不同类型公众的关切。同时,吸引公众积极参与到疫情防控中来,进行内容共创,以增强主页的吸引力和亲和力,并在互动中增强共同体意识。

(3)权衡机构媒体策略和疫情独立主页策略

我国的机构媒体虽然数量繁多,但缺乏中心组织,难以形成规模化的讨论。③ 禹卫华等也发现卫健委政府新媒体的流量反而被其他类型媒体"分流"的现象,政务微信出现"量效倒挂"现象,即发布数量越来越多,而传播效果却持续向下。④ 但机构媒体在日常运营中已获得一定的关注,存在着一定优势,新设立的独立主页对前期认知度的迅速建立要求较高。因此,需要进行审慎评估,量力而行。

(4)重视风险沟通的专业性

风险沟通是一项专业性很强的工作。这种专业性不仅体现在议题的专业性,也体现在沟通方式的专业性,而后者则往往容易被忽略。在新西兰政府应对疫情的风险沟通中,运用了健康传播相关理论,如健康信念模型、提升行动收益的感知(呼吁大家为了夏天的欢聚而努力)、降低行动障碍(视频展示如何简单自制口罩)等,并聘请了专业公司 Clemenger BBDO 进行视觉设计。

综上所述,由于国情不同,世界各国采用了不同的措施应对新冠疫情

① 贾鹤鹏、苗伟山:《科学传播、风险传播与健康传播的理论溯源及其对中国传播学研究的启示》,《国际新闻界》2017 年第 2 期。

② 周榕:《我国公共危机传播中的媒介角色研究》,武汉大学 2013 年博士学位论文。

③ 宫贺:《公共健康话语网络的两种形态与关键影响者的角色:社会网络分析的路径》,《国际新闻界》2016 年第 12 期。

④ 禹卫华、黄阳坤:《重大突发公共卫生事件的政务传播:响应、议题与定位》,《新闻与传播评论》2020 年第 5 期。

造成的危机，也实施了不同的传播策略。新西兰政府采用的社交媒体风险沟通策略既有可取之处，也存在着局限。我国的政府相关机构可以借鉴其成功经验，改进风险沟通工作，从而更加有效地发挥传播在应对大型公共卫生事件的作用。

基于公共传播的中外疫情
海报图像叙事分析

郑　欢　李欣怡[*]

2019 年 12 月，新冠疫情在国内爆发，防疫、抗疫主题公益海报作为公共传播手段，在缓解公众对突发性公共卫生事件的恐慌、焦虑情绪，科学传播防疫、抗疫主张，稳定社会等方面发挥了巨大作用。一系列的疫情公益海报在内容上涵盖了抗疫政策宣传、防疫知识普及和关爱医护人员、树立抗疫必胜信念等；在图像叙事上融汇了不同的视像风格和故事线；在传播载体上采用了发展中的数字媒体技术和数字化排版设计手法等。这些策略都大大增强了疫情公益海报的传播力和公众感染力，大大增强了公益海报这种传统的媒介形式在数字化生存环境中的教育、宣传和鼓舞大众士气的作用，凸显了公益海报的公共传播功能。

随着抗疫的全球化进程的发展，疫情公益海报在国内外媒体上以数字化形式发挥着重要的抗疫宣传作用；但由于社会环境、政策导向的不同，中西方疫情海报中的图像符号、故事内容与视觉表达等方面表现出明显差异，呈现出不同文化背景下的图像叙事特色。

一、图像叙事的语义分析

"叙事是对事件、故事的描述，是文学，符号学等领域的重要概念之

* 郑欢，上海师范大学影视传媒学院广告系主任、教授。李欣怡，上海师范大学影视传媒学院传播学硕士。

一。"美国学者费希尔（Walter Fisher）曾表示：人类所有形式的交往都可以看作是叙事的。在生活中每个人既是聆听者也是叙事者。叙事学是结构主义背景下的产物，结构主义强调要从构成事物整体的内在各要素的关联上去考察事物和把握事物。作为一门研究各种叙事文本的综合学科，叙事学研究对象涵盖了各种文化与媒介。① 而随着西方学界各学科的交融发展，叙事学逐渐从文学的视角转向更广泛的文化实践活动，包括视觉的图像叙事与传播。

从广义上说，图像叙事已经是当代视觉文化的表征，是社会文化、事件的一种基本语言和表现方式。而从狭义上来看，它是指存在于人类文化系统中的、以多种传播媒介为载体，以图像符号为基本表意系统的叙事表达。作为现代视觉艺术研究、实践探索中的一个极其重要的研究对象，图像叙事已衍生为一种全新的美学史和文学史的研究课题。

语言叙事是借助语言文字的意义，通过人的想象力描绘成形象、情境和组织事件和行动来实现；图像叙事则是通过媒介借助物理图像的空间性和时间性，凭借观众们的视知觉和想象力来完成认知与理解，它们形成了"故事"存在的"虚幻媒介"。

对图像叙事的研究并不产生于图像时代。在 20 世纪 30 年代，海德格尔就提出了"世界图像化"的论断；法国著名思想家罗兰·巴特（Roland Barthes）也早将图腾、壁画等视觉图像视作与文学语言相同的基本叙事方式。1964 年罗兰·巴特在 Communication 第 4 辑上同时刊发了两篇文章，分别是《符号学原理》（Éléments de Sémiologie）和《图像修辞学》（Rhétorique de l'image），其中《图像修辞学》旨在以某种前符号的图像研究探索修辞。

国内目前对于图像叙事的相关研究内容，主要可分为以文学叙事角度切入的图像叙事理论研究和以不同学科领域为背景切入的相关研究，其中历史学、宗教学、艺术学、出版学、影视学、传播学等都有涉猎；而对于不同艺术领域的图像叙事研究，如壁画、岩画、摄影、佛像、插画、海报等，以及对不同出版形态的图像叙事研究，如经典名著、儿童绘本等；绘制了图像叙事研究较强的跨学科和交叉研究的景观。

---

① 申丹：《西方叙事学：经典与后经典》，北京大学出版社 2010 年版。

　　李娜在《南京大屠杀影像叙事研究述评》中指出，相对于书写文字，影像有它独特的优越性，因此影像在保存、研究和传承历史记忆方面有着极为特殊的作用。① 在对于宗教图像叙事的研究中，学者们致力于从中探究新的史料，也有学者试图对相关学科边界进行重新界定；如学者郑弌曾指出，宗教美术，尤其是中国本土佛教美术研究应该坚持"大小传统"：从"边疆"到"母题""个案"的"观"与"读"和外部规定性三个原则，以重整、梳理、定义图像叙事，在约定的文化语境中讲述自设自叙的图像故事。② 李立教授也从叙事学的角度研究汉画像并出版了《汉画像的叙述——汉画像的图像叙事学研究》一书。③ 在绘画艺术方面，龙迪勇认为图像叙事的本质是空间的时间化，即把空间化、去语境化的图像重新纳入时间的进程之中，以恢复或重建其语境，并概括出了单幅图像叙事的三种模式：单一场景叙述、纲要式叙述与循环式叙述。④ 在小说插图图像叙事理论式研究中学者们更倾向于通过经典个案切入研究。陶海鹰等人以《红楼梦》雕版插图为案例，提出《红楼梦》插图中图像的叙事塑造在某种程度上偏离了文学艺术的深刻性、复杂性和文化深意，但其构筑的"图像世界"却清晰地揭示了图像与文本之间对立与阐释的复杂关系，映射出清代世俗世界的日常生活。⑤ 此外，还有学者对明刊本《西厢记》和明代、清代、现代《赵氏孤儿》的插图叙事进行研究，试图在分析其图像叙事基本形态的基础上窥探背后隐匿的社会意识与时代文化。

　　上海交通大学教授叶舒宪对民间艺术图像叙事进行了较为详细的研究，在其《第四重证据——比较图像学的视觉说服力》一文中明确提出了"四重证据法"的概念。在他看来，图像叙事作为文学人类学中与口述、文字、物证等证据互补互证的"第四重证据"，与其他证据之间存在"证据间性"问题，利用这种间性，可以更好地解读原本扑朔迷离的图像、图腾

---

　　① 李娜：《南京大屠杀影像叙事研究述评》，《电影文学》2013 年第 20 期。
　　② 郑弌：《宗教美术史研究方法论的三组主题词》，《美术观察》2019 年第 9 期。
　　③ 李立：《汉画像的叙述——汉画像的图像叙事学研究》，中国社会科学出版社 2016 年版。
　　④ 龙迪勇：《图像叙事与文字叙事——故事画中的图像与文本》，《江西社会科学》2008 年第 3 期。
　　⑤ 陶海鹰、王希、吴诗中：《〈红楼梦〉雕版插图的图像叙事塑造》，《艺术设计研究》2017 年第 2 期。

等，是证据互释的结果。①

　　近年来对于广告图像叙事的研究也是图像叙事研究领域的热点话题；许多研究都着眼于对于广告图像发展的历史考察，梳理其发展轨迹及意义；也有从广告传播的"语图"叙事、图像转向等角度展开研究，指出广告图像叙事、语言叙事、语图叙事的选择不仅是由广告效果决定的，更是基于大众认知和社会文化的产物；还有学者对广告图像叙事与最终产生的消费行为进行考察，提出图像叙事是图像消费得以实现的先决条件，图像叙事与图像消费的合谋建构了平凡而世俗化的广告神话。②《消费语境下广告的图像叙事与审美》一书则立足当下宏观消费社会语境，以技术与视觉呈现相结合为理论出发点，以广告的视觉化、图像化为内在逻辑，结合直观的广告案例对广告的图像化发展趋势与叙事审美特征进行学理性的分析，指出广告图像叙事折射的核心问题是技术力量与人文精神、物质需求与精神提升、欲望满足与终极关怀以及如何实现和谐的生态平衡等哲学层面的问题。③

　　目前，对于不同艺术种类的图像叙事研究个案已经有一些研究成果，但目标研究对象的分布并不均衡且缺乏归纳整合，同时对不同艺术种类图像叙事之间的比较研究也较少，且在艺术图像叙事研究中，有大量话题散布于不同的艺术种类的图像叙事研究中，缺乏对其进行整合研究的专著。有文章指出，与对历史的文字叙录和口传叙录的研究相比，对历史的图像叙录虽然已有大量实例，但在视觉理论上的梳理却仍显不够。④

二、中外疫情海报的图像叙事比较

　　海报作为信息传播交流的媒介之一已有一百多年的历史。海报以文化为依托，把作者想要表达的主题、思想内容符号化、视觉化，并将一定的

---

　　① 叶舒宪：《第四重证据：比较图像学的视觉说服力——以猫头鹰象征的跨文化解读为例》，《文学评论》2006 年第 5 期。

　　② 成毅涛：《广告图像叙事与神话的构建》，《新闻爱好者》2009 年第 6 期。

　　③ 孙勇：《消费语境下广告的图像叙事与审美》，中国书籍出版社 2018 年版。

　　④ 邓启耀：《视觉表达与图像叙事》，《广西民族学院学报（哲学社会科学版）》2004 年第 1 期。

排版方式与文字进行组合，旨在第一时间抓住受众眼球，获取瞬间刺激，让受众在潜意识中快速接受某种观念。海报的主题范围极广，涉及人们生活的方方面面；它是在信息传播中既有着软化和感化人心的艺术性，又具有精神影响力、感召力的媒介形式。

公益海报作为公共传播载体，以非营利形式传播公共信息，引导大众关注国家政策、社会道德、公共卫生、环境、资源、交通安全，以及公共纪念日等信息，并通过传达一种态度构建社会集体意识。

在图像集群的复杂模态系统里，中外疫情公益海报通过数字图像叙事，把空间化、去语境化的图像重新纳入特定的时间与场景，在新的语境中促成受众直观体验故事，深化主题认知，提速态度认同。

1. 关于"抗疫"人物的图像叙事

无论在中外，疫情公益海报都承担着稳定社会情绪，坚定"抗疫"信念的重任。而同是"抗疫"海报，中外公益海报在符号选择和图像叙事上却体现出明显的差异；中国的疫情公益海报在人物符号选择中，突出了钟南山等"抗疫"专家的形象（见图1、图2），通过专家的坚毅表情刻画，隐喻中国有力量、有能力战胜新冠病毒，从而树立科学抗疫，抗疫必胜的信念。

图1　　　　　　　　图2　　　　　　　　图3

而国外的疫情公益海报尽管也选择医护人员来表达"抗疫"的主题（见图3），但其在人物选择上用蓝色大色块表现了"医护人员"的整体造型，用象征"天使"的翅膀和双色色块对人物进行衬托，画面底部是纽约的城市剪影，文字与主要图像没有重叠，人物居中，翅膀对称，体现出"医护人员"作为天使、城市保护者的图像叙事。

比较中外疫情海报的人物符号选择，我们看到中国海报中的图像叙事隐藏着"在英雄的引领下同仇敌忾，人定胜天"的故事线，其公共传播目的是调动受众的"信仰"，传达"坚定信心，共同抗疫"的厚重、严肃态度；而西方作为海报的发源地，其视觉表达首先追求视觉表现的唯美与体现某种艺术风格，在表现形式上呈现出受到一定的西方艺术，尤其是绘画艺术的影响；在观念表达上，则藉由宗教信仰传达一种依赖外力解救众生的价值观，海报的公益诉求更多将立意设定在感谢、感恩层面。

2. 关于"防护"的视觉符号青睐

西方"疫情"海报中常以房屋、肥皂、泡沫、双手、卷纸等符号进行叙事，构成海报向公众传达保持社交距离、勤洗手等抗疫防护的主题；其中出现频率最高的关键词是"Stay（at）Home"（见图 4），而对"Stay（at）Home"的图像叙事符号则理所当然地选择"居家""肥皂""泡沫""卷纸"（见图 5）。

图 4　　　　　　　　　　　　　　　　图 5

以"别碰（美国）"为例（见图 6），主题"Stop The Spread"警告人们避免用手触摸自己的眼睛、鼻子和嘴巴。因为手接触的许多物体表面可能沾有病毒，一旦被污染，手将会把病毒传播到眼睛、鼻子或嘴巴。病毒可以轻易且快速地进入身体，导致人们生病。这里，"手"在防疫抗疫中是关键性的视觉符号，"手"与五官的距离，是广告故事的主线。

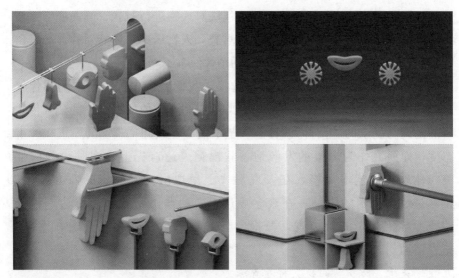

图 6

图 7

再以"卷纸"为例,这是一个明显受到环境与文化影响的图像符号。自疫情在国外蔓延,许多国家的紧缺物资不是"口罩"而是"卷纸"(见图 7)。这是由于西方家庭在生活清洁中习惯于大量使用一次性卷纸,卷纸在一定程度上就象征着清洁、卫生,所以,以"卷纸"作为西方疫情海报的"防护"符号非常符合西方的叙事框架。

而对于中国的疫情公益海报,抗疫防护的主要视觉符号是"口罩"。尽管中国民众并没有戴口罩的习惯,但在中国文化中,亦没有对口罩的排斥,且在抗疫专家和政府的倡导下,以口罩作为"防护"符号,亦体现出本次抗疫最重要的"防护"这一要义,所以强化"口罩"与"抗疫防护"的关联,就成为中国抗疫公益海报的主要创意出发点,并出现许多有趣且有效的抗疫图像叙事(见图 8)。

3. 关于情绪的数字化表达

Emoji 作为经典的表现情绪的图像符号(见图 9),在国外疫情海报中有着比国内更广泛的应用,在海外这个笑脸的图形不仅仅映射了人们快乐

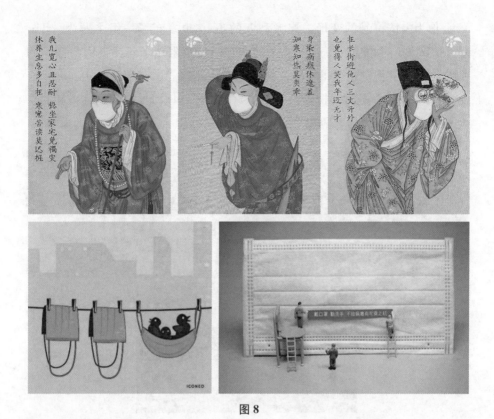

图 8

图 9

的情绪，更是一种积极信念的象征，是对美好未来的一种期望。由于国外疫情持续时间久，长时间的社交距离导致民众情绪焦虑问题日益凸显，关注并缓解情绪焦虑，成为西方疫情公益海报进行公共传播的重要使命。

　　作为表情符号的变形，澳大利亚的 Jeep 也发布了一组主题为"The Great Indoors"的创意海报（见图 10），当疫情阻挡了向往自由与探险的脚步，海报的视觉也变得平静安逸起来，传达出"It's time to explore the great indoors"（是时候探险"家"了）的主题，该海报用创意且平和的视觉语言劝服公众"居家隔离"。

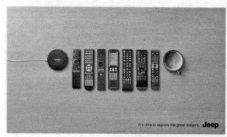

图 10

　　国内疫情海报的情绪表达，出现在武汉封城之后。随着 2020 年 1 月 23 日武汉封城，24 日上海、广东派出第一批医疗队赶赴武汉，公益广告创作主体也不断扩容，各类社会团体、个人，纷纷借助公益海报形式，创作出许多令人动容的公益海报，有的以纪实照片加文案的形式，亦有图像符号叠加文案的形式（见图 11）。这一阶段的公益海报用图文唤起大众致敬"抗疫"一线医护人员的情感，支持深陷疫情重灾区的武汉人民。更有以中国湖北武汉美食热干面为主视觉题材的公益海报，被网友们戏称为最"有烟火味的应援"，直抵人心，在社交媒体上广为转发。（见图 12）

　　同时，通过充分利用丰富的中华词库，海报改变了一些常用成语赋予的新意义，使海报作品的内涵更贴近疫情背景，更深刻，更能鼓舞全民抗疫的士气（见图 13）。

图 11

图 12

图 13

4. 名画、名人的二次创作

在疫情期间，乌克兰政府与广告公司合作，发布了一系列"世界名画系列"防疫海报（见图 14），这些海报将世界名画和防护提示生动结合，通过艺术的方式为人们呈现了大量集审美与教育、宣传于一身的公益海报。这组作品把戴口罩，用手套、消毒液，保持社交距离，使用信用卡支付等具体防疫内容用后期技术合成到世界名画之中。达·芬奇的《最后的晚餐》中门徒们都消失了，只剩下耶稣，配上"待在家里保持社会距离，是阻止病毒扩散最有效的方法"的文字介绍，十分形象契合；

乔瓦尼·巴蒂斯塔·萨尔维达萨索费拉托的《祈祷的圣母》，合十的双手被戴上了医用手套；米开朗基罗的《创造亚当》中上帝伸向亚当的手里多了一瓶消毒液……这组海报诉诸疫情防护这一现实题材，在保留大部分原作结构造型的基础上进行二次创作，使作品具有了超越艺术范畴的现实社会性功能。

图 14

国内在疫情期间网络上也有类似作品。例如，把钟南山和李兰娟两位抗疫一线的肱骨人物与门神年画相结合（见图 15）。还有在国内流行一时的"杜甫很忙"系列表情包（见图 16），为大诗人杜甫也带上了口罩，该表情包于 2020 年 3 月 13 日在微信表情线上商城上线，短短 10 天，下载量突破百万次。

图 15　　　　　　　　　　　　　　　　　图 16

　　从海报的符号选择可以看到，西方对已存在的，享有盛名的世界名画进行二次创作，迫切地希望通过画面中"神"的"启示"引导民众配合防疫，而我国则是将"抗疫"名人进行再创作；西方海报并没有对传统名画整体造型色调进行过多的修改，而国内的同类海报则是对人物形象进行了艺术加工，没有力求写实，却易于识别。虽然，在国内将两位医师的形象以神话图像的形式来表现是否合适存在较大争议，但无论如何，以"名画""名人"为创作基础制作的防疫海报带给人们的启发是多层次的，最直接的效果便是可以增加图像的吸引力，用大众常见并且熟悉的代表性形象可以使大众更快地了解防疫的重要性和紧迫性，缓解社会紧张情绪等。

　　图像叙事所诉诸整体识别、直观感受和传播力强于文字。通过图像，抽象的观念可以变得更加形象具体。从深层次来看，不论是乌克兰的防疫"名画"，还是我国网民脑洞大开的设计，看似玩笑，实际上在某一层面上反映了当代社会文化的开放与自信。但是不论如何在对名画的二次创作或者利用传统图形进行创作需要秉承着对文化的尊重、严谨，而不是在试图颠覆传统中"嬉戏"，或者为了创意而进行简单的元素添加。

三、中外疫情海报图像叙事的编码与译码

　　海报设计以民族和地域文化为基础，以意识形态为引领；由于中外作者所处的文化背景不同，最终形成的图像叙事编码与译码也不同，因此在海报设计风格与视觉叙事上也会形成显著差异。

　　1. 意识形态影响

　　比较中外政府对此次疫情的政策导向：在国内的抗疫防疫中，党和政府以最大限度保障人们的生命安全为宗旨，秉持着"生命重于泰山，疫情就是命令，防控就是责任"的理念展开公益海报宣传，央视新闻、《人民日报》等官方媒体发布大量的数字化公益海报，向群众宣传防疫抗疫主张；而西方政府藉由坚守所谓的自由、民主，消极地任由疫情发展，导致早期西方的防疫公益海报多为个人组织征集或者自发组织制作，其中很大一部分海报创作者是"专业艺术家"，因此海外疫情海报的"个性元素"较强，视觉审美高于抗疫宣传。

2. 对公益海报的功能认知

国内的疫情公益海报多利用具象思维表达主题与抗疫主张，而海外相关海报则多用抽象图形来表现。这反映出东西方思维与文化在转译为设计表达的差异：其一要迎合不同受众的视觉感知；国内疫情海报的写实，使结果导向更明确，行动主张更强，更迫切；国外疫情海报的轻松、多元等文化特色，使公益海报成为可仿效的文本，劝服性更突出。其二，在海报信息的记忆层面，国内疫情海报倾向于使用纪实照片或者细腻写实的图像，尽管不再采用宏大叙事，但依然凝重，强调受众的心理记忆；国外疫情海报多以幽默、轻松的漫画风格进行呈现，图像叙事的对话特征明显，舒缓情绪压力，创造受众对海报图像信息的肢体记忆，唤醒受众的自觉是海报追求的功能性效应。其三，态度层面。国内疫情海报更侧重于展示中国的努力与强大，更倾向于集体态度；国外疫情海报在行为引导中，努力形成受众对海报创作主体或艺术家的个体态度。

四、总结

图像叙事是一种以视像符号建构意义的方式，数字时代图像技术的发展为图像叙事增添了重构关系的多种可能，也对图像创意者的思辨力、认知力与价值感提出更高的要求：海报不能仅仅停留在信息传递层面抑或呼喊口号层面，要有对生命本质的感悟与悲天悯人的情怀，表达对深陷疫情的无以言说之痛、向死而生的坚强。在本次疫情中，不论中外疫情海报所显现的文化差异和各国防疫措施、理念有多大的区别，在不同框架下的世界人民一同抗击疫情的决心是相同的。同时，这次新冠肺炎疫情也让世界各国认识到，在全球化时代，各国命运相连，休戚相关，在各方面构建人类命运共同体是人类社会发展进步的唯一正确方向。

英国艺术史家约翰·伯格（John Berger）在《观看之道》一书中指出，观看不是我们对外界刺激的机械反应，而是有意识的选择，我们只观看到那些我们选择注视的东西。① 疫情是个体无法抗拒的生死场，它需要人类共同的力量去面对，去抗争。疫情公益海报要调动起人类潜隐的动

---

① ［英］约翰·伯格：《观看之道》，戴行钺译，广西师范大学出版社 2005 年版。

能，要用强大的观念力量去激发无畏，调动与疫情抗争的本能，以强大的观念力量去战胜恐惧，战胜生死，而不是停留在浅层次的图形复制，口号重叠。对于疫情公益海报，受众选择注视的东西，应该是超越事实本身，推动社会观念进步，民众认知升华的精品，是有关中国抗击新冠疫情的，属于人性升华的时代记忆。

疫情是一场悲剧，它让生命的苦难，人生的无力、无奈和无助全部赤裸裸地压向个体，它把生命中"有价值的东西毁灭给人看"。疫情公益海报如果只满足于对这一悲剧事件做一次视觉记录，那它只是用图像讲述了一个事实，也许这一事实能够引起读者的一次唏嘘，但类似图像符号的泛滥不仅加速视觉的麻木，更引发观看的疲惫、同情的流失，使悲剧成为人生一幕，很难成为唤起苍生的力量。举凡我们看到的历史上不同悲剧的图像呈现，其创作者们并不避讳流血、支离破碎甚至哭天抢地，死的惨烈与生的坚强同样令视觉震撼，令内心激荡；向死而生是一种悲剧的力量，表现个体不屈服于命运的多舛，勇于面对命运的残酷安排的勇气与从容；而表现这些，才是疫情公益海报须弘扬的壮美与崇高，才是疫情公益海报视觉叙事的本真。

疫情海报是世界的抗疫符号，寓意每一个种族以不一样的姿态去面对疫情的挑战。疫情只是使我们短暂的分别而已，终有一天我们会再相聚。